我国财政收支与住房市场关系研究

童幼雏　著

中国财经出版传媒集团
中国财政经济出版社

图书在版编目（CIP）数据

我国财政收支与住房市场关系研究/童幼雏著．—北京：中国财政经济出版社，2017.3

ISBN 978-7-5095-7325-9

Ⅰ．①我…　Ⅱ．①童…　Ⅲ．①财政收支-关系-住宅-市场-研究-中国　Ⅳ．①F812.45②F299.233.5

中国版本图书馆CIP数据核字（2017）第044478号

责任编辑：胡　博　庄　莉　　　　责任校对：李　丽
封面设计：孙俪铭　　　　　　　　版式设计：齐　杰

中国财政经济出版社 出版

URL：http：//www.cfeph.cn

E-mail：cfeph@cfeph.cn

社址：北京市海淀区阜成路甲28号　邮政编码：100142

营销中心电话：88190406　北京财经书店电话：64033436　84041336

北京京华虎彩印刷有限公司印刷　各地新华书店经销

787×960毫米　16开　13.25印张　224 000字

2017年3月第1版　2017年3月北京第1次印刷

定价：40.00元

ISBN 978-7-5095-7325-9

（图书出现印装问题，本社负责调换）

本社质量投诉电话：010-88190744

前 言

如何保证“居者有其屋”是一个重要的现实社会问题，也引起了理论界的极大关注。虽然市场机制在优化住房资源配置以及提高住房配置效率方面发挥了基础性作用，但是由于存在着市场、政策以及体制层面的缺陷，导致中低收入阶层在居住方面往往表现为支付能力不足，因此，需要政府财政介入。而住房市场的政府作用域是保障性住房，重点是加强城镇租赁房屋类的建设。

本书从政府参与保障性住房建设的理论依据和现状出发，构建财政支出、住房市场与地方经济增长之间的计量模型进行实证分析；并从经济体制改革、财政体制改革、政府间利益博弈、预算制度改革等多个角度对当前我国财政收支与城镇住房问题之间错综复杂关系的成因进行剖析；进而，根据宏观经济学理论构建模型，框定政府作用基本边界，并通过国际经验的借鉴来设计我国城镇住房保障制度的政策目标与基本框架。本书主要的结论和政策建议如下：

（1）增加社会保障地方财政支出与促进地方经济增长并不矛盾，每增加一单位的社会保障地方财政支出，能够带来 0.057 个单位的地方经济增长；

（2）在保障性住房安居工程的策略选择上，从短期来看，住房建设是最优策略；而从长期来看，住房补贴将优于住房建设，且房贷贴息和房租补贴政策优于货币直补；

（3）中央政府在对地方政府实施问责的同时，必须要配以有效的激励政策，即在进行政绩考核时，改革传统的 GDP 指标制，实行以民生问题落实程度为重要指标的考核体系，从而改变地方政府的支付效用，实现地方政府财政支出结构的优化；

（4）建立健全新型城镇住房保障制度，通过各种有效的途径和方式，为中低收入者提供满足基本需求的住房供应分配机制和体系，加快住宅建设，提高居民的居住水平和居住质量；

（5）在引导居民调整住房消费观的同时，政府还应该建立健全保障性住房的动态调整机制、退出机制以及法制制度建设。

作　者

2016年12月

目 录

第一章
导　　论

第一节 选题背景与意义

在现代社会，住房维系的不仅是每一户居民的财富与福利水平，还关联着一国经济发展与社会文明的程度。它维系普天下居士之信念，关乎国家之安定与昌盛，乃民生大计也。然而，当住房“身兼数职”之后，民众与住房市场间的矛盾便随之凸显，它不仅是一个经济问题，更是一个社会问题及政治问题。

城镇住房问题是当今世界各国在其经济发展与城市化进程中都曾经或正在经历的一个难题。总体说来，世界各国所面临的住房问题表现为三类：第一，住房紧缺，即住房供给无法满足住房需求，供需缺口较大。第二，住房质量问题，即住房质量无法满足居民对现代化生活的要求。这里所指的住房质量，包括住房自身的建筑质量、居住面积、居住环境及其他。随着生活水平的不断提高，居民对住房标准的要求也在随之提高，生态住房、绿色环保、低碳生活等，亦逐步成为人们所关注的焦点。第三，住房公平问题。随着居民收入差距不断扩大，住房分配表现出越来越为严重的不公平现象。一方面，低收入者无法支付昂贵的房价甚至是租金，只能拥挤于狭小的空间中，甚至无家可归，露宿街头或寄居桥洞；另一方面，高收入者却拥有设施配备齐全奢华的豪宅，甚至是多处闲置的房屋。

1978 年以前，我国实行计划经济，住房市场无从谈起，住房实行的是实物分配方式，住房建设投资不足，供给短缺，住房分配严重不公。直到 20 世纪 80 年代初，我国才实行住房制度改革，打破行政供给格局，走上住房私有化、市场化的道路。但这个时期的改革，住房供给的担子并没有完全转交给市场，直至1998年住房市场才全面实行货币化改革。国务院在《关于进一步深化城镇住房制度改革加快住房建设的通知》中，确定了“最低收入家庭购买廉租房，中低收入家庭购买经济适用房，其他收入高的家庭购买、租赁市场价商品住房”的原则，并明确“经济适用房是住房供应的主体”。1998年至2003年，我国房地产市场度过了一段相对来说较为平静的发展时期，住房紧缺问题得到很大程度的缓解，住房质量也有所提高。但在2003年，《国务院关于促进房地产市场持续健康发展的通知》（国发〔2003〕18号）提出，经济适用房是“具有保障性质的政策性商品房”，其适用对象为中低收入家庭，而实际执行标准更倾向于收入偏低者。此后，由于保障性住房受益群体一再受限，经济适用房供应量也随之缩减，不再作为向中等收入群体住房供应的主体，取而代之的普通商品房则占据住房市场的主体份额。尽管文件中指出政府应“控制土地价格，多渠道降低建设成本”，但自2004年起，以一线大城市为先导，我国各地房价、地价开始不断飙升，如脱缰野马，一发不可收拾，多次调控政策的出台均对飞涨的房价束手无策。

至此，住房不平等状态非但没有改变，反而进一步恶化。高涨的房价使得绝大多数居民无力承担，于是房价的变动对他们再无影响：不管房价如何涨落，住房都远远地处于他们的可行消费集之外。住房本是民众生活的必需品，但却成了有限的收入与财富水平下的奢侈品；它具有商品性，但同时又不同于一般的商品，兼有社会保障属性。在任何一个社会，不管其社会经济发展到什么阶段，都会存在部分社会低收入家庭无法完全依靠市场来解决住房问题，因而政府提供住房保障是绝大多数国家在经济发展和城市化进程中不可回避的现实问题。换言之，住房可以通过市场进行分配，但是它对于促进社会公平的作用相当薄弱；而住房所具备的各种特殊属性，使得政府必须要对其进行必要的配置干预。

一方面，对于每一个人来说，衣、食、住、行是最基本的生活需求，这也是人类社会得以存在与繁衍的基本条件。因此，基本居住权是现代文明社会人类的基本要求，换言之，公民的居住权具有绝对的优先性地位。脱离了这一点，住房市场就会脱离民生，其发展就会面临一系列的困难与问题。民居无所，则心不定，社稷乱。无所谓和谐，更谈何建设与腾飞？因此，住房问题从本源上来说，是一个公共问题。政府必须要保证民众“住有所居”，并将其作为推动和谐社会建设的最基本方面，坚定地贯彻落实。

另一方面，在现阶段的中国，住房无法完全通过市场妥善解决，一定程度上存在市场失灵问题。资源配置的手段有计划和市场两种，公共财政就是国家或政府为市场提供公共服务的分配活动或经济活动，是与市场经济相适应的一种财政类型和模式。而公共财政活动必须遵循且只能唯一遵循的活动准则，就是弥补市场失灵。也就是说，只有当市场无法实现资源配置优化的时候，才需要政府的介入，由公共财政发挥其相应的职能。因此，当市场经济无法为民众提供足够的住房，或由于过大的外部性而导致住房提供无法达到效率水平的时候，政府出于民生福祉，就有必要介入其中，加大住房提供，增进社会公平与整体福利水平。

当前我国房价高涨，买房难、租房难、住房难的问题亟待解决。两会报告以及 2010 年的政府工作报告中，都明确强调，必须要规范住房市场，加强住房保障，保证人民群众住有所居。政府部门必须制定合理有效的政策来规范住房市场，加强住房保障，使政策的延续性及时效性更长更强，以达到既能保证社会公平又能促进经济发展效率的目标。

住房问题的成因错综复杂，财政制度并不能对其进行完美的诠释。但不可否认，政府的财政收支对住房市场仍有着不容忽视的影响。概括来说，一方面，地方政府用于住房建设的财政支出规模会影响当地经济的发展，进而影响居民的可支配收入与需求结构的变化，再加上当前地方政府政绩考核制度的反作用，引致财政支出的导向与规模进一步变化，影响住房保障建设，进而影响居民的生活质量和福利水平；另一方面，地方政府过度依赖的土地财政，虽然增加了地方政府财力，但推高了地价，在一定程度上影响住房价格，从长远角度来看，这不但加大了地方财政的风险，还会使地方经济陷入不可持续发展的窘境。

那么，各级财政的收支行为又是如何具体地影响住房市场的？影响程度有多大？住房问题的深层次原因究竟有哪些？对于住房问题，政府作用的边界该如何界定？各级政府又该如何调整财政收支，来解决棘手的住房问题呢？为了促进住房的社会公平，政府当下应该加大保障性住房的供给，那么住房保障的适用标准该如何确定，这部分保障资金该来源于哪里，该如何管理？为了避免受保障的家庭形成福利固化，又该如何建立和完善保障性住房的退出机制呢？政府又该何时退出，以减少财政支出对私人部门的投资所造成的挤出？这些就是我国公共财政在当前社会经济形势下不得不思考和回答的问题。而对这些问题的回答，对于解决住房问题，财政收支管理改革，乃至整个社会经济变革与社会稳定都具有重要的意义。

第二节 理论依托与文献综述

一、理论依托

财政政策作为市场经济条件下国家调控宏观经济的主要工具，通过预算政策、财政收入政策和财政支出政策实现宏观调控的主要目标，即保持社会总需求与总供给的均衡，以保证国民经济持续、稳定的和谐发展。保障住房是建设社会主义和谐社会的基石，科学合理的财政政策调控措施将有效引导我国建立健全住房保障体系，达到“居者有其屋”的住房目标。

（一）公共财政与市场失灵

公共财政问题的要害，是“公共性”问题，其实质是政府与市场的关系问题。财政作为政府的活动，在市场经济下直接涉及的根本问题，是如何处理政府与市场的关系问题，是如何约束和规范政府及其财政活动，使之适应市场经济的根本要求。建立公共财政制度，就是要以“公共性”作为根本准则，去约束和规范政府与财政行为，去处理它们与市场的关系。公共财政是弥补市场失灵的财政，是对于市场正常和正当活动一视同仁的财政，是非市场营利性的财政，是法治化的财政。对市场机制几乎完全难以将资源和要素配置于期间的活动，如建立国家防务、维持社会秩序和建造公共工程等，以及尽管市场机制能够配置资源和要素于其间，但由于外部性和自然垄断等因素导致价格信号的不正确而难以达到效率状态的时候，政府及其财政就必须介入以弥补各项市场失灵。

（二）保障住房的三大属性

财政政策之所以能够促进保障住房的发展就在于保障住房的准公共产品属性、社会福利属性和社会和谐属性。

1. 保障住房的准公共产品属性。

所谓公共产品是政府为了满足社会公共需要而提供的社会产品和服务。公共产品的出现源自不完全竞争条件下的市场机制失灵。公共产品与私人产品不同的是，它必须同时具有严格意义的非竞争性与非排他性。但在现实生活中，真正属于这种典型纯粹的公共产品还只有“国防”等极少数。除此以外大多数是准公共产品，即介于公共产品与私人产品之间的产品或服务。不论是公共产品还是准公共产品，政府都应该成为其产品或服务的主要提供者。

保障住房就是一种典型的准公共产品，保障住房的发展可以使中低收入者安居乐业，从而使国泰民安、社会和谐，社会中的每一位成员都能享受到一种安全感和幸福感。但是并非所有社会成员都有资格租住保障住房，只有符合相关收入与居住面积标准的特殊阶层才能享受到政府的关照，具有消费上的排他性与竞争性。在现代市场经济制度下，私人产品的供给可以由市场这只“看不见的手”提供，如房地产开发商在市场上销售的商品房，在完全竞争的房地产市场中，因商品房是私人产品，房产生产者的竞争将保证住房消费者的住房边际成本等于住房价格，这时任何消费者都不能得到低于市场价格而购买到商品房的好处，房产市场均衡时的资源配置是最优的。

而对于价格排他的保障住房这一准公共产品，为了提高供给效率，则应采用市场配置与财政补贴相结合的办法提供。下面采用局部均衡的分析方法加以讨论（见图1－1）。图1－1（a）代表个人1与个人2对于X物品中私人产品要素的需求，D_p^1 曲线是个人1的需求曲线，D_p^2 曲线是个人2的需求曲线，社会对X的需求曲线是由这两条需求曲线横向加总而得到的，这就是 D_p^{1+2} 曲线。图1－1（b）代表个人1与个人2对于X物品中的公共产品要素的需求，D_E^1 是个人1对公共要素的需求曲线，D_E^2 是个人2对公共要素的需求曲线，社会对公共要素的需求曲线是 D_E^1 与 D_E^2 纵向加总得到的，即为 D_E^{1+2}。图1－1（c）说明X物品在达到均衡时的若干性质：首先，对准公共产品X的社会需求量是由 D_p^{1+2} 与 D_E^{1+2} 垂直相加而得到的，$D_X = D_p^{1+2} + D_E^{1+2}$。其次，当X的供给曲线是 MC 并且 MC 被给定时，由 D 曲线与 MC 相交，可以确定准公共产品X的均衡产量 $\overline{X}$。当X的供给量达到均衡产量 $\overline{X}$ 时，相应的价格为 $p + r$。其中，P 是市场价格部分，它与 $\overline{X}$ 的私人产品要素对应，可以通过市场机制收费获取；r 是由于X的公共产品要素与外部性而得到的社会评价，是由社会支付的，要通过征税或由公共开支来支付给生产X的部门。① 所以，对于保障住房这种准公共产品，为了提高其供给效率，其供给方式既不能完全由保障住房租住者负担所有费用，也不能完全靠政府拨款，而是需要采取既向保障住房租住者收取一部分房租，同时又实行财政补贴相结合的办法，依靠财政政策的扶持来促成保

① 刘玲玲. 公共财政学. 北京：中国发展出版社，2003 年.

障性住房的供给。

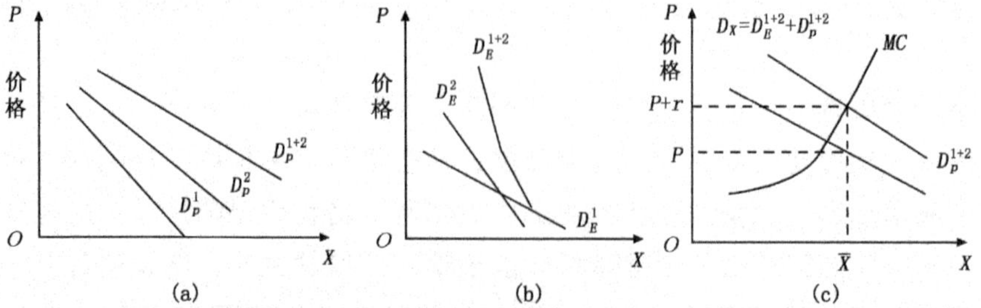

图 1－1 准公共产品的供给效率

另外，“公共性”是公共财政的内在属性，公共财政是政府为满足公共需要，参与国民收入分配而形成的分配活动。研究市场经济条件下的公共领域就成为构建公共财政的首要问题。公共财政具有市场补充性、公共性、有限的强制性三大内在特征。① 公共财政赋予了财政政策强大的资源优化配置功能以及对宏观经济运行的导向与协调功能。保障住房的准公共产品属性成了财政政策对保障住房进行调控的重要依据。这就需要依靠政府作为提供方式的主体，同时借助市场本身进行有效补充，解决我国房地产市场中最低收入阶层住房分配“缺位”问题。

2. 保障住房的社会福利属性。

关于保障住房的社会福利性需要从福利经济学的理论来理解。福利经济学是现代西方微观经济学的一个分支学科。西方福利经济学理论指出，经济福利的增进，主要由效率与公平两方面决定。如果某种经济活动能发挥效率，或者能促进公平，就表示增进了经济福利。

福利经济学之父庇古首先提出了外部效应问题，他指出：在某些场合，个人决策和行动会给其他人的行为和决策带来有利或不利的邻近影响，导致私人边际收益（或成本）与社会边际收益（或成本）出现偏差，市场调节的结果不再符合帕累托最优准则。外部效应问题是市场本身无法克服的内在缺陷，即市场失灵，如果政府始终恪守传统的“守夜人”职责，它将始终构成对市场有效运行的一种威胁。庇古的发现暴露了古典经济学从市场秩序导出国家职能的思路的逻辑弱点：如果说政府不干预的全部根据在于市场的完美秩序，那么市场失灵就成为政府干预的有力依据。庇古正是沿着这种推理的思路提出如下

① 陈纪瑜，郭平，罗宏斌. 财政学. 长沙：湖南大学出版社，2003 年.

建议：为了实现帕累托最优结果，国家必须越出传统上规定的边界，利用国家拥有的征税权力，对那些制造外部效应的企业和个人征收一个相当于私人与社会边际成本差额的税收或给予同等数量的补贴，具体视外部效应的性质（有利还是有害）而定，使企业和个人自动地按照效率标准提供最优产量。借助于国家的干预，市场秩序又得以重建①。

庇古认为"福利"是人们对享受、满足、效用的心理反应或主观评价。保障住房具有正外部效应，需要财政提供相应的福利来补偿。保障住房的社会福利性主要表现在其社会保障性和政府的主导性上。这就是说，为了保障城镇中低收入家庭的住房需求，应由国家拨款或社会组织筹资帮助他们解决住房问题。政府提供的保障住房不同于商品房，而是福利性的补贴或实物配租。实践证明，政府如果主导保障住房的建设与运营，就能够提高社会福利与保障，使社会资源配置最大程度地接近帕累托最优状态，即：如果对于某种既定的资源配置状态，所有的帕累托改进均不存在，在该状态上，任意改变都不可能使至少有一个人的状况变好而又不使任何人的状况变坏的这种资源配置状态。最终实现整个社会在效率优先的前提下还能够兼顾公平，纠正房地产市场失灵情况中的住房资源分配不公现象。

3. 保障住房的社会和谐属性。

公平与正义是社会主义和谐社会的基本特征，构建社会主义和谐社会，必须更加注重社会公平。站在一国政治的战略角度来看，保障住房是构建和谐社会的基石，保障住房对于社会的和谐作用主要表现在稳定人心和巩固国家政权上。在关系到老百姓切身利益的住房问题上，政府维护社会公平的职责就在于保障城镇中低收入者能够"居者有其屋"，不至于风餐露宿。

2006 年《中共中央关于构建社会主义和谐社会若干重大问题的决定》指出，目前，我国社会总体上是和谐的，但是，也存在不少影响社会和谐的矛盾和问题。如房价过高与中低收入阶层住房困难的问题等。进一步讲，以廉租房来促进和谐社会，所反映的就是如何解决好民生问题。发展保障住房就是要解决涉及人民群众"住"这一大民生问题。

总的来说，财政政策与保障住房的发展有着千丝万缕的关系，政府可以利用预算、政府投融资、税收优惠和财政补贴等财政政策工具参与保障住房的建设与运营。

---

① 于海燕，邹湘. 福利经济学主要代表人物的思想及其财政意义. 山东纺织经济，2005（4）.

另外，从公共财政对于提供保障住房准公共产品的理论中，从福利经济学对于保障住房的福利改进方案中，以及从保障住房对于构建和谐社会的政治评价中，可以看出财政政策可从一国的经济和政治这两大方面支持着保障住房的发展。财政政策是我国保障住房前进中的航标，有力地推动了社会住房保障的发展，保障住房的建设也为财政政策提供了新的工作平台，保障住房的顺利发展将直接或间接地影响财政政策的宏观经济目标的实现。

二、文献综述

（一）土地财政收入与房价的文献综述

土地财政收入就是指地方政府收入中来自于土地出让金、土地增值税、耕地流转税、契税、房产税等主要与土地及房产密切相关的收入。由于这些收入近年来占到了地方财政收入的一半以上，因此，受到社会各界越来越多的重视。可以说，土地财政已经成为地方财政的“第二财政”，甚至是收入的主要来源。

由于很难获得土地财政收入的确切数额，而土地出让金在土地财政收入中占了很大的比例，因此在相关研究中，更多的是关注地价与房价的关系。总体而言，关于地价与房价的关系，有以下几个方面的观点。

1. 房价上涨带动地价上涨。

自从李嘉图出版《政治经济学及赋税原理》[①] 以来，“土地产品的价格决定地租”、地租和地价的剩余观点（residual land price）被许多经济学家所接受。将这一理论引入住宅领域，便形成了房价决定地价的观点，被视为房地产领域起码的常识[②]。

Grigson 在著名的 1986 年伦敦和东南区规划会议上明确指出，“房价决定地价，而不是相反，因为建造商在土地上的出价主要取决于其对建筑物售价的估计。这种观点得到经济学家和实业家的一致支持”[③]。他认为土地的价格主要由需求决定，土地是引致需求，是人们对住房的需求才导致对土地的需求，多数房地产商竞拍土地的竞价也是由房地产的价格倒推归来的，这种观点得到

---

① 李嘉图. 政治经济学及赋税原理. 北京：商务印书馆，1962.

② Priemus，H. *Land Policy House Price and Housing Quality：Empirical Evidence from the Netherlands*. Housing，Theory and Society，2003，20（3），pp. 127 ~ 132.

③ Grigson，W. S. *House Prices in Perspective：A Review of South East Evidence*. London and South East Regional Planning Conference，1986.

许多学者的支持。

阿瑟·奥沙利文在《城市经济学》中通过地价模型分析认为，随着对住宅的需求增加，住宅价格上涨，导致建房者购买更多的土地以建更多的住房，对土地需求的增长提高了地价，地价高是住宅价格高的结果。[①] 同时，他认为，正是房地产市场旺盛的需求，导致了对城市土地的争夺，并引领地价上升。

在国土资源部发布的《2004 年度我国重点地区和主要城市地价动态监测报告》[②] 中，根据对全国 51 个大中城市的地价监测结果显示，房地产市场需求强劲，房屋供不应求，价格上涨，才使开发商对土地的需求增加，并拉动地价上涨。

原国土资源部副部长贠小苏（2004）在全国落实经营性土地使用权出让制度座谈会上[③]提出“经营性土地公开交易不会引发房价上涨”，并暗示是房价的增长在拉动地价上涨。

郑光辉（2004）认为地价的高低与否受房价高低的影响，不是房价高低的原因，而是房价高低的结果，正是房价的上涨增加了对土地的需求，并进一步导致地价的上涨。[④]

朱道林和董玛力（2005）[⑤] 用玉米法律悖论和引致需求理论的道理来说明地价和房价的关系问题。认为人们因为需要住房而产生了对住宅的需求，而土地是建造住宅必不可少的要素，这就导致了对住宅类用地的需求。对住房的需求在不断增加，从而导致开发商们不断增购土地来满足住房的需求。对土地引致需求的增加必然导致土地价格的上升。

黄健柏、江飞涛和陈伟刚（2007）[⑥] 用方差分解法将前人实证研究的方法统一在一个框架下进行研究发现：土地出让制度改革后，地价上升对房价上升的推动作用反而较之前大大减少，地价变动对房价变动的贡献度大幅下降至零附近。因而地价上涨对房价上涨的影响薄弱。但是房价变动对地价变动的贡献度接近 100%。

---

① 阿瑟·奥沙利文. 城市经济学. 北京：中信出版社，2003.

② http：//www. tranbbs. com/Techarticle/Techarticle_12439. shtml.

③ http：//www. mytd. gov. cn/mo2. asp?NewsID = 50.

④ 郑光辉. 房价与地价因果关系实例分析. 中国土地，2004（11）.

⑤ 朱道林，董玛力. 地价和房价的经济学分析. 中国土地，2005（7）.

⑥ 黄健柏，江飞涛，陈伟刚. 对我国房价与地价相互关系再检验，2007（2）.

2. 地价上涨带动房价上涨。

Pollakowski 和 Wachter (1990)① 利用美国华盛顿地区蒙哥马利郡的数据进行实证研究时发现，土地供给限制对土地价格、住宅价格产生了溢出效应。土地利用限制越严格，住宅价格和已开发土地价格上升的就越快。

Peng 和 Wheaton (1994)② 利用香港 1965～1990 年数据对土地供给约束对房价的影响进行了计量经济分析。实证结果显示土地供给变化对地价、住房价格和住房供给都有较大影响。他们认为，土地供给不足使住房供给总量下降，再加上消费者预期未来土地更加稀缺和住房租金上涨，最终导致了土地价格和住房价格同时上涨。

原中国房地产协会会长杨慎 (2003)③ 在某市关于房地产形势的报告会上，针对部分城市房价过高的现象，指出这和土地成本上升有关。我国目前实行土地公开招标拍卖的做法虽然能把土地卖出个好价钱，但在竞拍中，地价被炒得很高，一亩地甚至能卖到几千万元，导致部分城市房价上涨很快。

包宗华 (2004)④ 在谈论我国房地产业发展的时候，认为以拍卖出让土地的办法虽然增加了土地出让的透明度，但也存在一个明显的缺点，就是容易过高地抬升地价。他认为地价大幅度上涨导致房地厂商的建设成本增加，必然造成房价大幅度提高。

北京大学中国经济研究中心的平新乔和香江国际发展有限公司的陈敏彦⑤，根据国家统计局 1999～2002 年《房地产开发统计年报》所提供的 35 个大城市的面板数据，以中国房地产业融资、地价、楼盘价的数据库为基数，通过实证模型，考察了政府在房地产融资、地价决定与楼盘价格趋势变化过程中的作用及其效应。结果显示房地产开发商在低地价与高房价之间，更倾向土地的廉价获取，他们对低廉地价的获取动力超过对高房价追求动力的两倍以上。其结论认为，决定楼盘价位的基本因素是土地购置价和信贷注入。但地价对房价的边际效应 (0.78) 远大于信贷注入对房价的边际效应 (0.05)。并提出，今后若干年，如政府收缩土地供应，或提高土地价格，在这样的条件下，即使

---

① Pollakowski, Wachter. *The Effects of Land - Use Constraints on Housing Prices*. Land Economics, University of Wisconsin Press, vol. 66 (3), pp. 315～324.

② Peng, Wheaton. *Effects of restrictive land supply on housing in Hong Kong an econometric analysis*. Journal of Housing Reaserch, Volume5, 1994.

③ http: //business. sohu. com/73/62/article214746273. shtml.

④ 包宗华. 怎样看待我国的住房价格. 城市开发，2004 (1).

⑤ 平新乔，陈敏彦. 融资、地价与楼盘价格趋势. 北京大学中国经济研究中心讨论稿.

信贷对房地产作适当收缩，房价仍会由于土地购置价的逐步上升而有所上升。

3. 地价与房价的其他观点。

Muth 和 Wetzler（1976）[①] 构建的理论模型中，证明了在开放城市中控制土地利用不会对住宅价格产生影响；在住宅服务供给处于竞争充分的个别区位上，控制土地利用仅仅通过区位舒适度的改变对住宅价格产生影响。他们认为建立土地供给约束机制将对已开发的土地价格产生正向影响，而对未开发土地价格具有负面影响。

Tsoukis 和 Alyousha（1998）[②] 分别从理论和实证上对地价与房价的关系进行了分析，但得到了不同的结果。运用欧拉方程在理论上论证了完全竞争的市场中住宅价格、土地价格与实际利率之间存在的长期关系，但在利用英格兰和威尔士的数据进行实证检验时，却拒绝了二者的协整关系，说明土地利用效率与土地价格、住宅价格不一定有直接关系。他还引述 Monk 等人 1991 年的文章，认为建立土地供给约束机制对房价的长期影响与李嘉图的剩余地租理论并不冲突。在对英格兰等不同地区进行研究时，发现地价和房价的关系因区位不同有较大差异。

高波和毛丰付[③]以 1999～2002 年土地季度价格指数和房地产季度价格指数为样本，通过格兰杰因果关系检验和回归分析，对房价与地价的影响关系进行了分析。从长期来看，房价走势是地价走势的基本支撑，但是在短期内，两者存在相互影响的关系，特别是地价波动比较剧烈，与土地市场转型有关。房价上涨中有地价上涨的因素，地价因素影响接近房价整体价格的 20%；房价向上的刚性和价格上涨预期导致的“理性泡沫”是房价居高不下的主要原因。由于不能获得地价上涨中得到的超额利润，政府划拨土地，限定利润率，开发商承建经济适用房的模式不能满足开发商对利润的追求。不满足激励相容条件必然导致开发商行为扭曲，“经济房”不经济，“适用房”对中低收入者也不适用就毫不奇怪。

邹晓云[④]也认为地价与房价的变化具有一定的循环关联性。他认为，土地市场和房屋市场的运行并不是在一个单一的过程中进行，而是在交替的过程中

---

① Muth, Wetzler. *The effects of constraints on housing costs*, 1976.

② Tsoukis, Alyousha. *Implications of inter－temporal optimization for house and land prices*. Applied Economics, 1999, vol. 31: pp. 1565～1571.

③ 高波，毛丰付. 房价与地价关系的实证检验：1999～2002. 产业经济研究，2003（2）.

④ http://blog.icxo.com/read.jsp?aid=8263.

不断地变化。从理论上看，第一轮房价的上涨，会带来土地需求的增加，从而带来土地价格的上涨。但是，由于房屋开发的周期性，第一轮地价的上涨会促使房屋开发平均社会成本的上升，在合理平均社会利润的条件下，房屋成本价格会有所上升。但是这种成本价的上升可能会抑制房屋需求的增加，并不一定带来第二轮的市场价格上升，从而影响土地需求和地价的第二轮变化。因此，地价与房价的变化具有一定的循环关联性。

况伟大（2005）[①] 通过实证检验认为，规制情形下的房价和地价高于无规制情形下的房价和地价；在供大于求时，房价与地价成线性负相关关系；在供小于求时，房价与地价成线性正相关关系；房价与地价 Granger 因果关系检验表明，短期内房价和地价相互影响，长期内地价是房价的 Granger 因。因此，要将房价降下来，短期内，一方面应增加土地供给，另一方面应控制房价和地价过快上涨；在长期，主要应抑制地价的过快上涨。

卢新海（2006）[②] 以效用价值论为理论依据，得到的结论是高房价决定了高地价，而以生产费用价值论为理论依据，得到的结论则是高地价决定了高房价。他认为，不能单纯地说是地价决定房价，还是房价决定地价，而必须根据不同时期、不同土地供应政策条件，不同房地产开发状态来判断地价与房价之间的相互关系。

张娟锋和刘洪玉（2010）[③] 通过收集中国 35 个大中城市的 105 个样本数据，利用 OLS 和 2SLS 两种方法估计了城市住宅价格与土地价格方程，建立中国城市住宅市场与土地市场的联立方程模型，试图解释住宅价格、土地价格的城市间差异。实证结果表明住宅市场与土地市场是互动影响的关联资产市场，住宅价格与土地价格之间存在联立性。人口数量、财富水平、建筑成本、住宅预期收益和土地市场化程度是造成中国城市间住宅价格、土地价格差异的决定因素，而平均工资与城市宜人性的影响并不显著。

姚先国和黄炜华（2001）[④] 认为地价与房价有关联，但并非线性关系，即使地价上涨，房价也并不一定随之上涨，要降低房价，也并非只有降低地价一个途径。房产价格在竞争市场上，同样取决于供求关系。政府对土地一级市场的垄断虽然使地价发生了变化，但不一定影响房价，只不过使政府、房地产开

---

① 况伟大. 房价与地价关系研究：模型及中国数据检验. 财贸经济，2005（11）.

② 卢新海. 地价与房价的关系及稳定地价的对策. 统计与决策，2006（1）.

③ 张娟锋，刘洪玉. 住宅价格与土地价格的城市差异及其决定因素. 统计研究，2010（3）.

④ 姚先国，黄炜华. 地价与房价的关系. 中国土地，2001（9）.

发商和购买者之间利益分配格局发生了变化。

史京文（2004）[①] 认为地价、房价是分别由土地供求关系和房地产的供求关系决定的，土地只是构成房地产的一个生产要素，其需求的变化是受房屋市场需求变化影响的。所以，他认为，分析土地问题要从消费的终端——房地产供求变化开始。影响房价最重要的因素是房屋市场的供求关系，如果需求大于供给，房地产价格将上升，如果两者同步增加，由于土地和资源的稀缺性，远期的房地产价格应将与居民收入同步增长并稳步增加。而实际上却不是这么简单，房价的升降是受多种因素影响的。

魏志国和李耀忠[②]也认为房价的高低并不是由土地的取得成本、取得方式决定的，而是取决于房地产市场的供求关系，是买卖双方共同作用的结果。地价虽然对房价有一定的影响，但不是决定房价高低的关键因素。

吴群和高慧琼[③]以商品住宅价格水平及涨幅较为典型的南京市为例，探讨供求关系对商品住宅价格作用的机理，得出土地供给、商品住宅投资与竣工面积等因素形成的商品住宅供给，与新增人口、城市拆改和改善居住条件等形成的商品住宅自住性需求和投资性需求比为0.48。供求关系是房价变化的主要因素和决定因素，房地产价格形成主要遵循非价值价格理论，生产成本（地价等）只是房地产价格的构成要素，对房地产价格的作用是有限的。

曲波（2005）[④] 从成本决定论的角度来研究，认为无论是协议出让，还是招、拍、挂，都只是土地市场中的资源配置方式，不会从本质上改变土地市场中最基本的供求矛盾，因而不能在根本上决定地价和房价的高低。他认为由于土地的稀缺性，地价的上涨在长时间内是必然趋势，与其取得的出让方式无关。

岳晓武（2005）[⑤] 认为就一定时期而言，决定房价的最重要因素是房屋市场的供求关系。土地只是构成房地产的一个生产要素，而要素价格取决于产品价格高低。他指出招、拍、挂采用市场竞争机制显化了土地的真实价格，公开了开发商的隐形土地成本，使地价回归其真实水平，其本身不会改变土地供求

---

① 史京文. 房地产价格上涨与土地的“招拍挂”. 国土资源，2004（12）.

② 魏志国，李耀宗. 地价与房价，孰因孰果. 青海国土经略，2005（3）.

③ 吴群，高慧琼. 供求关系对大都市商品住宅价格作用机理的分析——以南京市为例. 中国土地科学，2002（2）.

④ 曲波. 房价、地价与土地供应的前因后果. 中国土地，2005（5）.

⑤ 岳晓武. 房价、地价与土地招拍挂. 中国土地，2005（1）.

关系，因此也不会人为抬高地价。

而毛中根和林哲（2005）① 认为以行政划拨和有偿使用为主的我国城市土地供应机制具有许多不足之处。实施土地收购储备制度有利于政府垄断土地一级市场，有利于政府对房地产市场的宏观调控从而保证房地产市场的健康发展。实施土地招拍挂出让制度后的一个事实是土地的价格上涨了，但高地价并不是高房价的全部原因，垄断出让的招、拍、挂方式不能反映土地的真实价格。政府用控制并减少土地供给的数量来使土地处于稀缺情况下的饥饿供给状况，从而大大地提高土地的价格，甚至为获取更多的利益而人为地抬高地价，他们是在与民争利以及进一步剥削消费者。

（二）财政政策与廉租房建设的文献综述

廉租房作为我国住房保障制度中的一大重要组成部分，在构建和谐社会中发挥着基础性作用。它具有调节收入分配、维护社会公平、保障社会成员的基本人权和社会权利、促进社会团结与和谐等方面的作用。而财政政策在廉租房发展中具有核心的主导地位，政策设计的科学与否将直接关系到廉租房建设的成败。

1. 国内研究现状。

国内专家学者们对于廉租房的研究主要是从廉租房制度方面来进行的。

邱冬阳、王牧（2003）② 认为，第一，目前我国廉租房制度建设滞后。一方面是以廉租房为核心的住房保障制度建设滞后于其他社会保障制度建设，另一方面是廉租房政策制度滞后于弱势群体实际需求。第二，当前的廉租保障对象狭窄。各城市出台的廉租房政策保障的对象多限定在低保户、优抚家庭中的住房困难户，城市中既买不起房、又非低保的“夹心层”和大量的流动人口则不在廉租房的保障范围之内。第三，资金来源不确定。第四，廉租房数量十分有限，且缺乏有效的房源信息交流机制。第五，供应对象收入统计与监管机制有待完善。

针对上述问题，杨建平、廖阳（2003）③ 认为可以在以下方面进行努力和尝试。首先，可以通过引进民间资本，建立新的廉租住房供应体系，解决廉租

---

① 毛中根，林哲. 土地储备制度与房地产开发——兼论地价与房价的关系. 上海经济研究，2005（8）.

② 邱冬阳，王牧. 廉租房——城镇住房低收入者救助的现实选择. 重庆建筑大学学报，2003（12）.

③ 杨建平，廖阳. 论现行廉租住房制度的不足及其对策. 中国房产，2003（10）.

住房资金来源不足和房源不足问题；其次，改革现行的廉租住房申请体制，放宽申请条件，扩大廉租对象覆盖面，同时逐步建立信用制度，解决收入线划分困难问题；最后，以法律形式规定政府部门和廉租对象的权利、义务，促进廉租住房制度的发展和完善。

在廉租房的补贴问题上，龙驰（2004）① 认为砖头补贴政策必须通过缜密的投资计划，对住房市场进行直接干预，政府过分介入住房市场势必有悖于住房商品化。人头补贴可避免政府对市场的直接干预，可全部转化为消费者的福利满足，鼓励居民自置住房。

与此同时，贾建光（2004）② 通过对货币化分房政策实行以来的效果进行实证研究，认为住房公积金制度的建立取得了明显效果，但住房补贴的实施则比较缓慢。通过实践，对制约住房补贴实施的原因及存在的问题进行了较为详细的分析和探讨，同时提出了改进的设想。

在廉租房运作机制的创新上，冯宗容（2005）③ 认为可以通过以下几个方面的努力来进行完善。首先，要建立健全廉租房管理体制，提高廉租房运作管理效率。其次，在廉租房运作机制的设计方面应符合住房梯度消费原则，体现社会公平，符合各地的现实条件，各地在设计廉租房运作机制时，既要结合本地现状，又要有一定的前瞻性。然后，完善并推广廉租房货币化租金补贴的操作模式。他认为，实物“货币化租金补贴”办法简便易行，优点很多，尤其在解决退出机制的建立方面优势突出，它不仅可以为退出机制提供较为良好的运作环境，而且可以简化退出的操作程序和难度。而实物配租模式采取实物分配的方法，它在提租（减少补贴），购买或退出住房等方面，操作难度大，管理成本高，局限性较大。最后，在廉租房运作机制创新中要注意协调和处理好几对关系，即廉租房建设的长远目标和阶段性目标的关系，廉租房的福利化分配与市场化运作管理相结合的关系，坚持效率优先和兼顾社会公平原则的关系。通过正确处理好以上关系，将有利于促进廉租房运作机制健康、规范、有序地运行。

2. 国外研究现状。

国外对于低收入者住房问题的研究主要是围绕住房政策和住房保障模式展

---

① 龙驰. 住房政策中砖头补贴与人头补贴的经济学分析. 中国房地产金融，2004（7）.

② 贾建光. 关于住房补贴问题的探讨. 沈阳电力高等专科学校学报，2004（7）.

③ 冯宗容. 廉租房运作机制评析及创新. 经济体制改革，2002（3）.

开的。

Harsman 和 Quigley（1991）[①] 认为，工业化社会中住房政策的基础是效率、公平性和社会政治性。住房政策是福利国家公共福利政策的一部分，为了便于研究，Esping - Andersen G. （1990）[②] 将欧美国家划分为三种福利国家基本模型，即自由福利国家（liberal welfare states）、保守的合作主义福利国家（conservative - corporatist welfare states）和社会民主福利国家（social - democratic welfare states）。另外，Barlow、Duncan（1994）[③] 又在 Esping - Andersen G. 的理论基础上增加了一种初级福利国家。Malpass、Murie（1994）[④] 认为住房政策从操作过程上看，可以理解为形成某种变化的过程。这种变化是指针对一定预期目标而有计划的行动。对于住房的分配，O'Sullivan Arthur（1996）[⑤] 提出了著名的住房市场过滤模型。随后，Philippe Thalmann（1999）[⑥]、Harry Vander Heijden（2002）[⑦]、Kleinman Mark（2004）[⑧]、Goetz 和 Edward G.（2005）[⑨] 从不同的角度对住房政策和住房保障模式进行了完善。

可以把这些国外专家学者们的研究成果总结为：国外在解决低收入者的住房政策在具体设计上存在差异，但在住房保障体系建立和完善的过程中，存在共同点。（1）住房保障动因和目标的相似性。发达国家均以"政治、安定、公平"作为建立公共住房政策的基本动因，以"满足城市居民的基本居住需求，保障居民的基本生活需要"作为建立公共住房政策的出发点。（2）住房保障政策演进的相似性。各国最初的公共住房政策是由政府在金融和住房供应

① Harsman B, Quigley J M. *Housing. Markets and Housing Institutions: An international comparison*. Boston. Kluwer Academic Publishers, 1991, pp. 12.

② Esping - Anderson G. *The Three Worlds of Welfare Capitalism. Cambridge*. Policy Press, 1990, pp. 48 ~ 50.

③ Barlow J, Duncan S. *Success and Failure in Housing Provision*. European Systems Compared. Oxford: Pergamon, 1994, pp. 124.

④ Malpass P., Murie A.. *Housing Policy*. Buckingham: Open University Press, 1994, pp. 32.

⑤ O'Sullivan Arthur. *Urban Economics*, 3rd. Chicago: Irwin, 1996, pp. 48 ~ 49.

⑥ Philippe Thalmann. *Identification Households Which Need Housing Assistance*. Urban Studies, 1999, 36 (11), pp. 98 ~ 100.

⑦ Harry Vander Heijden. *Social Rented Housing in West Europe*. Urban Studies, 2002, 39 (2), pp. 102 ~ 108.

⑧ Kleinman Mark. Housing, *Welfare, and the state in Europe: a comparative analysis of Britain, France and Germany*. Cheltenham: Edward, 2005, pp. 110 ~ 105.

⑨ Goetz, Edward G. *Comment: Public Housing Demolition and the Benefits to Low - Income Families*. Journal of the American Planning Association, 2005, 71 (8), pp. 407 ~ 410.

上进行大规模国家干预，政府直接投资或补贴建设公共住房。随着全国性住房短缺的缓解以至消失，转而鼓励运用市场机制解决大量的住房供应，政府公共住房政策只面对地区性和特殊阶层的居民。（3）住房保障责任和保障功能的相似性。

各国住房保障重在建立公平社会，缩减贫富之间的差距。同时，各国的公共住房政策也具有诸多不同点：一是住房保障模式的不同。以英国为代表的住房保障模式倡导公民普遍地享受住房福利，国家担负保障公民住房福利的职责；以美国为代表的住房保障模式重视权利与义务的密切联系，提出对公平的维护不应以效率的损失为代价；以新加坡为代表的住房保障模式重视以政府强制储蓄，建立以中央公积金为核心的社会保障体系等。二是住房保障方式的不同。例如，在住房供应支持方式上，英国、新加坡政府设立专门机构、提供营运资金、直接建造公房；法国、瑞典、德国、日本则主要依靠政府提供长期和优惠利率贷款（或贷款利息补偿）等财政优惠措施，鼓励非盈利机构建房。三是公共住房供应模式的不同。英国等国公共住房所占比例较高，是以大量公共住房供应模式为主的欧美工业化国家的代表；美国则是补充型公共住房供应模式的代表，除了20世纪30年代的特殊情况外，大都采用以私有住房为主体、公共住房只起补充作用的补充型公共住房供应模式。四是住房补贴模式的不同。各国政府的住房补贴方式包括面向住房供应方的补贴和面向住房需求方的补贴两大类，第二次世界大战以后，各国政府住房补贴政策经历了从供给方增量住宅的建设补贴向需求方存量住宅的房租补贴的转移。①

第三节 研究框架与研究方法

一、论文研究框架

本书的基本研究思路是：首先，对当前公共财政中与城镇住房相关的收支现状进行分析；并结合当前我国住房市场的现状，构建计量模型，就财政支出、住房市场与地方经济增长之间的相关性进行实证分析；运用相关的微观经

---

① 杜文. 发达国家住房保障制度建设的基本经验. 经济体制改革，2005（3）.

济学模型就土地财政与住房市场之间的相关性进行分析。接着，从经济体制改革、财政制度改革、政府间利益博弈、预算制度改革等多个角度对当前我国财政收支与城镇住房问题之间错综复杂的关系成因进行剖析。进而，根据宏观经济学理论构建模型，框定政府作用基本边界，并通过借鉴国际经验来设计我国城镇住房保障制度的政策目标与基本框架。而后，从财政收支行为的角度和政府其他政策的角度分别提出相关的政策建议，以推进城镇住房保障制度的建设与完善。最后，对全书的主要观点和结论进行总结，对本书开篇所提出的一系列问题做出回答，首尾呼应。

第一章，导论。介绍本书的选题背景与意义，简要概述基本的理论依托与相关文献综述，并就本书的研究思路、总体框架、相关的研究方法和主要创新点与存在的不足进行相关说明。

第二章，与城镇住房相关的财政收支现状分析。主要就我国公共财政中与住房建设相关的财政支出、财政收入以及当前的住房市场现状进行阐述，并指出当前所存在的基本问题。

第三章，财政收支对城镇住房市场的影响分析。首先，将地方政府作为政策制定主体，考虑其财政支出行为对住房市场和地方经济的影响，并选取住房市场化改革之后 2004 ~ 2014 年的年度数据构建面板数据进行实证分析，从而得出变量之间的相关性结果，并将此结论作为对地方政府公共支出行为的制度性成因分析的相关依据。其次，从理论角度，将地方财政支出分成实物住房建设支出和货币性补贴支出两类，分别分析这两类支出对城镇住房供需的影响。再次，运用微观经济学理论模型，将地方政府与住房市场简化为行为个体，就土地财政与住房市场间的相关性进行分析，主要集中于土地财政对住房需求、住房供给和住房价格的影响的分析。最后，就住房市场对政府行为的反作用进行分析，讨论住房市场的发展对税收、土地出让管理以及地方政府政绩考核的反作用。

第四章，基于财政收支的城镇住房问题成因分析。主要从四大因素来考虑前文所述城镇住房问题的成因。第一，经济体制改革与住房市场的失灵，回顾了我国经济体制转型与城镇住房市场化改革并行期的制度改革历程，分析住房市场的缺陷与市场失灵的表现，为界定政府作用的边界设好铺垫。第二，分税制改革与土地财政的成因，回顾我国分税制改革的主要内容，分析地方政府事责与财力不对等的成因与风险，得出地方政府过度依赖土地财政的制度性原因，为进一步改革政府间财政关系提供依据。第三，基于中央与地方政府的收益与成本估算，构建不完全信息动态博弈模型，通过精炼贝叶斯均衡求解，对中央政府与地方政府建设保障性住房支出的行为决策进行分析，得出地方政府缺乏住房保障建设积极性的原因，明确财政支出结构进一步改革的方向。第四，分析土地出让收入和住房保障支出预算管理制度的缺陷与住房市场之间的关系，从而明确进一步改革地方财政收支预算管理的方向。

第五章，明确城镇住房问题的政府作用边界与政策目标。从理论的角度界定政府对住房问题应承担的责任，并界定政府对已进行市场化改革的住房分配的作用边界。进而借鉴国际经验，分别选取自由主义社会、中东转型国家以及新兴高速发展的经济体三种不同类型国家或地区的代表英国、波兰和香港，对各政府在住房保障问题中所发挥的作用进行分析、比较、借鉴，得到相关启示。在上述内容的基础之上，进而明确我国城镇住房保障制度建设的目标定位与总体框架设计。

第六章，财政收支制度的完善与城镇住房保障制度建设。本章主要从财政制度的角度来完善城镇住房保障制度建设。建议各级政府按照事责与财力相对等的原则，明确中央政府与地方政府对于住房保障各自所应承担的职责。进而对地方财政支出结构的调整提出相关建议，增加住房保障支出的两个比重，并就各类保障房的合理比例进行探讨。多渠道地扩大地方财政收入，以保证住房保障建设具有稳定且充足的资金来源。同时需要对预算管理体制进行相应的改革，以化解或缓解地方政府各种不规范行为所引致的各种财政风险。

第七章，城镇住房保障制度建设的协调机制与政策建议。本章主要从财政制度以外的其他政府所应配套建设的制度角度，来探讨完善城镇住房保障制度的相关协调机制。涉及对居民消费观的调整、住房保障水平的动态调整、政府对于城镇住房保障的退出机制设想，以及建立健全相关的法制体系，强化法制对各行为主体的约束力。

第八章，结论。对本书主要的观点进行总结，既是对开篇所提出的一系列问题的回答，又是对主要结论和观点的提炼，首尾呼应，结束全文。

二、研究方法

本书在我国财政收支与住房市场关系的研究中，在大量文献研究的基础上，采取多种研究方法相结合的方式进行研究，做到定性分析与定量分析相结合。

（一）数量研究法

数量研究法指通过对研究对象的规模、速度、范围、程度等数量关系的分析研究，认识和揭示事物间的相互关系、变化规律和发展趋势，借以达到对事物的正确解释和预测的一种研究方法。本书以所收集到的大量数据为基础，运用数量研究法，对我国各级政府公共财政收支行为与住房市场状况展开分析，说明地方财政支出和收入的规模与结构对住房供需的影响方向和作用趋势。对于地方财政支出、地方经济增长与地方住房市场之间的相关性分析，也同样运用了数量研究法，通过实证分析，测算出各变量之间的弹性系数与相关方向，为地方政府财政支出结构的行为判定提供了依据。

（二）数学模型法

数学模型法是指依照研究对象的主要特征，创建数学模型，对研究对象进行模拟和抽象描述，并通过建立的模型展开相关研究。本书在对地方财政支出与收入行为对住房市场的供需关系以及住房价格的相关影响问题研究中，采取了数学模型法。基于住房供给与需求双方的不同市场特征，本书构建相应的假设条件，并对实际问题进行了必要的简化，通过模型加以抽象性的模拟，从而推导出这几组关系的关联变化并展开研究。另外，本书在对中央政府与地方政府之间对于住房保障建设问题的利益博弈分析中，也同样地运用了数学模型法。结合了中央政府与地方政府的实际决策行为偏好与成本收益分析，本书构建了不完全信息下的动态博弈模型，并通过精炼贝叶斯均衡求解，对地方政府财政支出方向的战略决策进行相应分析。

（三）比较分析法

比较分析法是指把客观事物加以比较，以达到认识事物的本质和规律并做出正确评价的目的。为更好地剖析地方政府土地财政的成因，本书对中央政府和地方政府的事权与财权进行了相应的比较分析，得出相关的研究结论。此外，在诠释政府在住房保障建设问题中的作用边界时，本书通过对三类不同社会形态的国家或地区的典型做法进行比较分析，得出对我国的相关启示与借鉴意义，从而明确政府在住房保障问题上的政策目标以及相应的制度建设基本框架。

三、主要创新与不足

（一）主要创新

近年来，我国财政对于住房保障和住房市场研究的文献不少，本书力求在以下几个方面有所创新：

1. 对地方财政支出、地方经济与住房市场之间的关系进行实证研究。从地方财政支出结构来看，地方增加社会保障地方财政支出与促进地方经济增长并不矛盾，每增加一单位的社会保障地方财政支出，能够带来0.057个单位的地方经济增长；但每增加一单位的房地产投资，却能够带动地方经济增长0.15个单位。从地方财政支出总额来看，每增加一单位的地方财政支出，能够带来0.495个单位的房地产投资增量；而地方GDP每增长一个百分点，亦能带动当地房产投资额1.069个百分点的增长幅度。

2. 通过对保障性住房安居工程的策略选择研究发现：从短期来看，住房建设是最优策略；而从长期来看，住房补贴将优于住房建设，且房贷贴息和房租补贴政策优于货币直补。

3. 将不完全信息的动态博弈模型运用到中央政府与地方政府在住房保障建设方面的利益博弈分析。通过精炼贝叶斯均衡的求解，解释了地方政府的行为动因，认为中央政府在问责的同时，必须要配以有效的激励政策，即在进行政绩考核时，改革传统的GDP指标制，实行以民生问题落实程度为重要指标的考核体系，从而改变地方政府的支付效用，实现地方政府财政支出结构的优化。

（二）不足之处

囿于自身研究水平、数据收集能力和实践经验等方面的限制，本书存在以下不足，还需要在以后的工作和学习中进一步改进。

1. 数据收集受限。在写作过程中，深刻体会到权威数据的重要性，因此，所有分析过程中所用到的数据都来自于权威统计部门。但是囿于权威数据的统计与公布存在较长的时滞，本书的相关研究大多只能分析到2009年为止，无法将实际经济的最新动态客观地展示出来。另一方面，某些政府部门不愿意公开一些相关数据，如土地出让收入，各省、市、地区的数据或不全或只能获及省一级的，再往下的市级、县乡级别的数据基本上无从考证，这也给本书的分析带来了较大的困难。

2. 中央政府与地方政府关于住房保障建设的动态利益博弈模型有待进一步完善。该动态模型还可以扩展为更多层级的博弈树，即将开发商和居民家庭亦考虑进来。但是囿于效用函数的选取仍具有较大的商榷余地，本书暂且略去了开发商和居民家庭的参与情况，而只是集中于中央政府与地方政府间的利益博弈。另外，对于两级政府之间的利益支付矩阵的假设，尚显幼稚，仍有待进一步的完善，以期得到更为符合现实情况的结论。

3. 政策建议有待加强。本书对地方财政收支行为与住房问题的原因分析以及相关的住房保障建设方面的制度设计的思考都还比较粗浅。在今后的研究中，希望通过更多的实际调研，与一线工作的同志多沟通，进一步深化认识，达到对政策建议的进一步加工提炼。

第二章 与城镇住房相关的财政收支现状分析

第一节　财政用于城镇住房支出概况

城镇住房由商品房和保障性住房构成，两者的提供方式不同。在市场经济中，商品房是由市场通过价格机制提供，而保障性住房则指政府为中低收入住房困难家庭所提供的限定标准、限定价格或租金的住房，由廉租房、经济适用房和政策性租赁房构成。

保障性住房无法像商品房那样有高额的“卖地”款可得，反而要政府倒贴配套资金，而且当前的保障性住房基本上只覆盖到城镇级别，因此，在本书的研究中，用保障性住房支出来代替财政用于城镇住房的支出。

一、财政支出中用于城镇住房建设的主要内容

财政支出预算安排中用于城镇住房建设的内容，可以从狭义和广义两个范畴进行探讨。从狭义上来看，主要包括用于保障性住房建设的支出，具体的支出项目包括廉租房、经济适用房、人才住房等的支出，以及城乡社区事务支出等方面的资金安排。从广义上来看，住房建设方面的财政支出除了保障性住房支出以外，还应包括道路、桥梁、污水管网等基础设施方面的城市建设维护支出，即表 2－1 中所列的支出项目。因为，任何住房都不可能是单独地建立在土地上，必然会相应地涵括“三通一平”等基础设施的配套建设。

表 2－1　　城市（县城）维护建设资金（财政性资金）收支基层表

指标名称	计量单位	代码	数量	指标名称	计量单位	代码	数量
甲	乙	丙	1	甲	乙	丙	1
收入合计	万元	301		支出合计	万元	401	
中央财政拨款	万元	302		按构成分：	—	—	—
省级财政拨款	万元	303		维护支出	万元	402	
市（县）财政资金	万元	304		其中：人员经费	万元	403	
合计中：1. 市（县）财政专项拨款	万元	305		固定资产投资支出	万元	404	
2. 城市维护建设税	万元	306		其他支出	万元	405	
3. 城镇公用事业附加	万元	307		其中：偿还贷款	万元	406	
4. 市政公用设施配套费	万元	308		按专业分：	—	—	—
5. 市政公用设施有偿使用费	万元	309		供水	万元	407	
其中：过桥、过路费	万元	310		燃气	万元	408	
污水处理费	万元	311		集中供热	万元	409	
垃圾处理费	万元	312		公共交通	万元	410	
排水设施有偿使用费	万元	313		道路桥梁	万元	411	
6. 土地出让转让收入	万元	314		排水	万元	412	

续表

指标名称	计量单位	代码	数量	指标名称	计量单位	代码	数量
甲	乙	丙	1	甲	乙	丙	1
7. 水资源费	万元	315		其中：污水处理及其再生利用	万元	413	
8. 资产置换收入	万元	316		防洪	万元	414	
9. 其他收入	万元	317		园林绿化	万元	415	
其他财政资金	万元	318		市容环境卫生	万元	416	
				其中：垃圾处理	万元	417	
				其他	万元	418	

资料来源：住房和城乡建设部，http：//www. mohurd. gov. cn/。

注：本表逻辑审核关系如下：

1. 301 =302 +303 +304 +318；304 =305 +306 +307 +308 +309 +314 +315 +316 +317；
2. 309≥310 +311 +312 +313；
3. 401 =402 +404 +405；
4. 401 =407 +408 +409 +410 +411 +412 +414 +415 +416 +418；
5. 402≥403；412 >413；416 >417；
6. 各项保留整数。

值得注意的是，表2-1所列的支出项目，在按结构分类中有“固定资产投资支出”一类目，和“住房保障支出”有所不同，在财政预算报表中，是以不同的科目分别列算。

2009年，财政部发布《关于修订2010年政府收支分类科目的通知》（财预〔2009〕402号），对涉及保障性住房建设的预算科目，做了新的调整与修订，新增了“住房保障支出”类级科目，即将原预算报表中208类“社会保障和就业”下20款“保障性住房支出”、212类“城乡社区事务”下04款“城乡社区住宅”以及229类“其他支出”下03款“住房改革支出”分别调出；新增221类“住房保障支出”，集中反映政府用于住房方面的支出，下设01款“保障性住房支出”、02款“住房改革支出”和03款“城乡社区住宅”。

二、我国城镇住房保障支出的现状

由于财政预算科目分类的调整，财政支出中用于住房保障建设方面的资金投入数据没有直接的可获得性。当前保障性住房体系的内容，从广义区间看，包括廉租住房、经济适用房、棚户区改造房、公共租赁房和“两限房”①；从狭义区间看，包括廉租住房、各类政策性租赁房（当前主要指公共租赁房）和经济适用房。目前我国保障性住房的支出以地方财政负担为主，经济适用房采用了政府减免税费的间接补贴方式，廉租房采取的是市、县政府财政支出直接补贴的方式。

1. 资金供给源现状。

（1）经济适用住房和“两限房”，所需的建设资金主要由社会机构通过市场运作方式来解决，财政主要给予相关的税费优惠或减免。根据《经济适用住房管理办法》（建住房〔2004〕77号），经济适用房可以享受的优惠政策主要包括3项：建设用地实行行政划拨方式供应、建设和经营中的行政事业性收费减半征收、经济适用住房项目小区外的基础设施建设费用由政府负担。因此，实际上政府付出的财政补贴包括土地出让金、50%行政事业性收费和城市基础设施配套费。

（2）各类政府主导的棚户区改造，包括城市棚户区改造、国有工矿棚户区改造、林区棚户区改造、煤矿棚户区改造以及部分国有垦区的棚户区改造，所需资金的大部分由工矿企业和被改造的职工自筹，其余部分由中央政府、省级、市级政府进行补助。

---

① 所谓“两限房”，就是指被限制套型面积和销售价位的商品住房。

(3) 廉租住房、公共租赁房，其所需建设资金主要由财政承担，且以地方为主、中央为辅。依据《城镇最低收入家庭廉租住房管理办法》规定，廉租房的资金来源实行财政预算安排为主、多种渠道筹措的原则，主要包括市、县财政预算安排的资金，即除去中央财政的转移支付外，主要从地方的土地收益中安排10%的支出用于廉租房建设；住房公积金增值收益中按规定提取的城市廉租住房补充资金；社会捐赠的资金；其他渠道筹集的资金。

2. 投资或建设规模现状。

(1) 总体概况。国务院于2008年11月11日出台的扩大内需促进增长的十项措施中，“加快建设保障性安居工程”位列首位。“十二五”期间我国计划建设保障性住房3600万套，其中，2011~2015年分别计划建设1000万套、700万套、630万套、48万套、790万套保障房，同时，中央将保障性住房建设任务列为考核政府工作的重要指标，使保障性住房建设的重要性更为凸显。2011~2014年因建设周期的缘故，虽然我国保障房建设的实际完成率低于建设计划指标，但实际执行及开工率均高于计划建设的指标。

全国财政支出中用于住房保障的预算与决算情况，如表2-2所示。由此可以看出，不论是中央还是地方，都在不断加大住房保障建设支出。而且，主要是以地方政府为主体建设方，中央本级的支出所占的比例相当少，中央财政中用于住房保障建设的支出预算多以转移支付的形式编制。

表2-2 2012~2015年财政支出中用于住房保障的预算与决算情况 单位：亿元

		全国财政支出	中央财政支出			地方财政支出
			总额	本级	转移支付	
2012	预算数	4398.40	2117.55	374.40	1743.15	4024.00
	决算数	4479.62	2601.57	410.91	2190.66	4068.71
2013	预算数	4683.89	2229.91	370.23	1859.68	4313.66
	决算数	4480.55	2320.94	404.73	1916.21	4075.82
2014	预算数	5071.32	2528.69	378.85	2149.84	4692.47
	决算数	5043.72	2529.78	405.41	2124.37	4638.31
2015	预算数	5344.93	2713.61	355.54	2358.07	4989.39
	决算数	5797.02	2851.20	401.18	2450.02	5395.84

数据来源：根据财政部相关年度预算报告整理而得。中华人民共和国财政部，http://www.mof.gov.cn/。

（2）经济适用房的开发投资总体呈现扩张趋势，但占房地产开发总额以及占住宅开发投资的比例均较低。如表2－3和图2－1所示，在实行住房市场化改革以后，住宅投资额逐年递增，而与此同时，经济适用房每年的新增开发投资规模也基本上处于扩张状态，年平均新建经济适用房的投资额达到717亿元，且在“十一五”规划期间表现出明显的增长状态，年增幅基本上都维持在20%的水平上，如图2－2所示。

表2－3　1999～2010年我国经济适用房开发投资额及占比

年份	房地产开发投资（亿元）			经济适用房占比（%）	
	总额	住宅投资额	经济适用房投资额	占房地产开发总额比例	占住宅开发投资比例
1999	4103.20	2638.48	437.02	10.65	16.56
2000	4984.05	3311.98	542.44	10.88	16.38
2001	6344.11	4216.68	599.65	9.45	14.22
2002	7790.92	5227.76	589.04	7.56	11.27
2003	10153.80	6776.69	621.98	6.13	9.18
2004	13158.25	8836.95	606.39	4.61	6.86
2005	15909.25	10860.93	519.18	3.26	4.78
2006	19422.92	13638.41	696.84	3.59	5.11
2007	25288.84	18005.42	820.93	3.25	4.56
2008	31203.19	22440.87	970.91	3.11	4.33
2009	36241.81	25613.69	1134.08	3.13	4.43
2010	48259.40	34026.23	1069.17	2.21	3.14

数据来源：中国统计年鉴。因2011年后的统计数据不再单列经济适用房投资额，因此，相关数据截至2010年。

同时也可以看出，新建经济适用房在新建住房中的占比呈持续下降趋势。在2000年的时候，经济适用房仍占到全国住宅开发投资总额的16.38%，但到2010年，该比例已经下降到3.14%。而且，在新开工的面积方面，经济适用房的同比增幅基本上也都低于其他商品住宅，如图2－3所示。

三、我国城镇住房保障建设支出中的问题

从1998年国务院提出建立有中国特色的住房保障体系开始，我国实行房

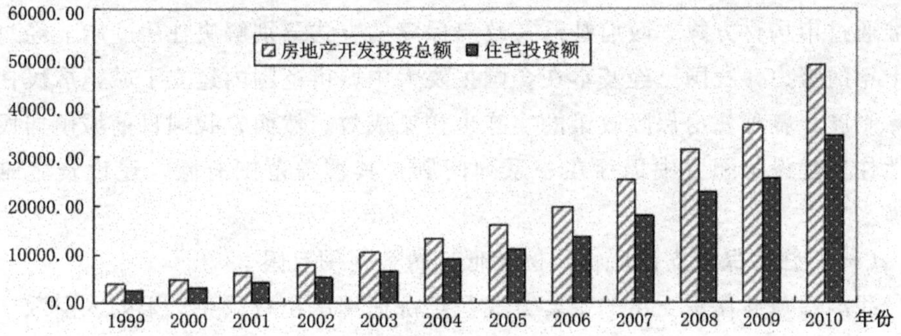

图 2－1　房地产开发投资总额与住宅投资额

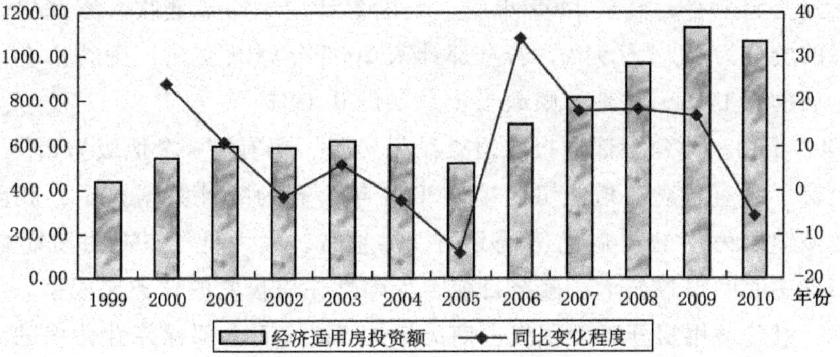

图 2－2　经济适用房的投资额以及同比变化程度

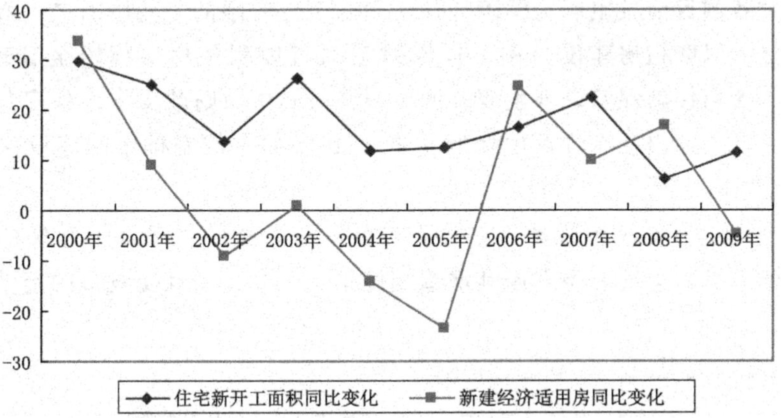

图 2－3　住宅与经济适用房新开工同比变化对比

改政策，正式取消福利分房，同时建立相应的住房供应体系，即按照不同收入标准通过市场化方式、政府补贴及政府保障的方式分别解决住房问题。经过近二十年的努力，我国已经基本在全国主要大中城市范围内建立了城镇居民住房保障制度，各种住房保障政策的实施也初见成效。然而，我国目前城镇居民保障性住房建设与配置中仍存在一系列问题，其覆盖范围有限，建设资金难以保障。

（一）住房保障支出所占比例较低，覆盖范围有限

我国保障性住房支出的主要方式是经济适用房税费减免，未列入财政支出预算，所以难以计算其在财政支出中所占的比例。根据一些学者的测算，2005年我国保障性住房的财政支出约占 GDP 总额的 0.38%。从财政直接支出的廉租房保障资金来看，截至 2005 年底，全国累计用于向最低收入家庭提供廉租房保障的资金为 47.4 亿元[①]，若全部计入 2005 年财政支出，则约占全国财政支出总额的 0.14%，占地方财政支出总额的 0.19%。

2007 年初，原建设部通报的检查结果显示，仍有“4 个地级城市”、“141 个县级市”没有建立廉租住房制度。2008 年公布的统计数据显示，我国的廉租房在城镇居民中的覆盖比例仍只有 1% 左右，大大低于 5% 的预期目标。[②]国家信息中心的报告显示，截至目前，保障性住房投资的任务完成率只有约三分之一，经济适用房开工面积仅占商品房的 5%，而全部保障性住房的面积也仅占到商品房的 16%[③]。

（二）建设资金的保障机制薄弱

导致我国目前城镇居民保障性住房覆盖范围有限的主要原因之一就是财政资金不足。以廉租房建设为例，根据财政部《廉租住房保障资金管理办法》的规定，廉租住房保障资金主要来源于三部分：中央财政支出；住房公积金增值收益；从土地出让净收益中按照不低于 10% 的比例安排用于建设保障性住房的资金。

1. 住房公积金增值收益。住房公积金投资运营的主要目标是保值，其次才是增值，对安全性的需求使其增值幅度不会太高，而且受股市的繁荣程度影响很大。

---

① 中华人民共和国建设部. 关于城镇廉租住房制度建设和实施情况的通报（建住房〔2006〕63号），2006 年 3 月 29 日.

② 马力. 政策性租赁房覆盖面基本划定. 新民报，2009 年 3 月 7 日.

③ http：//bbs. dichan. com/tie－729536. html.

2. 土地出让收益。同样的，土地出让收益也较大程度地受到城市地域分布、房地产繁荣程度的影响。一些西部城市土地出让金收入在财政收入中所占比例很小，难以保证廉租房建设的需要。即使在沿海发达城市，由于廉租房的建设用地是无偿划拨的，地方政府为了建设保障性住房而不得不放弃一部分极为可观的土地出让收入，廉租房建设面临着极高的机会成本。这就导致许多地方政府违背中央的相关规定，减少土地出让收入中用于廉租房建设的比例。根据财政部网站公布的数据，2015 年，全国土地出让支出 33727.78 亿元，其中，用于保障性安居工程支出 823.49 亿元，占比只达到 2.4%，远远低于政策要求的 10% 的比例。

3. 中央财政投入。由于保障性住房呈现较强的地方区域性，因此基本上应由地方政府承担该职能，中央财政支持力度相对来说较为薄弱。如表 2-2 所示，尽管中央政府的转移支付力度在逐年加大，但对于地方政府而言，仍需承担近一半的投资金额。尽管在 2008 年出台的 40000 亿元刺激经济增长的计划中，有 2800 亿元专门用于以保障性住房建设为主的保障性安居工程，但这也只能重点支持全国几个省市，不能面面俱到，而且需要地方财政配套资金支持，一些经济不发达的城市享受不到中央的补贴，导致保障性住房建设的“马太效应”。

（三）地方政府对保障性住房建设的积极性不高

地方政府对保障性住房建设的积极性是保障性住房建设的关键所在。但是，面对传统 GDP 政绩考核指标的压力以及巨大的建设成本，不少地方政府总是表现出种种的消极作为态度，即对保障性住房建设缺乏热情。

首先，在 2009 年以前，保障性住房支出并没有单独编制支出预算，这就导致在中央、地方的预算安排中，投入高、见效慢的保障性住房建设一般都会让位于其他财政支出项目，如基础设施建设、转移支付等，一些地方政府投资建设保障性住房的热情不高。

其次，缺乏有效的激励机制。以 2010 年为例，2010 年 8 月，中央财政去年年初安排的 692 亿元和追加安排的 100 亿元保障性住房建设资金已全部下达，足可见中央对保障性住房建设的决心；但是到了 2010 年年底，原计划的 580 万套保障性住房，只完成了 370 万套的投资，地方政府的实际执行情况与中央的原计划出现了较大的差距，换言之，不少地方政府仍没有太高的积极性来推进住房保障安居工程的建设。

最后，地方政府难觅强有力的稳定的建设资金来源。仍以 2010 年为例，根据住建部网站所提供的信息，2010年中央财政投向保障性住房的资金共计792亿元；可补充廉租房资金的住房公积金增值收益约400亿元左右；2010年土地转让收入约2万亿元，可提供2000亿元的保障性住房资金。而2010年全国580万套保障性住房需要投资约8000亿元，保障性住房面临高达5000亿元的资金缺口。2011年我国保障性住房的建设目标为1000万套，据估算，需要约1.38万亿元投资。如果缺乏新的资金来源，届时这一资金缺口将进一步放大。

综上所述，在财政支出方面，在大举倡导城市经营的今天，固定资产投资、基础设施建设等城市建设举措无一例外的需要保持一定的财政支出规模，仅靠税收远远不够。土地被地方政府理所当然地视为自身所拥有的最大资产，“土地财政”成为财政收入的重要构成。保障性住房建设需要地方政府既出钱又出地，在“钱少事多”这一现实难题的压迫下，对“土地财政”的依赖使得地方政府会倾向于优先供给商品住宅与商业地产用地，并最大限度地压缩保障性住房用地，在地价与房价高涨的情况下尤其如此。因此，地方政府总是缺乏积极性去有力地推进住房保障制度的建设。

四、目前我国城镇保障性住房建设存在的问题

（一）中央保障性住房政策被有的地方政府曲解甚至篡改

有的地方政府不仅不积极落实保障性住房建设，反而把保障性住房建设责任推向市场，以货币配租替代实物配租，或者通过发放财政补贴鼓励购买商品房，甚至由政府直接出面购买市场上的商品房。我们知道，保障性住房一个显著特征就是开发的低成本，在建设过程中土地出让金和相关税费、配套设施建设费用是全免的，而购买商品房成本则非常高昂。一些地方政府为了维持“土地财政”，而把本应无偿划拨用于保障性住房建设的土地高价卖给开发商，甚至官商勾结，帮助开发商消化市场上的存量住房，维护开发商等既得利益集团的利益，严重侵蚀了公众利益，不利于城镇居民保障性住房政策目标的实现。

（二）住房保障建设机械化，出现“一刀切”现象

中央政府为了缓和我国日益激化的住房矛盾，加强对住房市场的宏观调控，于2006年出台了“70/90”政策，即强行规定新建住宅项目的户型比，要求套型建筑面积为90平方米以下的户型必须占到整个项目的70%以上。这个政策原本是为了对房地产市场的供应结构进行调整和规范，从而保障房地产

住宅产品更加合理。此后，中央政府为了大量增加住房套数，鼓励房产商开发中小户型商品房，并将“两限房”纳入住房保障体系进行管理，所遵循的依据之一便是“70/90”政策。政策执行三年来，虽然增加了小户型市场占有率，但也滋生了一些问题。首先，这种一刀切的规定使得各地方政府在实际工作过程中表现出不同程度的抵制情绪。因为这种限户型、限占比的规定在很大程度上对市场构成了挤出，打压了地方房地产业的发展，最终导致地方经济利益严重受损。其次，开发商变相修改结构，以赠送阳台面积、增大挑高变双层结构、两套房打通连售等方式频打“擦边球”，这就使得该政策名存实亡，徒留空表。虽然不论是住房建设部还是各地房管局，都不会正式发文取消“70/90”政策，但时至今日，各地方政府在操作过程中不再对此进行规定，已然是非常普遍的做法。

“70/90”政策实际上就是一种“一刀切”的规定，是住房保障建设的机械化。各个地区经济发展水平不同，人口结构也不同，对住房的需求层次更是不一样，怎能对中小户型比做如此绝对的概论呢？这显然是对市场的过度干预，是对客观经济规律的悖离。

（三）住房保障方式轻租赁重购买，易固化福利

目前我国经济适用房的建设大于廉租房，大多地方政府所实行的住房保障供应方式仍是以经济适用房为主。但是过于单一的住房保障手段无法适应多层次的住房保障需求。另外，轻租赁重购买的住房保障方式也会使得政府的退出机制难以有效实行，从而导致既得福利的固化，降低住房保障制度的运行效率。

相比于经济适用房，廉租房和公共租赁房能够更大范围地覆盖低收入居民家庭、新职工以及如外来务工人员这样的流动性弱势群体，从实际意义上来说，能够起到更好的保障作用。而且，租赁房相对于经济适用房来说，对居民家庭的“束缚力”更小，更利于不同区域之间的人才流动，从而实现全社会的福利改进。所以，国内不少学者都认为，应该要加大廉租房和公共租赁房的建设，而减少经济适用房的比例。但也有学者认为，廉租房是根本收不回成本的，搞大了财政难以为继，只能针对最低收入阶层特殊困难人群，在较小范围内发展；而经济适用房则因概念、边界模糊，管理漏洞百出，出现较严重的公共资源误配置的扭曲现象，对财政基本上也无回报；因而建议开辟“趸租房”，并将其作为发展保障性住房的主体方式，用“趸租房”的收入来涵养廉租房。①

然而，不论提供哪种组合方式的保障性住房，都必须要以当地实际经济状况为依据，即以居民的收入分布状况、住房供需缺口情况、地方政府实际财力等因素作为决策依据，必须要避免单一的保障方式，不可只注重购买性的保障性住房建设而轻视租赁房屋的建设。另外，必须要注意的是，只要是以实物形式提供的，如若没有完善的退出机制的话，都将会导致将来政府退出的困难。古往今来的众多事实一再证明，既得利益的重新分配总是会受到种种阻挠而难以改革，因此，必须要避免福利固化的结果。

（四）对保障性住房申请对象审核不严，存在寻租现象

经济适用房、廉租房等保障性住房建设就是为了使中低收入家庭住有所居，对其收入、总资产、现有住房面积等有严格的规定，并对其出售、转让等有着严格的限制，并不是所有家庭都可以享受到保障性住房的配给。然而，一些地方政府并没有严格执行中央的相关政策法规，对保障性住房申请家庭审核不严，甚至一些官员弄虚作假，利用手中的权力寻租，收受贿赂。于是，在一些地方出现了一户家庭拥有几处经济适用房产，甚至炒售经济适用房的现象。保障性住房申请对象审查不严会导致本已稀缺的财政资源无端流失，使广大纳税人利益受损和政府公信力下降。更严重的是可能会引发对房地产投资、建设市场的挤出效应，导致房地产市场秩序的紊乱。

按照国家对住房保障制度的设计，由政府“买单”的保障性住房是针对买不起商品房和无能力自行解决住房问题（包括无能力租用市场价的住房）的贫困家庭或中低收入家庭的人群。而市场中的商品房则是针对于有能力自行解决住房问题的家庭与人群的。这是两个收入完全不同、准入条件有严格差别的不同消费群体。如果对保障性住房申请对象条件审查不严，就会使一些本来有能力购买商品房的家庭转向购买经济适用房或租赁廉租房等，导致商品房市场上住房需求下降，存量商品房无法消化，引发保障性住房对商品房的挤出效应。

（五）保障性住房存在质和量的双重隐患

在中央政府高压式的保障住房安居工程的政策下，部分地方政府开始将保障性住房的建设提到政府工作的重要日程上来，视其为将来政绩考核的一大新指标。但是，当住房保障建设成为新的政绩考核内容之一的时候，各地方政府

---

① 贾康，吴方伟．关于我国住宅提供方式改革的构想．财政研究，2010（7）．

又往往会出现“急功近利”的行为，如只注重投建的数量，而轻视了质量保障。中央政府在每年的工作报告中，都会壮志踌躇地计划着每年新建保障性住房的套数，从一定角度来看，这的确能够让普通老百姓为之欢欣鼓舞；但从另一个角度来看，这么大批量的“井喷式”保障性住房建设，其建筑结构、安全性能和房屋质量并不一定能得到切实的保证。历史证明，但凡是大规模的公共工程建设，一定会出现腐败与豆腐渣工程的现象，保障性住房的建设也必然无法免俗。当前不少地方，居民对已建成的保障性住房选择弃购或弃租，部分原因就在于房屋的质量令人担忧。

其次，随着全社会收入水平的整体性提高，居民家庭对住房的结构、面积要求势必也会提升。原有的保障性住房在一定年限之后，质量下降，且难以迎合居民的需求，届时政府就必须要适时地建设出更高质量的住房。但是，当前那么大的住房存量已占去相当多的土地空间，新建住房的话，就一定会涉及旧房拆迁的问题，这又会引发新一轮的住房矛盾。

另外，大批量的保障性住房在短期内投入建设并建成，会使得保障性住房存量甚至是全社会整体住房存量急剧扩张，从短期来看，能够有效地缓解当前紧张的住房供需矛盾，改善一部分居民家庭的居住条件；但是，从长期来看，大规模兴建保障性住房会极大地加重地方财政负担，从而造成地方财政风险的扩大化。即使有朝一日政府决定不再大规模兴建保障性住房了，当前大规模的保障性住房建设存量也会导致将来地方政府每年都要承担一大笔住房维修和保护成本。尽管地方政府可以从每期所获得的巨额土地出让收入中提供较多的资金以做建设资金之用，但这绝对不是长久之计。一方面，因为土地是有限的，不可能以此作为长久的资金渠道；另一方面，当地方政府承受不住“保障性住房政绩考核指标”的压力，而疯狂地向地要钱的时候，高企的地价势必会推高商品住房的价格，这又会使得地方居民的住房矛盾进一步加剧，从而使地方政府困身于“政策陷阱”中，难以退出对住房市场的干预，进而对市场的挤出越来越大。

综上所述，政策是否要延续就成为一个值得深究的问题。如果要中止实物建设，那么住房保障制度就应该从“砖头补贴”转到“人头补贴”上去，综合运用财政、金融和税收政策对弱势群体继续提供住房保障。如果要继续实物建设，那么必须要调整新建保障性住房的数量，且狠抓质量关，杜绝社会资源的浪费，同时还要寻求稳定、有力的资金保障源，以减少地方财政的风险压力，增强地方经济对宏观经济形势变化的应变能力。

（六）保障性住房的选址过偏

从当前的实际情况来看，大多地方的保障性住房选址都较为偏僻，经常是处于市郊或者城乡结合部区域，而周边的生活便利设施配套或者不齐全或者水平较低，住户用于交通方面的时间和费用较多，这也造成了保障政策效果大打折扣。

究其原因，一方面在于大多城市市中心的空闲建筑用地量已所剩无几，难以满足建设保障性住房的用地要求；另一方面则在于市中心或者交通便利的繁华地段，地价都很高，因此地方政府会严格偏好于将其留置为商业经营用地或通过招拍挂程序出让给房产商，从而换得更多的收益。

因此，保障性住房应该在全市范围内分散建设，既可以提高受保障住户的福利水平，又可以避免“贫民窟”的出现。同时，还应配以相应的申请与轮候机制改革，以减少公众对保障性住房公平机制的不信任。

第二节　土地出让金与土地财政：现状及评价

土地出让金是土地批租时一次性收取的费用，即为土地使用有效年限的价格。从狭义上看，“土地财政”就是地方政府通过出让土地获得土地出让金收入，以此作为地方政府财政收入的重要补充。从广义上看，除土地出让金以外，“土地财政”还包括与土地有关的城镇土地使用税、房产税、契税、耕地占用税、土地增值税等收入。[①] 1994 年我国实施分税制改革后，财权上移，事权下放，许多地方政府为了弥补财权和事权的缺口，逐渐形成了向土地要土地出让金的“土地财政”局面，土地出让金也在一定程度上缓解了地方财政的困难。但是，“土地财政”现象隐藏着巨大的财政、金融风险，促成了投资过热，损害了失地农民的利益，并导致了严重的行政寻租腐败问题，影响了社会稳定。2006 年颁布的《国务院关于加强土地调控有关问题的通知》和《国有土地使用权出让收支管理办法》虽然在一定程度上遏制“土地财政”问题的进一步发展，但是其深层次体制和制度诱因，如地方财政财权和事权的不对称、土地市场管理的不规范和地方政府的短期行为等问题仍然亟待解决。

① 根据 1994 年我国分税制改革的相关条例，城镇土地使用税、房产税、契税、耕地占用税和土地增值税收入归地方政府所有。

一、地方政府土地出让金收入现状

我国自实行土地有偿出让制度之后，土地出让金呈现明显的增长态势，土地出让金占地方财政的比重也在迅速上升。同时，由于没有把土地出让金纳入地方预算，对于庞大的土地出让金的真实数目及其征收、使用情况难以严格监管。

（一）土地出让金总量逐年增加

我国土地出让金收入增长速度很快。2001 年土地出让金仅为 1295.89 亿元，到 2010 年已高达 27110.98 亿元，2001～2014 年土地出让金收入累计达 23.63 万亿元。从 2001 年至 2014 年，土地出让金基本上呈现递增的状态，除了 2008 年较 2007 年有较大幅度的下降（因为受 2007 年经济危机的影响），如表 2－4 所示。2004 年“8.31 大限”① 使土地有偿出让进一步市场化，但土地出让金收入增长率并没有明显的下降。2005 年国家执行收紧地根政策，土地出让金收入绝对值有所下降，全国共出让土地 16.32 万公顷，出让价款 5505.20 亿元。随着房地产市场的火爆，2006 年土地出让金收入再次反弹，2007 年又有了大幅度的增长，2008 年，由于受 2007 年经济不景气的影响，土地出让金绝对值有所下降，不过随着经济的复苏，土地出让金又迅速膨胀，到 2010 年以后，土地出让金的金额更是出现井喷状态，连续突破 3 万亿、4 万亿大关。

表 2－4　　我国地方政府土地财政收入状况　　单位：亿元，%

年份	土地出让收入	房产相关直接税收收入	广义土地财政收入	地方总财政收入	狭义土地财政收入占地方总财政收入的比例
	(1)	(2)	(3)＝(1)＋(2)	(4)	(5)＝(1)/(4)
2001	1295.89	500.46	1796.35	7803.30	16.61
2002	2416.79	676.14	3092.93	8515.00	28.38
2003	5421.31	900.72	6322.03	9849.98	55.04
2004	5894.10	1207.82	7101.92	11893.37	49.56

① 2004 年 3 月 30 日，国土资源部、监察部联合下发《关于继续开展经营性土地使用权招标拍卖挂牌出让情况执法检查工作的通知》，规定 8 月 31 日后，不得再以历史遗留问题为由采用协议方式出让经营土地使用权，而是国有土地使用权公开的招标拍卖挂牌出让。

续表

年份	土地出让收入	房产相关直接税收收入	广义土地财政收入	地方总财政收入	狭义土地财政收入占地方总财政收入的比例
	(1)	(2)	(3) = (1) + (2)	(4)	(5) = (1)/(4)
2005	5505.20	1590.25	7095.45	15100.76	36.46
2006	7676.90	1962.10	9639.00	18303.58	41.94
2007	13000.00	2755.34	15755.34	23572.62	55.15
2008	9737.00	3656.61	13393.61	28649.79	33.99
2009	15910.20	4812.32	20722.52	32580.74	48.83
2010	27110.98	6527.88	33638.86	40610.00	66.76
2011	31140.42	8665.66	39806.08	52547.11	59.26
2012	27404.01	12352.36	39756.37	61078.29	44.87
2013	41249.52	15559.60	56809.12	69011.16	59.77
2014	42605.90	16619.08	59224.98	75876.58	56.15

资料来源：

1. 2001～2003年的“土地出让收入”参考张双长、李稻葵（“二次房改”的财政基础分析——基于土地财政与房地产价格关系的视角，财政研究，2010年第7期：5～11页），其他数据根据财政部和国家税务总局网站相关数据整理而得。

2. 2004～2014年的相关数据根据国土资源部、财政部、国家税务总局网站相关数据整理所得。

3. 其他数据根据CEIC数据库、财政部和国家税务总局网站相关数据整理而得。

（二）土地出让金占地方财政的比重迅速提高

我国地方财政收入类别较多，包括预算内收入、预算外收入和制度外收入，其中地方财政预算外收入一般由行政事业性收入、政府性基金和土地出让金三部分构成。在一些地方，尤其是发达地区，土地出让金收入逐渐成为当地的“第二财政”，占有举足轻重的地位。从全国平均值来看，2003年我国土地出让金收入占地方财政总收入的比重为55.04%，之后由于宏观调控该比重有所下降，如表2－4所示。但是2007年，该比重达到了55.15%，此后由于受整个经济大环境的影响，该比重在2008年迅速回落至33.99%。然而，随着经济的复苏，我国土地出让金收入占地方财政总收入的比重又开始上升，到2010年，该比重已经达到了66.76%。虽然2012年回落到了44.87%，但

2013年、2014年占比均超过了50%。如果加上与土地相关的城镇土地使用税、房产税、契税、耕地占用税、土地增值税等收入，这一比例还会进一步上升（可用表中的广义土地财政收入除以地方总财政收入）。从发达地区看，土地直接税收及由城市扩张带来的间接税收占地方预算内收入的40%，土地出让金净收入约占预算外收入的60%；几项加总，从土地上产生的收入就占到地方财政收入的一半以上，发达地区的地方财政成为名副其实的“土地财政”。[①]

（三）土地出让金流失现象严重

由于没有把土地出让金纳入地方财政预算，许多地方的土地出让金征收、管理、使用比较混乱，导致土地出让金大量流失。在征收时，为了招商引资，一些地方采取返还土地出让金、延迟交纳土地出让金、给予财政补贴等手段变相低价出让土地，扰乱了正常的经济秩序。从2003年至2005年6月，全国87个开发区中有60个违规低价出让土地7873万平方米，少收土地出让金55.65亿元。[②] 至2005年6月底，江苏镇江市在2004年底以前已办理土地出让手续，但土地出让金未到账的将近18亿元；土地已经交付，用地单位欠缴土地出让金达5亿元之多。[③] 杭州市对1998年以来的建设项目用地进行复核验收时，累计追缴土地出让金10亿元。[④] 从2002年至2006年6月，浙江省某市有外资背景的企业一般只以该市当年土地均价的30%拿到土地。[⑤] 在使用时，很多的地方政府用土地出让金直接支付征地成本及各种税费，甚至用于行政开支和腐败消费，存在许多漏洞。

二、“土地财政”的积极作用：充实地方财政收入

20世纪90年代，我国改革了供地政策，对建设用地项目实行有偿使用国有土地，政府通过出让国有土地收取土地出让金。该政策的初衷是基于以下两点：第一，地方政府一次性收取40～70年的土地收益，增加地方可支配财政收入，能够集中财力办大事，以改善地方公共服务设施和城市基础设

---

① 国务院发展研究中心土地课题组. “土地财政”的缘由与风险. 新青年·权衡，2006（3）.

② 李金华. 2005年度中央预算执行审计报告. 新华网，2006－6－28.

③ 张晓松. 严重土地违法几乎都涉及地方政府. 新华网，2006－6－6.

④ 张锦富，林亮. 对1572宗建设用地验收，杭州追缴10亿元土地出让金. 国土资源部，http://gz.house.sina.com.cn，2006－6－13.

⑤ 平新乔. 财政蛋糕的三种不同做法. 南方周末，2006－10－19.

施等；第二，一次性收取40～70年的土地收益，可遏制一些过度扩张的土地需求。

随着我国国有土地有偿使用制度的实行，在城市发展初期，土地出让金收入和土地租金收入作为土地收益，在调节土地市场供求关系的同时，充实了地方政府财政收入，为地方建设提供了主要的资金来源。而直到现在，土地经营收入仍然是地方财政的重要支柱甚至是“主要来源”之一。

客观而言，在分税制改革以后，地方政府的财力明显削弱，“土地财政”的发展在相当大的程度上充实了地方财政收入，保证了地方政府经济建设的顺利进行。所以，要客观地肯定“土地财政”这一积极作用，而不能一味地将其妖魔化，对其盲目诟病。

三、“土地财政”的消极作用：风险分析

一次性收取几十年的国有土地出让收入，大大充实了地方财政收入；但在这巨额收益的诱惑下，地方政府却表现出了短视行为：对“土地经营”趋之若鹜，乐此不疲地扩张城市，大力开发土地，圈地卖地的短视行为蔚然成风。在改革初期，耕地存量还较多，地方政府为了吸引投资，常以较为低廉的价格将土地出让出去；而同时，为了获得更多的城镇开发建设资金，就必须出让大量的土地，如此一来，城镇建设用地急剧扩张，耕地面积迅速缩减。到近几年，各地方各供出让的土地存量所剩不多，在“招拍挂”制度下，地方政府又再次扮演了地价的“推手”，天价成交，并屡屡刷新，不仅严重影响了房市价格，恶化了社会不公，还加剧了农民与地方政府之间的矛盾关系。

（一）财政风险

土地是一种稀缺的、不可再生的重要经济资源。目前，在任政府获得的土地出让金，实际上是一次性预收并预支了未来若干年限的土地收益总和，是这一届政府提前支取了下一届政府的收入，对于下一届政府显然是不公平的。为了使任期内的收益最大化，地方政府多热衷于批地卖地，甚至一些城市已将未来10年的土地用光。[①] 这种收益行为短期化不仅导致了土地滥用，而且各届政府无法实现收益共享。有时下一任政府还需要负担土地卖出之后的开发配套投入，乃至提供征地的补偿费等。更大的弊端是，由于各地的土地储备是有限

① 伊芙.土地财政，问题在哪里？中国国土资源报，2006-8-30.

的，随着土地所有权的不断出让和土地市场价格的波动，各级地方政府在这方面获得的财政收入有朝一日将会减少，长此以往，将会出现没有土地可供出让的尴尬局面。

（二）金融风险

土地财政拉动了与房价上涨预期相联系的房地产开发贷款和住房贷款的快速增长，推动了与城市扩张相联系的土地抵押贷款，这些都使金融面临着巨大风险和隐患。在房价上涨预期下，住房金融业作为银行的低风险业务，成为各大银行的战略重点。1998 年后，我国房地产开发贷款和个人住房抵押贷款分别以高于25%和50%超常规速度增长。截至2005 年年末，16 家商业银行对房地产企业贷款的余额为 10291 亿元，比上年增加 390 亿元，其中个人住房抵押贷款占个人消费贷款的 90% 以上。[①] 此外，由政府主导的城市基础设施投资也成为银行争相放贷的对象。东部一些县市数百亿元的基础投资资金中，有 60% 至 70% 来自于土地使用权抵押融资；中西部地区县市财政资金更为困难，土地收入有限，土地融资的贷款几乎成为绝对依托。[②] 这些贷款项目周期长，多以地方政府信用为担保，而且深受宏观政策和未来经济能否持续高增长的影响，系统性风险和市场风险较大。

（三）投资过热风险

2003 年中央曾经大规模整治土地市场秩序，在全国 6866 个各类开发区中查出需要核减的占 70%，总压缩面积近 70%。[③] 2005 年国土资源部又发现，违法用地宗数占新增建设用地总数的近 60%，面积占近 50%，个别地方甚至高达 90%。[④] 旧的土地利益分配机制助长了地方政府高涨的卖地冲动，造成经济发展中出现的圈地热、开发区热等现象屡禁不止。

地方政府对土地出让金的盲目追求导致投资过热，对经济和社会发展造成深刻的伤害。近两年来，我国固定资产投资增幅屡创新高，钢铁、铝、铁合金等产能过剩行业盲目重复投资抬头等现象，与一些地方政府盲目圈地、乱搞开发区，然后运用该土地出让金收入进行项目投资建设等有密切联系。世界银行 2010 年发布的《中国经济季报》认为，中国的投资主要得益于地方政府的推

---

① 中国人民银行．中国金融稳定报告（2006）［E/OL］．中国人民银行网站．

② 中国土地政策改革课题组．中国土地政策改革：一个整体性行动框架．改革，2006（12）．

③ 刘正山．分税制与解决土地财政之道．21 世纪经济报道，2006－9－4．

④ 董峻．建设新农村不能以农民失地为代价．农民日报，2006－7－14．

动，10% ~20% 的投资是由地方政府所主导，[①] 而土地出让金的快速增长对投资过热起到推波助澜的作用。

（四）社会风险

近年来，一些地方强行征用农民土地，造成大量“失地、失业、失权”农民，出现部分农民“种田无地、就业无岗、低保无份”等现象，严重损害了农民的利益。首先是失地，按照现行征地制度与经济发展速度，到 2030 年我国失地农民将超过 7800 万人，占现有农民数量的 1/10。[②] 其次是失业，对西部某省 766 名失地劳动力的调查发现，35.63% 的人仍在以农业为生，19.2% 的人进入非农领域，18.9% 的人外出打工，还有 26.2% 的人赋闲在家。最后是失权，西部某省 2003 年农民人均收入为 1675 元，而公路项目的征地补偿最高只有每亩 6000 元，仅相当于农民三年半的收入。铁路项目每亩补偿 8200 元，不足农民人均年收入的五倍。[③] 被征地的农民失去了赖以生存的土地，没有正常的收入来源，得到的补偿又非常低，这种状况是对社会稳定的潜在威胁。实际上，土地征用补偿价与土地出让价相差悬殊，已经引发了失地农民的不满和冲突。根据中国社会科学院的调查，2003 年以来农民土地权益纠纷已经成为群体性上访第一位的原因。[④]

（五）行政腐败风险

2003 年温家宝总理在一个批示中指出：“一些地方土地市场秩序混乱，非法占地、非法入市的问题相当严重，利用土地牟取暴利已经成为一些单位和个人寻租的手段。不少国土部门管理松弛，有的甚至知法犯法，给不法分子大开方便之门。”一方面，土地一级市场价格与二级市场价格的巨额差价，既是驱动不少地方大量批地卖地的动力，也是当地寻租行为产生的温床。另一方面，在农用地转为非农用地的征用过程中，行政权力对土地资源配置起着绝对控制和支配的作用，使得地方当权者有了滥用权力的机会。从上海周正毅案件、安徽何闽旭案件、天津李宝金案件、福建张森兴案件等可窥见冰山一角。

---

① 土地出让金改革的宏观经济效应［E/OL］. 21 世纪经济报道，2010 - 9 - 4.

② 刘英丽. GDP 诱惑与失地农民. 新闻周刊，2004 年 1 月.

③ 中国土地政策改革课题组. 中国土地政策改革：一个整体性行动框架. 改革，2006（2）.

④ 李英强. 农地非农化的增值利益分配. 规范土地征用行为研讨会，2006 年 5 月.

第三节　住房市场当前现状分析

一、住房需求增加

房子，原本是用来居住的一个场所，它给人们所带来的是生活的基本需求的满足。对于这方面的住房需求，我们称之为消费性需求。土地的稀缺性及住宅建筑容积率的有限性，使得住房供给在短期时点上缺乏弹性。因此当住房制度实行货币化改革后，住房便具备了保值增值的功能，随着房价的波动产生一定额度的资本利得。于是，部分社会闲散资金基于对于房价变动的预期，便涌入到房市中去，进行投机行为。对于这部分的购房需求，我们称之为投资性需求。

如图 2 -4 所示，近年来我国商品住房的需求总体呈现不断上升的趋势，包含因人口规模增大而增加的正常住房需求，各种外界因素变动而引致的消费性需求以及其他情况下的投资性需求。其中 2008 年受全球金融危机的影响，我国宏观经济形势总体偏冷，住房需求明显下降；但随着中央政府 4 万亿政策出台，经济复苏进程加快，截至 2009 年年底，全国 35 个主要城市的商品住宅销售面积再次高升。

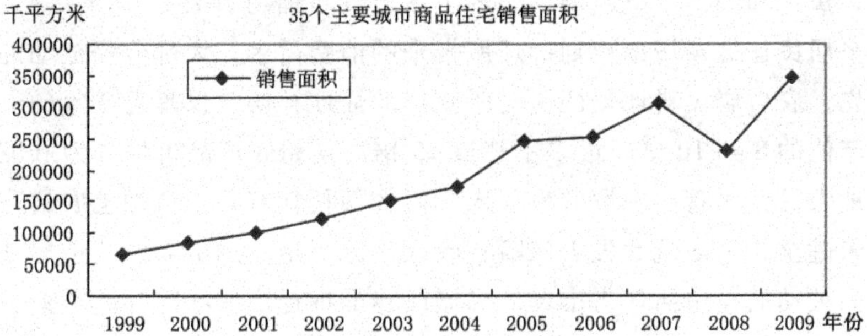

图 2 -4　我国住房需求总体呈现上升趋势

注：1. 数据来源：根据 *CEIC* 数据库相关原始数据计算而得。

2. 尽管住房问题具有明显的地区差异性，但为了说明全国整体情况，本书选择全国 35 个主要城市的商品住宅销售面积，来反映总体城镇住房需求变化趋势。

（一）消费性需求增加

对于普通的社会民众来说，衣、食、住、行是最基本的生活要求，这是人类社会得以存在和繁衍的基本条件，也是现代文明社会的基本标志。因此，保证每一个居民住房的基本居住权，是每一个国家社会保障都应覆盖的基本面。

住房的消费性需求正是基于这种基本居住权的优先性而产生，并随外界因素的改变而改变。导致住房消费性需求增加的原因主要包括：（1）可支配收入的增加；（2）改善生活条件的期望；（3）结婚生子；（4）城市化进程带来的城乡居民迁徙（含城市规划拆迁户）；（5）工作所需；（6）外出务工等。

住房消费需求的满足，可以通过租赁或购买来实现。上述各原因所带来的住房消费方式，依序由购买意愿向租赁意愿过渡，即当居民可支配收入增加，或有改善生活条件的期望，并有足够的支付能力的时候，就更愿意购买住房。

对于结婚生子所引发的住房消费需求，是当下住房问题的焦点之一。按理说，人口增长导致城镇居民住房需求增长是最为正常的现象，但是当下住房价格过高，大部分适婚青年的可支配收入难以承担，买房结婚还是租房结婚，就成为困扰他们的最大现实问题。中国人的传统思维中，必须要有房，而且是自己拥有产权，才能算有家，才会有真正的归属感，这就造就了“无房结婚没尊严”的社会心理。由于无房无车导致两人分道扬镳、感情破裂的现象屡见不鲜；工薪阶层们前仆后继地加入“房奴”大军中，贷款按揭供房，工作压力巨大，焦虑和失落严重影响他们的生活质量与福利水平。

城乡居民迁徙及城建规划拆迁所带来的消费需求，大部分是被动的住房需求。首先，农村居民耕地被征用时所获得的征地补偿，仅是近3年的土地耕种平均年产值的8到10倍，最多不超过15倍。初始农产品价格较为低廉，这决定了失地农民们尽管一次性取得收入，但数额相当有限，再加上农村医疗保险制度尚未健全，生活就此失去保障；收入来源不足，加上农村改造搬迁，这部分农民们被动的被抛向住房市场。旧城改建的拆迁户的状况与此类似，大多仍居住在旧城中而尚未搬迁的原住户属于收入低下人群，他们原来无需买房或者没有能力提升住房条件，但现在只能被动地需求新住房。

而对于最后面所列的工作所需与外出务工引起的住房需求增加，主要是针对毕业不久的大学生们以及进城务工的民工们。这类人群中，往往存在较大程度的工作搜索匹配时的摩擦性失业，收入水平明显偏低且不稳定，对于住房的需求大多只能局限于租赁；有时候为了节省成本，一伙人合租于极为狭小的地下室或半地下室中，生活条件令人堪忧[①]。

在上述购房需求中，除去有足够财力以支付住房费用者，余者大多属于无效需求，即实际可支配收入无法达到购买意愿的支付能力。这种无效需求影响了国民经济的正常运作，也扩大了住房分配的不公平程度。

（二）投资性需求不断膨胀

住房市场在面对消费性需求与投资性需求的时候，往往呈现出投资性需求优先于消费性需求而得到满足的特征。究其原因，在于投资性需求者通常比消费性需求者拥有更多的资源与财富，能够在短期内保证住房资金链顺畅流通；而资本的逐高性再次验证了“价高者得”这条市场经济下颠扑不破的永恒规律，不断炒高的房价在投资性需求者看来恰恰是投资的利好信息。

住房投资者根据上一期房价来预期本期房价，并以此为主要决策依据，在预算约束允许的条件下，进行本期住房购买投资。因此，在我国东部地区，房价不断攀升，但新楼盘的销售面积始终有增无减；而相关的实证结果（梁云芳、高铁梅，2007）[②] 显示东部地区的房价变动与消费性需求变动之间关系不显著，房价的上涨主要是由投资性需求推动的。这表明，东部地区房市已经出现泡沫，而同时投资性需求依旧大规模的增加。

对于投资性需求增加的原因，主要有以下几方面：第一，人民币面临较大升值压力，“热钱”涌入我国房地产业进行短线操作，引发涉外投机需求。第二，自 2007 年 5 月 30 日沪深股市大盘暴跌起，我国股市持续低迷；存款利息又持续下降；受世界经济形势影响，第二、第三产业创业环境欠佳：种种外在经济环境因素的窘困不同程度地施压，迫使大量社会闲置资金转战房地产业。第三，房地产投资、生产、保有和流转环节的税制结构不合理，加上政府部门调控不当，使得大多数房地产业依仗其垄断性而成为暴利行业，诱发房地产投机行为。

基于以上三种因素的住房投资，如果能够被掌控在理性范围内，对社会闲散资金运行、房地产的发展及地方经济发展都是有利的。但我国的住房投机市场偏偏就是非理性的，面对暴利诱惑，投机者们对日益膨胀的房市泡沫似乎毫无顾忌地继续逐高。投资超过理性范围即可称之为投机行为，这部分资金运作

---

① 近段时间引起中央及两会代表重视的北京唐家岭“蚁族”，就是这类人群的真实写照。“蚁族”，并不是一种昆虫族群，而是“80 后”一个鲜为人知的庞大群体——“大学毕业生低收入聚居群体”，指的是毕业后无法找到工作或工作收入很低而聚居在城乡结合部的大学生。

② 梁云芳，高铁梅．中国房地产价格波动区域差异的实证分析．经济研究，2007（8）．

在高危性的泡沫区域，属于无效投资。如表 2－5 所示，从 2004 年起，全国住房空置率在 10% ~20% 之间波动，这说明全国住房市场存在相当程度的投机行为。一旦房市泡沫破灭，这部分资金就会随之消失；这不仅会使投机者财富大幅缩水，更有可能危及到国民经济的安全。

表 2－5　　35 个主要城市平均住房空置率偏高　　单位：千平方米

年份	销售面积	空置面积	住房空置率（%）
2005	246401	39166	15.9
2006	252587	36818	14.6
2007	306509	29167	9.5
2008	229580	41824	18.2
2009	383563	28347	7.4

注：1. 数据来源：根据 *CEIC* 数据库相关原始数据计算而得。

2. 住房空置率反映泡沫性住房投机行为。

3. 2010 年以后的中国统计年鉴数据中只列了“本年土地购置面积”，没有列明“本年开发土地面积”，无法计算出空置面积，所以相关数据截至 2009 年。

在现实经济中，由于信息不完全，投资性住房需求与消费性住房需求很难有效区分；只能通过住房实名者拥有房产总数大于 1 以及住房空置等信息来后验修正上一期的判断结果。另外，财力较为雄厚的住房投资者在大批量购入商品住宅的时候，往往采取分列业主的方式来隐匿其投机行为，这使得投资性需求更加难以直观判定。

二、住房供给人为减少

如前文所述，全国主要 35 个城市中存在一定程度的住宅空置率，这说明住房存量并不一定是不足的，但是，普通民众无力购买，住房大多满足投资性需求，这就说明了市场只能反映住房市场的效率问题，而无法解决公平问题。

表 2－6　　35 个主要城市房产开发商存在“囤地”行为　　单位：千平方米，%

年份	土地购置面积	土地开发面积	土地空置面积	土地闲置率（%）
1999	59958	43386	16572	27.6
2000	87594	56508	31086	35.5

续表

年份	土地购置面积	土地开发面积	土地空置面积	土地闲置率（%）
2001	122740	75497	47243	38.5
2002	164776	85286	79490	48.2
2003	161019	97630	63389	39.4
2004	176090	90156	85934	48.8
2005	143248	85869	57379	40.1
2006	143551	107503	36048	25.1
2007	143544	93854	49690	34.6
2008	128719	86453	42266	32.8
2009	107057	79307	27750	25.9

注：1. 数据来源：根据 *CEIC* 数据库相关原始数据计算而得。

2. 土地闲置率反映房产开发商的“囤地”行为。

3. 2010 年以后的中国统计年鉴数据中只列了“本年土地购置面积”，没有列明“本年开发土地面积”，无法计算出空置面积，所以相关数据截至 2009 年。

再来看市场效率方面，如表 2－6 所示，全国 35 个主要城市的房产商每年购置的土地面积与开发的土地面积并不相等，而且存在较高比例的土地空置率。因此，可以得出各主要城市的房产开发商在不同程度上存在“囤地”、“囤房”行为，催迫房价攀升，而普通民众的消费性需求无法切实满足，导致住房市场供给低效率。

三、房价不断攀升

我国住房市场现阶段主要是一个城镇老百姓不断改善自己住房需求的市场，还是一个充满着泡沫和投机的邪恶市场？

部分人认为，我国的房产市场早已是一个充满着泡沫、投机和非理性的邪恶市场，境外投机者通过热钱哄抬市场价格，国内的投机者通过炒房团炒作市场价格，真正的居住房屋需求者买不起商品住宅；认为我们过早地取消了“投机倒把罪”，现在不仅需要打击商品房投机者，而且还要遏制商品房的投资者。

也有部分人认为，我国房产市场总体上是一个城镇居民不断改善自己住房条件的市场，是一个不断成熟、逐步完善、相对规范的、总体健康的市场；尽管存在着投机现象，也不是这个市场的主流现象；即便一些城镇居民拥有两套房、三套房，也是一种受法律保护的家庭理财投资行为，其目的是为了支付购房贷款、提供子女住房和养老防病的补充资金。

其实，我国住房市场的确满足了众多居民改善性自置房产的需求；但现阶段，住房市场的市场机制并不规范，房价不断攀升，拉大了居民福利水平差距，加剧了社会矛盾。

根据世界银行衡量一国居民住房消费水平的指标——房价收入比，即一个城市的平均房价与每户居民平均年收入之比（戴双兴，2009）①，从表2-7可以看出，我国住房市场松动之后，居民收入用于住房购买显然力不从心。从全国平均水平来看，2009年居民要购买一套90m^2的住宅的话，房价收入比高达26.55。这就意味着，假定利率不变并忽略其他经济变动因素，每户居民就算不吃不喝，将其全部可支配收入用于供房，仍需27年左右才能付清房款。而购买一套70m^2的住宅的话，房价收入比也达到了20.65，严重偏高。因2010年以后，相关数据统计中不再区分大小户型统计房价收入比，因此，上海、北京、杭州三个城市2010~2015年的房价收入比如表2-8所示。

表2-7 居民房价收入比

年份	90m^2住宅				70m^2住宅			
	全国平均	上海	北京	杭州	全国平均	上海	北京	杭州
1999	29.56	25.54	46.92	26.60	22.99	19.86	36.49	20.69
2000	28.50	25.55	39.63	25.44	22.17	19.87	30.82	19.79
2001	27.17	25.55	36.66	22.07	21.13	19.88	28.51	17.16
2002	27.22	27.22	32.26	25.17	21.17	21.17	25.09	19.58
2003	26.23	30.20	28.89	25.53	20.40	23.49	22.47	19.86
2004	27.25	31.08	27.32	24.04	21.19	24.17	21.25	18.70
2005	27.59	32.33	31.42	29.57	21.46	25.15	24.43	23.00
2006	26.39	30.65	33.23	28.23	20.53	23.84	25.84	21.96
2007	26.85	31.44	41.66	30.84	20.88	24.46	32.41	23.99

① 戴双兴. 地方财政对房地产业的过度依赖——基于F市的实证考察. 经济地理，2009（11）.

续表

年份	90m² 住宅				70m² 住宅			
	全国平均	上海	北京	杭州	全国平均	上海	北京	杭州
2008	23.26	27.38	40.24	30.66	18.09	21.30	31.30	23.85
2009	26.55	38.59	42.26	35.38	20.65	30.01	32.87	27.52

注：1. 数据来源：根据 *CEIC* 数据库相关原始数据计算而得。

2. 表中仅列出全国平均房价收入比以及房价排名位列全国三甲的城市居民房价收入的相关数据。

3. 房价数据采用“住宅平均售价”数据；收入数据采用“年平均可支配收入”。

表 2－8　居民房价收入比

年份	上海	北京	杭州
2010	23.49	23.56	16.47
2011	23.00	22.25	16.38
2012	20.85	20.31	14.33
2013	20.06	19.81	13.51
2014	20.46	20.95	12.03
2015	20.06	19.60	10.03

注：数据来自中国宏观数据库。

综上所述，当前我国的房地产市场满足了众多具有较强购买力的居民以及国外涌入的“热钱”所有者的投资性需求，而由于大多数的人收入水平较低，房价上涨的速度远高于收入上涨的幅度，导致商品房市场所提供的住房无法满足很多人的消费性需求。而住房问题是关系国计民生的要害问题，住房不能平稳供应，会导致社会矛盾加剧，不稳定因素攀升。商品房价格上涨过快的现实，为了满足大多数人对于住房的消费性需求，迫切需要政府优化财政支出结构，推进城镇住房市场的良性发展，促进城镇保障性住房的建设。

第三章
财政收支对城镇住房市场的影响分析

在第二章，概述了与我国城镇住房相关的财政收支现状，从支出规模和支出方向对财政支出进行矢量分析，从理论上得出财政支出会影响地方经济发展以及改变当地居民对住房需求的结构的结论。从收入的内容和收入的规模对财政收入进行分析，从理论上得出土地财政是导致地方政府获利的主源，并且对住房价格造成了一定的影响的结论。但是，财政收支对城镇住房市场的影响该如何量化，在前文无法获悉。因此，本章主要就此问题，进行一系列的实证分析，从而得出更加明确的结果，并与前文的理论结论进行比较，以期得到更为有力的论断。

第一节　财政支出对地方经济发展的影响

一、理论基础分析

（一）公共财政支出理论的发展与相关研究的简单综述

西方经济理论中的财政支出理论的发展经历了很长时期，取得了众多的理论成果。在自由竞争时期，西方财政支出理论主要以亚当·斯密的古典经济学理论为代表，反对政府干预，强调财政支出的职能是为市场运行创造良好的外部环境，即政府充当“守夜人”的角色。到了 20 世纪 30 年代，经济危机导致人们对市场信心的崩塌，开始对政府干预经济的重视。凯恩斯主义主张政府采取相机抉择的宏观经济政策，被多国政府所推崇；尤其是其财政支出理论对指导战后资本主义国家走出经济低迷，实现经济的迅速恢复和发展起到了很大的作用。但到了20世纪70年代，滞涨问题又使得凯恩斯主义在现实应用中束手无策，相继出现的现代货币主义、供给学派、理性预期学派等自由主义经济理论中的财政支出理论开始影响各国的宏观调控政策的改变，主要体现在各国纷纷减少财政支出，退出一些原先政府投资的领域，推行国有经济私有化财政等。到了20世纪80年代以后，西方经济学者更多地借助计量经济模型，从数理的角度来研究财政支出规模及其结构与经济增长之间的关系，并以此为据来确定财政支出的最适度规模，或对财政支出结构提出相应的调整方案。然而，由于各学者所利用的方法不同，同样是对财政支出规模与经济增长之间的关系研究，所得出的结论却大相径庭。

Daniel Landua（1983）[①] 利用104个国家从1960～1977年的相关数据，对经济平均增长率进行回归，得出人均真实GDP的增长与政府消费占GDP的比重呈显著负相关的结论，因此认为政府的增长有损经济增长。

Robert J. Barro（1990）[②] 采用98个国家从1960～1985年的数据，利用内生增长模型，研究政府真实消费购买支出（生产性支出）及其减去教育和国防支出之后（非生产性支出）占真实GDP的比率对经济增长的影响，发现政府的生产性支出能带动经济增长和储蓄率的增加，而非生产性支出对经济增长和储蓄率的作用则正好相反。

Ricardo Martin（1990）[③] 通过简化模型对1972～1981年76个发达国家和发展中国家交叉部门的数据进行分析，认为在低、中、高收入国家中，税收、支出和赤字等几个主要的财政变量对经济的带动作用存在明显的区别，并不存在对任何国家都适用的宏观经济政策。

Shantayanan Devarajan、Vinaya Swaroop 和 Heng – fu Zou（1996）[④] 利用

---

① Daniel, Landau. *Government Expenditure and Economics Growth*: *A Cross – Country Study*. Southern Economic Journal, 1983（49）.

② Robert J. Barro. *Government Spending in a Simple Model of Endogenous Growth*. Journal of Political Economy, 1990（98）.

③ Ricardo Martin. *Fiscal variables and growth*: *A cross – sectional analysis*. Public Choice, 1990（64）, pp. 239～251.

④ Shantayanan Devarajan, Vinaya Swaroop, Heng – fu Zou. *The composition of public expenditure and economic growth*. Journal of Monetary Economics, 1996（37）, pp. 313～344.

43个发展中国家1970~1990年之间的年度数据，对其政府支出与经济增长之间的关系进行了相关检验，认为中央政府支出占GDP的比例对人均真实GDP的五年移动平均增长率呈正相关。同时，该研究表明，资本性支出、交通与通讯、卫生、教育与经济增长要么是负相关要么是不显著，而只有增加经常性支出的份额，会对经济增长产生正的显著性效应，从而得出结论认为发展中国家的资本性支出增长过度而成为非生产性的，所以发展中国家的公共支出导向处于错误的路径之上，以牺牲经常性支出为代价而过度地增加了资本性支出。

Peter Nijkamp 和 Jacques Poot（2004）[①] 利用 meta-analysis 的分析方法对123个学者的文章进行分析，得出传统的财政政策对经济的带动作用非常弱，但是教育和基础设施投资的作用却得到了证实。

对于我国的财政支出与经济增长之间的关系研究，近年来大多也是从实证分析的角度来进行的。国内学者如张海星（2003）[②] 通过对我国1980~2002年的财政支出结构与经济增长的长期均衡关系进行回归分析，测算出各项财政支出对经济增长的影响方向及贡献度，认为优化我国财政支出结构，需要逐步取消流动资金供应和退出竞争性领域的基本建设，而主要提供基础设施等公共投资；适度压缩地质勘探费、工交商事业费；大力削减行政管理费和价格补贴；增加挖潜改造和科技三项费用、文教科学卫生事业费、国防支出和社会保障支出。

曾娟红、赵福军（2005）[③] 在内生经济增长模型中引入财政支出变量来分析经济增长中的最优财政支出结构，认为当经济增长率最大化时，各项财政支出所占的比重等于该项财政支出的边际生产力贡献与财政总支出的边际生产力贡献之比。同时该研究得出结论，经济建设支出和行政管理支出与经济增长之间负相关；文教、国防、国内私人资本投资和国外直接投资与经济增长之间正相关。

Perkins（2010）[④] 认为，中国快速的经济增长模式与亚洲其他国家的生产

---

① Peter Nijkamp, Jacques Poot. *Meta-analysis of the Effect of Fiscal Policies on Long-run Growth*. European Journal of Political Economy, 2004 (20), pp. 91~124.

② 张海星. 财政支出结构与经济增长实证分析. 投资研究，2003（6）.

③ 曾娟红，赵福军. 促进我国经济增长的最优财政支出结构研究. 中南财经政法大学学报，2005（4）.

④ Dwight H. Perkings. *Rapid growth and changing economic structure: The expenditure side story and its implication for China*. China Economic Review, 2010.

力高速增长与高资本形成率交错影响的增长模式不同，中国最初的GDP以及投资增长率的增长，只是纯粹地由于全要素生产的跳跃式增长，而且中国的财政支出结构会持续影响中国未来十年甚至几十年的经济增长速度。该研究认为，若要保持中国经济的良性发展，必须要改变政府公共支出的结构，应该要增加消费性支出，加强养老保险制度建设与医疗保险制度建设，提高居民家庭收入，并降低储蓄率，从而实现扩大内需；如果要继续通过增加政府建设性支出来拉动GDP，则必须要保证足够的资金来支持，并妥善解决其中的寻租与腐败问题。

此外还有许多学者都从不同的角度，运用不同的分析方法，对我国财政支出的具体某方面对经济增长的影响进行研究，此处不再赘述。

总之，财政支出结构的调整与优化对于一国的经济增长具有重要的影响意义。在当前，我国国民经济发展状况的衡量指标仍然是以GDP为主要依据，因此，财政支出的结构与规模对经济增长的影响，就能够成为地方政府行为决策的一种依据。我国地方政府总是倾向于上马各种大型基础设施建设项目，来快速拉动当期GDP的增长，但是从中长期来看的话，这种支出结构是否合理呢？从之前的相关研究文献来看，对于这个问题的回答也是不太一致的。有些研究结果认为，如基础设施建设之类的政府支出能够带来经济的增长，但有些研究则持反对意见。本节将对此问题进行相关的实证分析，来考察当前地方政府的财政支出结构是否合理？对我国将来的经济走势或者社会形势又会有何影响？

（二）公共财政支出分类的标准

公共财政支出结构与财政支出的分类有很大的关系，根据不同的标准和方法，可以将一国政府的公共财政支出划分为不同的种类，形成不同的支出组合方式，从而形成不同的支出结构。

就目前国内的主流观点来看，财政支出的分类主要有以下几种方式：(1) 按政府职能分类。即按政府支出的费用类别分类，可分为经济建设支出、文教科卫等事业发展支出、行政管理费支出、国防支出、社会保障与福利支出、债务支出和其他支出。[①] (2) 按经济性质分类。即按照其是否与商品或劳务市场发生交换关系，可分为购买性支出和转移性支出。(3) 按财政支出的具体用途分类，每年会随着国家的政治、经济等政策的调整变化，而发生相应

① 张馨.财政学.北京：科学出版社，2010 (2).

的变化。(4) 按财政支出在社会再生产中的地位分类。即按照财政支出在社会总产品的分配中所起的作用，将财政支出分为补偿性支出、消费性支出和积累性支出；又因生产资料耗费的补偿是维持简单再生产所必需的，其性质是一种投资，因此财政支出也可以被分为投资性支出和消费性支出。(5) 其他分类方法。例如国际货币基金组织（IMF）的财政支出分类方法，同时采用按照职能分类和按照经济分类两种方法。

2007 年 1 月 1 日起，我国正式实施政府收支分类改革，现行的财政支出分类采用了国际通行做法，即同时使用支出功能分类和支出经济分类两种方法对财政支出进行分类。

支出功能分类的主要科目包括：一般公共服务、外交、国防、公共安全、教育、科学技术、文化体育与传媒、社会保障和就业社会保险基金支出、医疗卫生、环境保护、城乡社区事务、农林水事务、交通运输、采掘电力信息等事务、粮油物资储备等事务、金融事务、国债付息支出、其他支出（含预备费、住房改革支出等）和转移性支出等项目。[①] 2008 年，增加了地震灾后恢复重建支出科目；2009 年，调整财政支出预算科目，新增保障性住房支出科目。

支出经济分类的主要科目包括：工资福利支出、商品和服务支出、对个人和家庭的补助、对企事业单位的补贴、转移性支出、赠与、债务利息支出、债务还本支出、基本建设支出、其他资本性支出、贷款转贷及产权参股和其他支出等。

二、财政支出结构、住房市场投资与经济增长的相关性

（一）理论模型

这里仅考虑地方财政支出、住房市场与地方经济增长之间的关系，因此对模型进行相应的简化。假设地方经济产出与技术、资本（住房市场的投资）和政府支出相关。对于财政支出结构的分析，仅选取“经济建设支出”、“教育支出”、“社会保障支出”、“行政管理费支出”四类支出项目作为政府支出方面的考察变量。另外，由于在 1996 年、1998 年、2003 年、2007 年，财政支出的科目分类设置都进行了相关调整，这就导致相关的统计口径发生变化，各个时间段的数据有较大的不可比性，因此，需要对不同口径统计的数据进行

① 根据 2007 年新的政府收支分类科目设置情况整理。

相关的处理与调整。

假设地方经济产出服从如下形式的 Cobb - Douglass 生产函数：

$$Y = AK^{\beta_0}\prod_{j=1}^{4}G_j^{\beta_j} \tag{3-1}$$

其中，Y 是国内生产总值 GDP；A 代表技术进步；K 是住房市场的投资；G_j 表示地方财政的第 j 类支出，具体的，G_1 表示经济建设支出，G_2 表示教育支出，G_3 表示社会保障支出（含医疗卫生支出和住房保障支出），G_4 表示行政管理费支出。

对上式两边对数化处理，得到：

$$\ln Y = \ln A + \beta_0 \ln K + \sum_{j=1}^{4}\beta_j \ln G_j \tag{3-2}$$

因此，具体的实证模型就是：

$$y_{it} = \alpha_{it} + \beta_0 k_{it} + \sum_{j=1}^{4}\beta_j g_{it}^{j} + u_{it} \tag{3-3}$$

（二）样本选择与变量数据说明

1. 样本选择。

本书选取 2004 ~ 2014 年共计 11 年的 31 个省的年度数据，构建面板数据（panel data）。这 31 个省的排列顺序依次为：安徽、北京、重庆、福建、甘肃、贵州、广东、广西、海南、河北、河南、黑龙江、湖北、湖南、内蒙古、江苏、江西、吉林、辽宁、青海、宁夏、陕西、山东、山西、上海、四川、天津、西藏、新疆、云南、浙江。相关数据来自中国统计年鉴（2005 ~ 2015）、中国财政年鉴（2005 ~ 2015）、财政部预算司、国土资源部以及 *CEIC* 中国经济数据库。根据上文所构建的实证模型，对全部的数据做相应调整和计算以后，进行对数化处理。

2. 变量说明。

（1）各变量的含义。y_{it} 表示 i 地区[①] t 期的国内生产总值，主要考察该地方经济的增长情况。k_{it} 表示 i 地区 t 期的住房投资额，用以反映住房市场的资本增长情况。g_{it}^1 表示 i 地区 t 期的经济建设支出；g_{it}^2 表示 i 地区 t 期的教育支出；g_{it}^3 表示 i 地区 t 期的社会保障支出（含医疗卫生支出和住房保障支出）；g_{it}^4 表示 i 地区 t 期的行政管理费支出。

---

① 由于数据的可获及性不佳，大部分变量的相关数据只能收集到省一级的数据。因此，所用的地区值均为省级数据，下同。

（2）变量的调整。①经济建设支出。2004～2006年包括对经济部门的基本建设支出、流动资金支出、国营企业挖潜改造资金支出、科技三项费用支出、地质勘探费支出、支援农村生产支出、农工交商等部门的事业费支出、城镇青年就业费支出等项目。2007～2014年包括科学技术、环境保护、城乡社区事务支出[①]、农林水事务、交通运输、工业商业金融等事务等项目。②教育支出。包括教育支出和文教体育与传媒支出。③社会保障支出。由于之前的社会保障支出预算中只包含了社会保障补助支出、行政事业单位离退休费以及抚恤和社会福利救济费等支出，并没有将医疗卫生支出纳入其中。但是，医疗卫生支出中的行政事业单位医疗经费和基本医疗保险基金补助经费等都属于社会保障支出。此外，还有一些如教师的养老金等属于社会保障内容的项目也都没有被纳入到社会保障的大盘子中进行反映。鉴于医疗卫生的社会保障意义重大，因此本书将其与社会保障的相关内容进行合并。另外，面向低收入人群的住房保障支出，即保障住房安居工程支出，也应该属于社会保障的范畴，为了更好地反映这一点，本书也将相关的住房支出一起合并到其中。因此，这里“社会保障支出”调整后的具体内容是：2004～2006年包括了抚恤和社会福利救济费、行政事业单位离退休支出、社会保障补助支出、医疗卫生支出和城市维护费，2007～2014年包括了社会保障和就业支出[②]、社会保险基金支出[③]、医疗卫生支出[④]、保障性安居工程支出。④行政管理费支出[⑤]。在统计年鉴中，2004～2006年的行政管理费有专门分列，主要包括行政管理支出、党派团体补助支出、外交支出、公安安全支出、司法支出、法院支出、检察院支出和公

---

① 包括城乡社区管理事务、城乡社区规划与管理、城乡社区公共设施、城乡社区住宅、城乡社区环境卫生、建设市场管理与监督、政府住房基金支出、国有土地使用权出让金支出、城市公用事业附加支出、国有土地收益基金支出、农业土地开发资金支出、其他城乡社区事务支出。

② 包括社会保障和就业管理事务、民政管理事务、财政对社会保险基金的补助、补充全国社会保障基金、行政事业单位离退休、企业关闭破产补助、就业补助、抚恤、退役安置、社会福利、残疾人事业、城市居民最低生活保障、其他城镇社会救济、农村社会救济、自然灾害生活救助、红十字事业、其他社会保障和就业支出。

③ 包括基本养老保险基金支出、失业保险基金支出、基本医疗保险基金支出、工伤保险基金支出、生育保险基金支出、其他社会保险基金支出。

④ 包括医疗卫生管理事务、医疗服务、社区卫生服务、医疗保障、疾病预防控制、卫生监督、妇幼保健、农村卫生、中医药、其他医疗卫生支出。

⑤ 在2007年政府收支分类改革之后，行政管理费调整为“一般公共服务支出”。在改革之前，预算科目编制中的行政管理支出是小口径；而统计年鉴中按支出项目分类的行政管理费，除了预算科目中的行政管理费以外，还包括公检法司支出和外交外事支出等内容。

检法办案费用补助等。2007～2014 年，调整为一般公共服务支出①、外交支出和公共安全②支出。

（三）实证分析

1. 面板单位根检验。

为了避免伪回归的发生，首先对面板数据进行单位根检验，以确定其平稳性。各变量的 LLC 检验及 IPS 检验③，如表 3－1 所示。

表 3－1　变量的单位根检验

	类型	LLC 检验统计量	P 值	IPS 检验统计量	P 值
y_{it}	C (0, c, t)	−28.84***	0.0000	−4.78***	0.0017
k_{it}	C (0, c, t)	−8.30***	0.0000	−1.08	0.1403
Δk_{it}	C (1, c, t)	−13.52***	0.0000	−2.41***	0.0079***
g_{it}^1	C (0, c, t)	−4.33***	0.0000	1.85	0.9675
Δg_{it}^1	C (1, c, t)	−20.34***	0.0000	−4.10***	0.0000
g_{it}^2	C (0, c, t)	−4.42***	0.0000	2.01	0.9780
Δg_{it}^2	C (1, c, t)	−10.60***	0.0000	−1.54*	0.0621
g_{it}^3	C (0, c, t)	−4.45***	0.0000	−0.21	0.4178
Δg_{it}^3	C (1, c, t)	−8.57***	0.0000	−1.73**	0.0416
g_{it}^4	C (0, c, t)	−9.32***	0.0000	−0.27	0.3928
Δg_{it}^4	C (1, c, t)	−9.91***	0.0000	−1.95**	0.0256

注：1. 类型 C (0, c, t) 表示单位根检验的阶数、截距项及趋势项设置，其中括号内第一项表示差分的阶数；第二项表示截距项，字母 c 表示存在截距项；第三项表示趋势项，字母 t 表示存在，0 表示不存在。

2. 前缀 Δ 表示差分；后缀 *** 表示在 1% 的显著性水平上拒绝原假设，** 表示在 5% 的显著性水平拒绝原假设，* 表示在 10% 的显著性水平拒绝原假设。

3. 为减少截面异方差，所有变量均取对数。

---

① 指政府提供基本公共管理与服务的支出，包括人大事务、政协事务、政府办公厅（室）及相关机构事务、发展与改革事务、统计信息事务、财政事务、税收事务、审计事务、海关事务、人力资源事务、纪检监察事务、人口与计划生育事务、商贸事务、知识产权事务、工商行政管理事务、国土资源事务、海洋管理事务、测绘事务、地震事务、气象事务、民族事务、宗教事务、港澳台侨事务、档案事务、共产党事务、民主党派事务及工商联事务、群众团体事务、彩票事务等支出。

② 指政府维护社会公共安全方面的支出，包括武装警察、公安、国家安全、检察、法院、司法行政、监狱、劳教、国家保密、缉私警察等。

③ LLC 检验是假定截面具有共同单位根情况下的单位根检验方法，而 IPS 检验主要是假定截面具有不同单位根情况下的单位根检验方法。二者作用的地方不同。

从表3－1中可以看出，各变量的LLC检验均显著地拒绝存在相同单位根的原假设，变量序列是平稳的；而IPS检验中，各变量均是一阶平稳。因此，可以判断模型中包含的变量属于（0，1）阶平稳序列组合。

2. 面板协整检验。

为进一步分析模型六个变量之间的关系，本书将利用Kao（1999）① 的面板数据协整检验方法②，来验证各变量之间是否存在长期稳定的协整关系。结果如表3－2所示。

表3－2　　Kao检验

变量	t统计量	P值	滞后阶数
$y_{it}, k_{it}, g_{it}^1, g_{it}^2, g_{it}^3, g_{it}^4$	－5.31	0.0000	1
原假设：不存在协整关系	备选假设：存在协整关系	拒绝原假设，接受备选假设。	

注：后缀***表示在1%的显著性水平上拒绝原假设，**表示在5%的显著性水平拒绝原假设。

根据表3－2的检验结果显示，Kao检验的统计量在1%的显著水平上拒绝不存在协整关系的原假设。因此，可以认为模型设定的各变量之间存在协整关系。

3. 模型的估计。

确立变量之间的协整关系后，接下来就是模型进行估计。模型估计的方程如下：

$$y_{it} = \alpha_{it} + \beta_0 k_{it} + \sum_{j=1}^{4} \beta_j g_{it}^j + u_{it}$$

在模型估计方法上，本书利用Likelihood ratio检验、LM检验以及Hausman检验，来判断应该使用混合水平回归、固定效应模型还是随机效应模型来估计方程。检验的结果，如表3－3所示。

① Chihwa Kao, Min－Hsien Chiang, Bangtian Chen. *International R&D Spillovers: An Application of Estimation and Inference in Panel Cointegration* [J]. Oxford Bulletin of Economics and Statistics, Volume 61, Issue S1, pp. 691～709, November 1999.

② Kao检验是利用静态面板回归的残差来构建统计量，适用于同质面板数据。

表 3-3 方程估计方法的检验

	Likelihood ratio 检验		LM 检验		Hausman 检验	
	统计量	P 值	χ^2 统计量	P 值	χ^2 统计量	P 值
估计方程	725.23***	0.0000	183.45***	0.0000	136.86***	0.0000
原假设：	混合水平回归		混合水平回归		随机效应模型	
备选假设：	固定效应模型		随机效应模型		固定效应模型	

注：1. 表中原假设及备选假设并非各检验的原始设置，这里是用其判断结果来代替；

2. 后缀***表示在1%的显著性水平上拒绝原假设，**表示在5%的显著性水平拒绝原假设。

从表 3-3 中可以清楚地看出，Likelihood ratio 检验、LM 检验和 Hausman 检验均显著地拒绝原假设，因此，最终选择固定效应模型来估计方程。通常的，对于面板数据的估计方法多采用面板校正标准误差估计法（PCSE），但由于所择取的数据是短面板数据，一般假定跨期扰动项是不相关的，因此改用单向组内估计法，专门用来估计固定效应模型，其结果等同于用最小二乘虚拟变量法（LSDV）。为处理个体间的异方差，本书使用了横截面加权异方差，其实际是一种广义最小二乘法。具体的模型估计结果见表 3-4。

表 3-4 模型估计的结果

因变量：GDP	估计系数 β	t 值	P 值
房地产投资	0.150***	6.796	0.0000
经济建设支出	0.080***	3.776	0.0002
教育支出	0.349***	9.042	0.0000
社会保障支出	0.057***	5.052	0.0000
行政管理费用支出	0.019	0.578	0.5635
截距项 $\hat{\alpha}$	4.385***	46.589	0.0000
样本个数	31*399		
F 统计量	1744.76		
P 值	0.0000		

注：后缀***表示在1%的显著性水平上拒绝原假设，**表示在5%的显著性水平拒绝原假设。

从模型估计的结果来看，我们得到以下一些事实：

首先，房地产投资、经济建设支出、教育支出和社会保障支出都对地方经济增长具有正相关效应，但行政管理费用支出对地方经济增长的正向效应并不显著。可以这样认为，住房市场的发展与财政支出都能在中短期时间内带来经济的增长。

其次，从财政支出结构来看，教育支出对经济增长的作用要高于经济建设支出、社会保障支出以及行政管理费用支出，这或许能够成为“科教兴国”战略的一个理论依据。而从经济建设支出和社会保障（含医疗卫生、住房保障）支出的估计系数结果来看，经济建设支出显然要比社会保障支出更能有效拉动地方经济增长。因此，这就能够解释为何地方政府在每个“五年规划”初始的时候，总是热衷于“比项目，拼上马”，大笔的财政支出投向于大型基础设施建设；但对于社会保障支出的热情却总是没有那么高。

再次，行政管理费用支出对地方经济增长的促进作用并不显著，这说明庞大的政府机构会影响到地方经济的发展，而人浮于事的机关作风也更容易滋生出寻租的机会与政府的腐败，对民众的公共利益具有较大的损伤性。

最后，从估计结果可以看出，住房市场的发展比增加经济建设支出和社会保障支出更能有效地促进地方经济的发展。这就能够说明地方政府在当前政府绩效 GDP 量化指标的作用下，更愿意坐视房价飞涨；这从另一个角度也显示出楼市与政绩戚戚相关，当经济出现波动的时候，房价出现下跌迹象的时候，一些地方政府会努力地去“救市”，而表现出来的只是积极地维续房价。

4. 模型内生性处理及稳健性检验。

（1）两阶段最小二乘法。为剔除变量内生性对模型估计结果的影响，本书接下来运用两阶段最小二乘法来重新估计模型。利用各变量的滞后项作为工具变量，模型估计结果如表 3－5 所示。

表 3－5　　2SLS 估计的结果

因变量：GDP	估计系数 $\hat{\beta}$	t 值	P 值
房地产投资	0.144***	6.238	0.0000
经济建设支出	0.095***	3.932	0.0001
教育支出	0.393***	8.846	0.0000
社会保障支出	0.034***	3.173	0.0017
行政管理费用支出	-0.0004	-0.009	0.9926

续表

因变量：GDP	估计系数 $\hat{\beta}$	t 值	P 值
截距项 $\hat{\alpha}$	4.362***	44.613	0.0000
样本个数	31*307		
F 统计量	1923.002		
P 值	0.0000		

注：后缀***表示在1%的显著性水平上拒绝原假设，**表示在5%的显著性水平拒绝原假设。

模型估计的结果，进一步验证了前面模型估计的结论，各自变量对GDP的影响方向与大小都没发生质的变化，因此我们仍保留前面模型所得出的事实结论。同时可以注意到，经济建设支出与教育支出对地方经济增长的正向作用都有所加大，这与事实也是相吻合的。因为经济建设上马之后，总需要在一年或两年的建设期之后，才会体现出其真正的效用；而教育的正向外部性往往也都是要经过一定时长的滞后期之后，才能体现出教育的功用。

（2）稳健性检验。为检验模型估计结果的稳健性，接下来，利用人均GDP变量，本书重新估算各变量的估计系数，结果如表3-6所示。

表3-6　　模型的稳健性检验

因变量：人均 GDP	估计系数 $\hat{\beta}$	t 值	P 值
房地产投资	0.129***	5.025	0.0000
经济建设支出	0.050	1.459	0.1460
教育支出	0.373***	8.373	0.0000
社会保障支出	0.046***	3.533	0.0005
行政管理费用支出	0.062	1.321	0.1878
截距项 $\hat{\alpha}$	0.899***	11.004	0.0000
样本个数	31*310		
F 统计量	1168.297		
P 值	0.0000		

注：后缀***表示在1%的显著性水平上拒绝原假设，**表示在5%的显著性水平拒绝原假设。

从检验结果看，除了经济建设支出的正向激励效应变得不显著外，其余变量系数的估计结果，无论是在系数大小次序上，还是在估计的显著性程度方面，与因变量为 GDP 时的基本一致，模型估计的结果具有较高的稳定性。

可见，房地产投资、教育支出和社会保障支出对 GDP 及人均 GDP 均能产生正向效应，而经济建设支出尽管在拉动总量经济增长方面有其正向作用，但它在促进人均 GDP 方面却没有发挥应有的作用。

基于上述的实证分析结果，我们得出如下的结论：

（1）在中短期内，房地产投资、经济建设支出、教育支出和社会保障支出都对地方总量经济增长具有正相关效应。

（2）每增加一单位的社会保障地方财政支出，能够带来 0.057 个单位的地方经济增长；而每增加一单位的房地产投资，却能够带动地方经济增长 0.15 个单位。

（3）从人均 GDP 角度来看，地方财政的经济建设支出没有发挥相应的作用，而社会保障支出和教育支出等有关民生问题的支出，却依旧能够保持相应的正向效应。换言之，解决好民生问题，将财政支出的绩效落实到每位居民身上，更有利于地方长久科学的可持续发展。

（4）行政管理费用支出无论从哪一个角度来看，都无法对地方经济增长产生显著的作用。因此，政府应该加大力度削减行政管理费用的支出，将有限的资金投向更有社会价值的领域去。

（5）如果地方政府绩效考核继续以 GDP 为政绩指标的话，那么从理性人角度来看，财政支出资金必然地会流向经济建设方向去。因此，要真正关注民生的话，必须要否定 GDP 政绩指标，将“以经济建设为中心”的施政理念转向“以民生为中心”，从而转变财政支出结构。

三、地方财政支出、地方经济增长与住房市场投资的相关性

（一）变量选择

为了考察地方财政支出与地方经济增长对住房市场的影响，选取各省、市、地区的财政支出和 GDP 作为自变量，而同样选取房地产投资额作为住房市场发展状况的反映指标。同样的，选取 31 个省、市、地区的以 2004～2014 年为跨度区间的相关年度数据，构建 panel data。

（二）估计模型

假设地方住房市场的发展与当地经济发展状况、地方财政支出水平以及其他技术水平相关，且服从如下形式的 Cobb－Douglass 函数：

$$K = AY_{\eta_0} FEX_{\eta_1} \tag{3-4}$$

其中，K 是住房市场的投资；A 代表技术进步；Y 是地方国内生产总值 GDP；FEX 是地方财政支出。

对（3－4）式两边取对数，得到：

$$\ln K = \ln A + \eta_0 \ln Y + \eta_1 \ln FEX \quad (3-5)$$

从而得到估计模型为：

$$k_{it} = \gamma_{it} + \eta_0 y_{it} + \eta_1 fex_{it} + u_{it} \quad (3-6)$$

其中，k_{it} 表示 i 地区 t 期的房地产投资额；y_{it} 表示 i 地区 t 期的 GDP；fex_{it} 表示 i 地区 t 期的财政支出；γ_{it} 表示 i 地区 t 期的反映技术进步的截距项；i 表示地区，t 表示时间。

（三）实证分析

经检验，各变量是都是带趋势的一阶平稳，且面板协整检验通过。具体处理方法及过程同上，本处不再赘述。

在对模型估计的过程中，考虑到地方经济与地方财政支出对房地产投资会有较明显的时滞作用，因此加入滞后两期的工具变量，添加截面权重，采用 Pooled IV/Two－stage EGLS 方法进行估计。模型估计的具体结果如表 3－7 所示。从表中结果可以明显地看到，所有估计系数都在 1% 的水平上显著，模型估计结果较为理想。

表 3－7　模型估计的结果

因变量：房地产投资	估计系数 $\hat{\eta}$	t 值	P 值
地方 GDP	1.069***	948.7177	0.0000
地方财政支出	0.495***	631.9095	0.0000
截距项 $\hat{\gamma}$	－5.465***	－1594.158	0.0000
样本个数	31*275		
F 统计量	1.493284		
P 值	0.018964		

注：后缀 *** 表示在 1% 的显著性水平上拒绝原假设，** 表示在 5% 的显著性水平拒绝原假设。

根据实证分析的结果，可以得出以下结论：

（1）地方财政支出和地方经济发展在当前都能显著地拉动地方的房地产投资，即对地方的住房市场有显著的正向作用。

（2）由于实证模型是对各变量进行对数化处理的，因此相应的系数估计结果可以理解为相关的弹性系数。从结果来看，每增加一单位的地方财政支出，能够带来 0.495 单位的房地产投资增量；而地方 GDP 每增长一个百分点，亦能带动当地房产投资额 1.069 个百分点的增长幅度。

（3）地方经济的发展水平及地方财政支出会在一定的时期后影响住房市场的发展，即存在一定的时滞性。当期的 GDP 增长能够为房产投资注入更多的信心，从而带动后期的房市发展；而地方财政支出的时滞性表现为当期上马的项目需要经过一段时间的建设才能完工并投入使用。

（4）地方财政支出与住房市场发展正相关，一方面可以解释为地方政府由于更多地将资金用于大型基础设施建设，这些基础设施使得房地产拥有了更好的基础配套设施；另一方面可以理解为地方政府用于保障性住房建设的支出比例较低，保障性住房对商品住宅的冲击量在当前相当微弱，因而公共支出的挤出效应几乎得不到什么显著体现。在前者的正向推动影响下，最终表现为地方财政支出对住房市场的发展具有正向影响。

综上所述，地方财政支出能够带动当地住房市场的发展，亦能推动地方经济增长；地方经济的增长能够显著地拉动住房市场的发展，而房地产投资又会进一步地促进地方经济增长。由此看来，地方财政支出在地方经济增长与住房市场的发展过程中，非但没有明显的挤出作用，反而有显著的撬板作用。即地方政府在 GDP 考核指标下，倾向于将财政支出安排于更利于经济增长的项目上，对于房市，倾向于不打压、助增长，从而实现地方经济与房市共兴荣。

第二节 财政支出对城镇住房市场供需的影响

财政支出中用于保障住房安居工程的内容，可以分为两种：一是以实物形式的住房建设，由政府提供廉租住房、经济适用房、棚户区改造房和公共租赁房，按相关的申请标准资格审查之后进行实物分配，即所谓的“补砖头”；二是以货币形式的住房补贴，政府可以直接向低收入家庭发放现金或者“房补代金券”进行货币补贴，也可以对低收入人群的房租提供财政资助，或者针对中低收入人群申请购买经济适用房或者“两限房”的贴息优惠政策或价格折扣，即所谓的“补人头”。

对于实物形式的“砖头补贴”和货币形式的“人头补贴”，其对城镇住房市场的供需影响是不同的。

一、住房建设支出对住房供需的影响

假设城镇居民家庭的收入水平分低、中、高三等级：低收入家庭对于住房的价格需求弹性很大，而且只能支付较低水平的价格（房价或者房租）；中等收入家庭对于住房的价格需求弹性较低收入家庭来说要稍微小一些，符合一般商品的需求弹性特征，住房价格以及住房供给量的变化是影响其需求量的最主要因素；高收入家庭对于住房的价格需求弹性较小，且能够追求较高价位的住房。

依据以上假设，我们对城镇居民家庭的住房需求曲线大致可如图 3－1 所示，是一条折拗的曲线。当住房的价格高于 P_1 时，大部分的城镇居民家庭被排除在市场交易的可行集之外，只有少部分具有雄厚资金实力的高收入居民家庭能够消费得起这些天价豪宅；而且，纵使有钱人，也不会无视价格机制，他们还是会根据自身的资产规模来确定自己所能购买的房产级别。当住房价格处于 P_1 和 P_2 之间的时候，中等收入水平以上的家庭可以支付得起住房，此时处于市场交易可行集内的居民家庭类型包括中等和高等收入水平的居民家庭；但是，随着房价的逐步上升，承担起住房的居民家庭会越来越少。当住房价格低于 P_2 的时候，低收入家庭也加入到市场交易圈中，而且，价格的变动对居民需求量的变动影响很大，即价格上涨的时候，很大一部分的居民家庭就会放弃购买住房，而将这部分资产转为储蓄，以供其他生活方面支出所需。

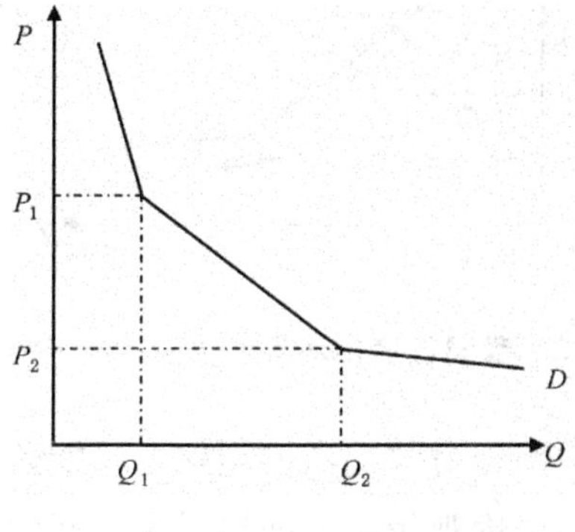

图 3－1　城镇居民家庭的住房需求曲线

同时也应该注意到，价格的变动范围毕竟是有一个度的：一方面，价格水平不可能降得太低，过低的价格水平上，需求量会变得无穷大，住房的供给显然无法满足如此大的需求，市场经济的作用机制下不可能会达到这样的状态的；另一方面，价格水平也不可能无限度地涨得太高，过高的价格水平上，需求量很小，纵使房产商可以利用其垄断势力进行高位定价，但是垄断利润也不一定能够完全弥补其全部的建造成本，包括经济方面的成本和政治方面的成本。

从供给角度来看，住房的供给主要是由市场来提供，而我国当前的住房市场具有明显的卖方势力，即房产商们具有明显的垄断加价能力，整个市场形势属于寡头垄断。根据微观经济学的相关原理，当卖方市场不是竞争的时候，供给曲线无法具体描述出来。因为卖方不是完全依据市场的需求来调整自己的供给量，而是根据自己的边际收益与边际成本来做出自己的供给决策。

如图 3－2 所示，*MR* 曲线是卖方市场中的房产商的边际收益曲线，根据市场中的买方需求曲线而变动，*MC* 曲线则是房产商们的边际成本曲线。房产商根据 $MR = MC$ 原则选择住房的供应量与定价。

政府若采用公私联合提供经营住房的形式来增加住房的实物供给的时候，财政增加住房建设支出，提供建造成本资金或者是给予相应的政策优惠，如免费拨地或税收优惠政策等，降低了房产商的边际成本，*MC* 曲线向下移动，于是可以带来住房供给的增加，降低价格，并扩大了住房需求方的消费群体。

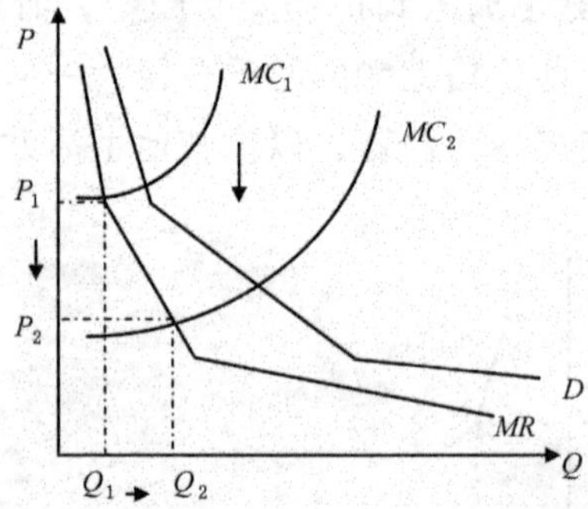

图 3－2 我国住房市场卖方寡头垄断下的均衡

但值得注意的是，这部分财政支出的影响，只能是对那些住房支付能力处于中等水平，即有很强的房价观望态度的居民家庭起到作用。这些居民属于刚刚能支付住房首付，或者是处于勉强支付的尴尬境地的“夹心层”群体。商品房价的下降对于他们来说，是能够影响消费决策的。

而对于那些无力购房的低收入人群，房价的升降对于他们来说，基本上没什么影响。因为房价不可能降到能够让他们轻松支付的水平，这显然不符合市场作用机制。而政府也不应该期望使商品住房的价格降到这样的水平，那样话，住房商品化改革就没有任何实质性的意义了。

财政直接用于住房建设的支出，其最大特点就是能够直接地、有效地刺激和控制住房供给，且能够在相对较短的时间里提供较多的住房。政府与房产商之间的这种契约，更多的是由政府向房产商提供补贴来维续。

二、住房补贴支出对住房供需的影响

除了对房产商提供补贴，降低他们的生产成本从而降低住房供给的最终价格以外，财政还会采取货币形式的补贴，即对购房或租房者进行直接补贴，从而扩大其收入预算，或降低其所承担的实际住房价格。

政府用于住房货币补贴的财政支出，一般采取以下几种方式：一是向低收入家庭发放现金或者“房补代金券”；二是面向低收入家庭的房租补贴，如北京市政府承担廉租房95%的租房费用，个人只承担5%；三是贷款贴息，即对购买中小户型商品房且自住的居民家庭实行房贷利息补贴，对申请购买经济适用房或者“两限房”的中低收入居民家庭实行贴息优惠政策或价格折扣；四是税收减免，即为了鼓励购买中小户型商品房且自住，对这部分的购买者实行所得税减免优惠政策；对于经济适用房或者“两限房”的申购者，实行相关交易环节的税收免征。从我国当前实际情况来看，税收减免方式基本上未实践；前三种方式是被地方政府采纳得最多的做法。

直接发放货币的住房补贴方式，扩大了居民家庭的收入，如图3－3所示，居民家庭的收入预算约束被放松到 I_2，假设居民家庭对普通商品（*common goods*）和住房（*house*）的偏好不变，即收入分配比例保持一定的时候，在增加了货币收入之后，居民会同时扩大普通商品和住房的支出。

但值得注意的是，货币补贴的效果与居民家庭对住房和普通商品之间的偏好度有很大的关联。换言之，如果居民家庭在对收入进行分配的时候，更愿意花大比例在普通商品上的时候，或者是受到住房供给方面的制约，而导致普通商品的消费更受偏好的时候，货币补贴的效果并不会起到良好的效果。事实上，对于低收入家庭，尤其是特别困难的家庭来说，除非是限定了补贴货币的使用范围，否则他们可能会更加倾向于直接购买其他日常生活用品来改善自己的生活。而且，这种不限定使用范围的货币补贴，能够更大程度地增进居民家庭的效用值。

房贷贴息或房租补贴，则以相似的原理作用于不同的收入群体。这两种方

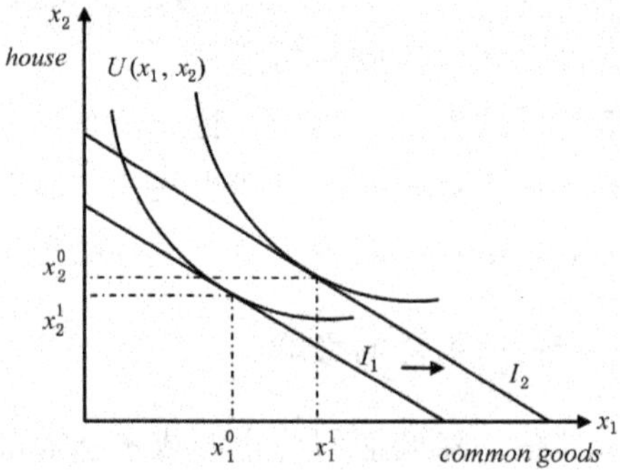

图 3－3 财政支出：住房货币直补的收入效应分析

式都是限定了资金的使用范围，一方面，扩大居民家庭的收入，但另一方面，也改变了住房普通商品之间的消费比例，换言之，这是作用于住房价格或租赁房租金上的补贴方式。如图 3－4 所示，进行房贷贴息或房租补贴的时候，住房的价格（房价或房租）从 P_2^0 降为 P_2^1，能够给居民家庭带来不同程度的收入效应（*Income Effect*, *IE*）和替代效应（*Substitution Effect*, *SE*）。总效应（*Total Effect*, *TE*）可以理解为房贷贴息或房租补贴之后，住房与其他一般商品的相对价格发生变动之后，居民能够达到更高的效用水平（这也就是政策制定者的用意之一）。替代效应可以这样理解：较之于其他一般商品，住房价格下降了，而假设居民家庭对所有商品的总需求是不变的，那么它势必会增加相对便宜了的住房来替代其他一般商品。而收入效应则可以理解为居民家庭在获得这种价格性补贴之后，对全部商品的控制力相对增加，这就允许其用自己视为合适的方式去增加购买全部物品。用"希克斯分解"来分析替代效应：最终的收入预算线平移到能够与原来较低水平的无差异曲线相切的水平上，得到另一个切点，在这同一条无差异曲线上所得到的两个切点（x_1^0, x_2^0）与（x_1^s, x_2^s）之间的变动量就是替代效应。它是居民家庭在面对住房与其他一般商品之间的相对价格发生变化以后，如果要获得原价格水平下的最大效用，就需要增加住房的消费量，即增加住房来替代其他一般商品。

综合看来，这种形式的货币补贴能够使居民家庭较大地增加住房的消费，从 x_2^0 增加到 x_2^1，总体效果要优于货币直补。

三、住房建设支出与住房货币支出的利弊权衡

直接发放住房补贴，从理论上讲，能够扩大居民家庭的可支配收入，从而

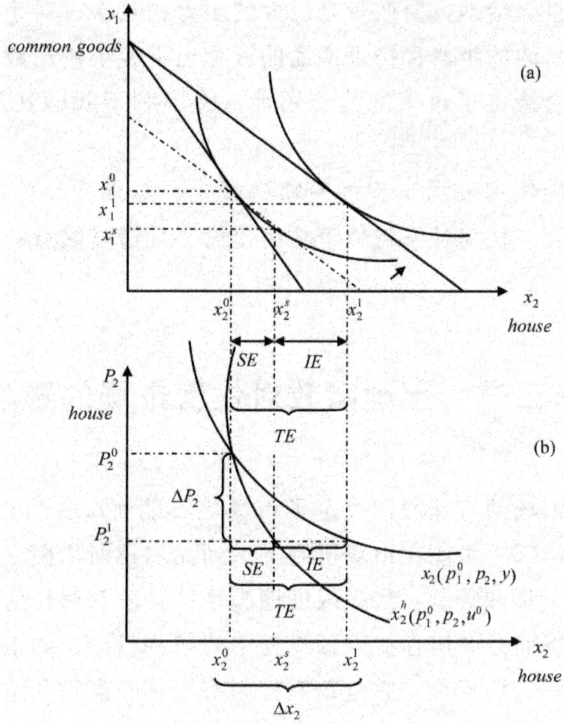

图 3-4　财政支出：住房贷款贴息和房租补贴的效应分解

使得房租支付能力增强；但是由于当前保障性住房房源不足，低收入家庭的货币补贴难以转化为真实的消费支出。相对来说，房贷贴息和房租补贴能够较好地调节中低收入居民家庭对住房的需求。但是，这必须要建立在住房供给存量中已经有足够的保障性住房（含廉租房、公共租赁房、经济适用房和两限房）来使得以上的影响机制真正起作用。

因此，着眼于长远，只有增加当期的保障性住房建设的财政投资，确保实物房源的充足，才能在不久的将来启动包括租赁、家装、物业管理等在内的巨大的住房消费潜力。

另外，考虑"投资乘数"（即投资增加引致 GDP 增长的倍数）明显大于"转移支付乘数"（即转移支付增加引致 GDP 增长的倍数）的因素，增加住房财政投资比租赁补贴对短期内拉动经济增长的作用也更大一些。可见，当前住房保障支出偏重于保障性住房的建设投资是兼顾了长期与短期的经济效应。但是从国外经验来看，提供住房的实物性保障并不是长久之计。首先，新建保障性住房的支出金额巨大，中央转移支付不能解决地方政府的全部资金所需，如此浩大的投资量将会给地方财政带来巨大的压力；其次，对于这些已经建好的保障性住房，其后续的维修和护理所需的资金也不容小觑；最后，政府大量兴建保障性住房，会挤占了过多的建筑用地，将不利于我国住房商品化的整体进程。

因此，保障性住房安居工程的策略选择上，短期内，住房建设是最优策略；而从长期来看，住房补贴将优于住房建设，且房贷贴息和房租补贴政策优于货币直补。

第三节　土地财政对住房市场的影响

住房和住房市场的特殊属性决定了市场化不能解决住房市场的一切问题，住房的供需与价格都不可能在市场机制下达到瓦尔拉斯均衡。因此积极推动政府对住房市场的干预和管制对最大限度地满足社会公众对住房的需求能够起到很重要的作用。然而，政府在此干预过程中的某些行为，如土地财政，并不是真正的干预和管制；相反地，它是政府行为市场化的产物和结果，会导致政府作用失灵，同时也会给住房市场带来一定程度的扭曲。

一、土地财政对住房市场需求的影响

（一）住房需求的特征

住房需求的特征归纳起来，可以概括为以下几方面：

第一，住房需求首先源于劳动力更新的需要，因此解决住房问题是一个政治问题，具有刚性。第二，住房需求也可以源于劳动力发展和享受的需要，因此住房需求的满足始终受制于生产力发展水平，应量力而行。第三，由于地理位置的不可复制性，住房的优劣很大程度上取决于其所处的地理位置。第四，优质住房的供不应求是由市场力量所决定的一个客观现象，无法避免。第五，住房的市场价格既与住房的建造成本有关，更与住房的市场购买力有关。第六，高收入者以市场方式获得优质住房，低收入者以非市场渠道获得普通住房，是住房市场的客观要求。第七，消费者贷款买房除了推高房价、抬高地价外，对低收入者解决住房问题没有任何益处。

（二）土地财政对住房需求的影响

土地财政对住房需求的影响既有扩张性的一面，也有压制性的一面。

首先，土地财政以优惠的土地、税收等政策招商引资、发展经济为前提，因而有利于启动和扩大住房需求。其次，土地财政主要刺激住房的有效市场需求，或者说是高端需求；而有意地忽略或无视住房的潜在需求，或者说是保障需求。换言之，土地财政只会使得富人们更受激励去捣腾房产，而对中等或中低收入阶层居民的住房意愿表现出一副熟视无睹的态势。再次，土地财政更容易刺激住房的更新需求。最后，土地财政经常通过住房金融来放大社会住房需求。

综上所述，土地财政容易将整个社会的住房需求过度纳入市场化的轨道，不适当地放大了住房的市场化需求，不利于住房市场的健康发展。

二、土地财政对住房市场供给的影响

与住房市场的需求一样，土地财政对住房市场的供给也有特别的影响，主要表现为：一，土地财政会非常有节制地增加住房的供给；二，土地财政提供住房以市场化渠道销售为主；三，土地财政使得政府的限量供地与房地产开发商的“囤地”相互呼应；四，土地财政使得住房的供给具有浓厚的政府图利色彩。

三、土地财政对住房价格的影响

土地财政对住房价格的影响，集中表现为繁杂的税费（包括土地出让金）增加了房产商的建房成本，从而对房价造成一定的影响。

第一，土地出让金的不断提高，意味着以“招、拍、挂”方式出让的土地的成交价越来越高。如图 3 - 5 所示，对于建造商品房的房产商来说，当拍卖地块的价格不断上升的时候，其边际成本曲线会向上移动，与在折拗的边际收益曲线的相互作用下，房产商所制定的垄断价格会越来越高，相应的新建住房量也会越来越小。这是因为在住房容积率一定的情况下，户型面积越小的话，公摊面积越多，建筑成本反而会上升，从而房产商更倾向于建造大户型，于是新建的总住房套数会下降，相应的房价则更高。

第二，繁杂的税费无法真正起到房价调控作用，反而在一定程度上增加了房产商成本。从近年出台的各种税费看，我国房地产业的开发商们，从设立公

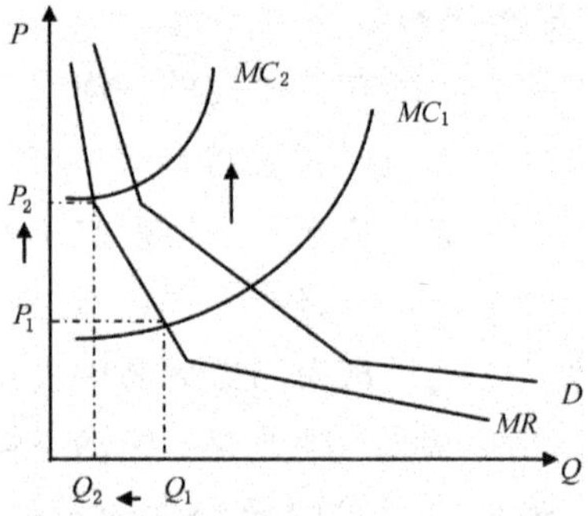

图 3－5 土地财政对住房价格的影响

司到开发住房到物业管理阶段，所涉及的税收项目就有 13 项[①]；而其他的费类项目则达到近百种，以北京市为例，除去应缴税项外，整个开发经营过程所需缴纳的费类共计 94 项。[②] 然而，事实表明，繁杂的税费并不能真正起到抑制房价上涨的目的；相反地，还成了房价的“推手”。

首先，近百余项的税费给房产开发商所带来的成本约占建设成本的 41%[③]，而这些费用成本大多可以转嫁，因此短期内，这些成本负担最终会以加价到房价上的方式由住房消费者承担，房价进一步上涨。长期来说，税费不断增加会挫伤房产开发商的积极性，从而导致供给减少，房价会进一步提升，增加消费者负担，届时供需矛盾必将进一步激化。因此，从这个角度看，政府非但不是房价调控的先驱者，更大程度上成了房价高涨的始作俑者。其次，细观现行房地产业所涉税收，税种虽多，但这些税目所对应的税收减免也较多，税基较窄，税收调节作用难以有效发挥。另外，由于我国整体税制结构尚不完善，具体税种的税制设计仍有相当多不合理的地方。再次，大多数税项发生在房产交易环节，而对于持有多套住房的潜在住房投机者，却没有相应的税收，因此从整体看来，税制设计重交易轻保有，税负不公。再者，费大税小，税费关系严重被扭曲。在这些税种中，基本上没有一种是真正属于地方财政所有且保证能有长期稳定税收来源；地方政府靠着

---

① 分别为城镇土地使用税、耕地占用税、固定资产投资方向调节税、营业税（营改增后为增值税）、城市维护建设税、教育费附加、印花税、契税、土地增值税、企业所得税、个人所得税、房产税、城市房地产税。

② 具体税费类目参见本书附录 1。

③ 涂名. 房奴：中国房改真相. 广州：中山大学出版社，2007.

“坐地”、“卖地”中发生的费用来获取大笔非税收入。而这些资金中很大一部分仍游离于预算外管理，监管不透明，地方政府由此坐地而肥，成为房市过度繁荣背后的一大赢家。

因此，尽管房市调控政策不断出台，但出于地方利益，不少地方政府秉承“上有政策，下有对策”的宗旨，满心期待着房价继续高升，导致政府调控难得其所。

综上所述，不论是从“费”的角度，还是从“税”的角度来看，土地财政扭曲了住房市场的发展，在一定程度上成为住房价格不断上涨的“推手”。

四、土地财政实质上是政府行为“越位”

从土地财政的种种表象及分析来看，土地财政与我们理想中的政府角色显然格格不入，土地财政并不是传统意义上的政府干预，而是典型的“越位”。

首先，土地财政违背了政府的市场超脱原则；其次，土地财政违背了政府的弥补市场缺陷原则；再次，土地财政影响了政府保障功能的履行；最后，土地财政是一种典型的以公权谋私利的寻租行为。

总体说来，土地财政本来是与土地相关的财政收支行为，但在中国不健全的政治和经济体制下，已经成为地方政府和房地产开发商相互勾结掠夺社会公众财富的代名词。土地财政损害了地方政府的市场中立地位，地方政府利用自身对土地所有权的垄断地位，在市场经济活动中大肆谋取私利，从而使地方政府丧失了为地方经济发展和社会和谐保驾护航的功能。土地财政对住房市场的恶劣影响说明，土地财政与政府干预完全是两回事，土地财政是地地道道的政府越位行为，是一种公器私用的政府滥权行为。

第四节　住房市场对财政收支管理的反作用

任何事物都具有两面性，任何一对矛盾都是对立统一的关系。同理，住房市场与政府行为之间也必然存在着相应的作用与反作用的关系。前三节我们分析讨论了财政收支行为对住房市场的影响，本节将主要就住房市场对政府行为的反作用进行探究。

一、住房市场的发展对税收的影响

一方面，住房市场的蓬勃发展会给地方财政带来较为可观的税收收入。如前文所述，与住房相关的税收收入，如城镇土地使用税、房产税、契税、耕地占用税、土地增值税等收入，都可以被纳入到广义的“土地财政”范畴中。从近几年的地方财政收入情况来看（如表2－4所示），“土地财政收入”基本呈现逐年增长的趋势，这些与房产相关的直接税收收入给地方财政注入了大笔的资金。与此同时，与住房市场相关的其他行业，如建材（石料、水泥、混凝土、钢铁、电解铝等）、家电、运输等都会因房市的兴荣而连带受益。这也是政府为何会将房地产业定位为地方经济发展的支柱产业的原因之一。换言之，住房市场的发展在税收收入增长方面，体现出了一定程度的促进效率。

另一方面，住房市场的畸形发展也使得税收的收入分配调节功能弱化。住房除了基本的生活消费功能之外，还具有保值增值的投资性，换言之，它其实是一项资产。然而，我国当前并没有征收相关的财产税，对于拥有一套以上住房的居民，相应的税收调节收入分配功能基本上无以体现；广大中等收入阶层，在缴纳相关税费之后，余下的可支配收入要么勉强支付住房支出，要么根本无力承担；而低收入群体虽然说基本上不需要缴纳多少所得税，但是在租房的时候，房东总是会把相关的税费转嫁到租户身上，变相地加重了低收入群体的税收负担。如此看来，税收制度的不完善，使得富者基本上是越来越富，而贫者则越来越贫，居民收入差距在此过程中被进一步地拉大，也加剧了社会矛盾。换言之，住房市场化的扭曲发展，在税收的社会调节方面，表现出了一定程度的损害公平。

二、住房市场的发展对土地出让管理的影响

一方面，由于住房市场能够较大地拉动地方经济增长，所以地方政府乐于出让土地，在推动房市的繁荣的同时，还能进一步扩大招商引资。从而，急速发展的住房市场成了土地出让升温的燃料。地方政府在土地出让的初期，以较低的价格出让了国有土地使用权，住房市场开始迅速发展，由此带来的经济增长让他们尝到了甜头，于是更是乐此不疲地大量出让土地。但是土地资源毕竟是有限的，当市级的土地被出让完了之后，地方政府就只能大量地征用城镇农民的耕地，使其转为住宅建设用地或者是商业建设用地。由于要从土地出让收

入中支付近40%的金额给被征地的农民，因此，为了使土地出让收入与之前的水平相持平，就只能提高出让金额，使总量增加。从这个角度来看，在短期内，高企的房价就成了地价上升的因，而这个结论也得到了众多学者的实证研究的支持。如胥玲（2009）①、况伟大（2008）②、黄健柏等（2007）③、王岳龙等（2009）④所做的研究结果显示，在短期内，房价是地价上升的因，虽然地价对房价有重要的影响，但它并不是我国城市房价持续上涨的源头（胥玲，2009）；在长期内，房价与地价互相影响。

另一方面，由于住房市场能够带来更多的利润，在市场机制的作用下，土地会更多地流向商业住宅领域，对于最低标准的住宅，市场机制往往无法充足提供，这就导致社会公众的不满情绪不断上升，住房压力不断加大，民生问题日益严重。政府迫于种种舆论压力，只好强行调控土地管理，出台了“70/90政策”，即规定一个地区新建的住房中，$90m^2$以下面积的住房要占到70%。这种强制性的刚性线对全国范围的住房和土地市场管理实行了“一刀切”，严重地影响了市场的正常运作，人为地加大了市场扭曲程度，地方政府又由于受到财力的约束，不断地抵制着这项政策的执行，最终这项政策低调退场。而在“十二五规划”的制定中，住建部又提出要在接下来的五年中大力推进保障性住房安居工程的建设，其中单就2011年，全国就要开工建设1000万套保障性住房和各类棚户区的改造。这就使得地方政府必须得划出更多的土地用于保障性住房的建设。这对于地方政府的利益来说，无疑是一个巨大冲击。另外，从土地出让收入的支出方向来看，要增加保障性住房的投入的话，地方政府就必须要优先从土地出让收入中安排预算支出，其他的资金缺口再通过其他途径来解决。从2009年土地出让收入的支出情况来看，仅有1.5%用于廉租房支出；约27%的土地出让收入是投向了城市建设。但在2011年的政策引导下，若要实现这1000万套保障住房的建设目标的话，必须要有10%的土地出让收益投到安居工程建设中去。这种土地出让收支结构的调整，是由住房市场发展的副作用而引发的住房问题公共政策解决化的必然结果，也是住房市场对政府的反作用的表现形式之一。

---

① 胥玲.中国城市房价和地价的决定因素及相互关系.财政研究，2009（11）.

② 况伟大.中国住房市场存在泡沫吗.世界经济，2008（12）.

③ 黄健柏，江飞涛，陈伟刚.对我国房价与地价相互关系的再检验.预测，2007（2）.

④ 王岳龙，武鹏.房价与地价关系的再检验——来自中国28个省的面板数据.南开经济研究，2009（4）.

三、住房市场的发展对政绩考核的影响

当地方政府与房产商因土地的利益而紧密联系在一起，形成“一荣俱荣，一损俱损”的“战略伙伴”关系的时候，房市就必然会出现混乱。房产商对地方税收以及GDP的贡献，使得政府对高房价欲罢不能，也造就了房产商与地方政府在政策博弈过程中有恃无恐，过于乐观。对于地方政府来说，意图其实很明确：一方面要将房价维续在一个可以接受的较高程度，促进地方经济快速增长；另一方面要打击炒作，维续房市在一个较为合理的结构下健康发展。一方面要保证不给房产商带来过大的打击；另一方面又要弱化财富流失所带来的政治信用成本。

当前我国地方财政的收入结构中，土地财政收入的依赖程度过大，政府官员的政绩考核体系以官员所辖地区的GDP和财政收入增长率为主要指标。再投资是官员在任期内实现这两个指标快速增长的捷径和显著的政绩。吸引外部的实业投资和进行大规模的城市拆迁使官员们找到了创造辉煌政绩的最佳方案，因此地方政府总是倾向于制定各种保护性的政策来维持房地产市场的繁荣。政府获得大量土地出让金的同时，也制造了无数的投资机会。这就是为何中央年年出台各种强有力的宏观调控政策，而到了地方具体执行的层面时，却总是收效甚微，雷声大雨点小，最终淡淡收笔。

地方政府之所以困于如此进退维谷的窘境，其根本原因就在于事权与财权的不对等，地方发展“无力”。在缺乏资金的情况下，过多地方政府所需承担的发展、建设职责便催生了住房市场畸形发展的问题。

要化解地方政府的窘局，首先必须要保证地方财政拥有足额、稳定的资金收入。第一，进一步深化税制结构改革，重新划分中央与地方的税收分成比例，适度下放财力；第二，鼓励地方大力发展第三产业，并依据当地特色构筑支柱产业；第三，适度放开地方政府债券发行权，实行有控制的地方债制度改革。

其次，还需要重新审视地方政府政绩考核制度，建立居民幸福程度调查制度，在考核地方经济发展的同时，综合考察当地社会总体福利水平状况。由此改变以往政府盲目追求GDP增长而忽视居民们的生活质量，边缘化弱势群体的利益的状况。

最后，必须加强政府部门间的协调与合作，才能真正解决住房问题。综观当下房产业管理部门有：发改委、国土资源部门、财政税务系统、央行、银监

会、住房和城乡建设部门等。房产开发需要通过发改委立项；土地的功能及数量需要国土资源部门决定；财政税务系统管理房产相关税费政策；央行管理利率；银监会管理信贷规模政策；住建部维持市场秩序以及相关的房产宏观政策。如果割裂各个部门独立分列，那么各政府部门必然会从自身利益出发研究调控措施，抑或是完全无视甚至是巴望高房价以获得更多收入来解决各自所面临的问题，最终导致政策效果偏离初衷。因此，住房问题的有效化解，必须要各个部门利益相互协调，共同努力。

第四章 基于财政收支的城镇住房问题成因分析

第一节 经济体制转型与住房市场失灵

一、经济体制转型的制度特征

现代意义上的转型，一般特指计划经济体制向市场经济体制的转变，转型期亦据此定义。在经济转型期，传统的社会秩序、经济模式或政治体制等都会出现重构，而新的社会秩序、经济模式或政治体制目标都在新建状态中，整体经济表现为一种不完善的非均衡状态。[①]

从20世纪90年代起，我国正式步入经济体制转轨期，即社会经济体制从计划经济体制向市场经济体制转变；同时，社会经济的发展方式也在不断转型，以实现经济从“市场未发达”阶段向发达的市场阶段转变。因此，我国当前的社会经济正受制于“转轨—转型”的双重约束。

在经济体制转轨以前，所有的经济活动都是以高度集中的计划指令作为资源配置的主要方式，这显然是与以市场作为资源配置的主要方式的市场经济体制严重背离，无论是从经济运行的内容，还是从经济发展的方式来看，都显得极其不协调。

从体制角度来看，我国的经济转轨过程，实际上是以转轨政策为指向，在

① 王军. 中国转型期公共财政. 北京：人民出版社，2006.

相对短暂的时期内，将结构复杂的市场机制作为外生变量，集装打包植入传统计划体制管理下的国民经济体中；新旧体制在一定时期内共存并发生激烈的冲突和磨合交替，最终由市场经济体制以相对明显的优越性战胜并取代计划经济体制，占据统治地位。

从发展层次角度来看，各种客观历史条件的约束决定了我国的经济转轨过程，实际上是从一个经济落后的初始状态，向一个有着明确目标和可参比对象的经济发达的新稳态的转移过程。在这个演化进程中，我们必须借鉴和利用发达国家现有的先进生产力和技术，从而又导致了在经济发展过程中传统生产力与现代发达生产力长期并存的局面，并直接表现为转轨过程的“二元经济”特征。

总体而言，经济转轨既可以理解为既定发展水平约束下的体制上的改善与调整，又可以理解为是在既定体制约束下的发展阶段的跃升；同时，这也是体制与发展层次同时进行的以相互契合为目标，以最终实现向发达的市场经济转变为目的的调整和改革。

因此，在经济体制转轨与经济发展转型的动态过程中，我国国民经济整体表现为经济运行非均衡的状态。

第一，经济体制转轨迫切要求制度体系创新，新旧体制之间表现为各种摩擦下的非均衡状态。在转轨时期，旧的经济体制、部门机制、制度结构、社会观念、各方利益格局均被打破；同时，需要积极稳妥地推进各项制度创新以填补转型期的制度空白，并不断地重构与完善新的经济体制、部门机制、制度结构和社会观念，打造更为科学和谐的稳态利益格局。但这种新制度取代旧制度的进程不可能一蹴而就，因此，新的制度体系在新的经济体制中必然存在相当长一段时期的磨合阶段，期间各种经济波动就是双方较量过程中所反映出来的体制摩擦下的非均衡状态。

第二，经济体制转换过程中的各种或然因素增多，经济系统内部结构表现出明显的非均衡性。一方面，经济体制由计划经济向市场经济转换，是制度的迁移，历史的进步；但另一方面，由于传统的计划经济的惯性较大，路径依赖性较强，造成新的市场经济变革阻力重重。

从新制度经济学的角度来看，由于制度各构成要素与各层次制度的属性、地位不同，决定了不同地位与属性的制度创新难度也不同。一般的，较高层次的、更为根本的制度相对于较低层次的、非根本的制度要更难变迁与创新；同时在制度创新过程中，不同层次的制度创新主体对自身偏好的资源与权力的表达也不同，这些因素都会导致制度结构内部的非均衡。

具体到我国的经济体制转轨，此番市场化制度的创新过程，是以保持政治制度稳定为根本前提而进行的经济体制改革，其重点是在社会主义公有制经济之外进行非公有制经济制度的创新和商品经济的培育，然后再将其中有绩效的制度和商品经济规则逐渐移植到社会主义公有制经济内部，进而逐步深化经济体制改革，促进政治体制的改革。在制度安排的革新进程中，那些较为容易变革的规章制度总是最先被革新，但其他一些涉及制度创新主体偏好差异以及各种利益主体的利益再分配的制度，却慢慢地累积成了改革的瓶颈，导致了经济系统内部不同层级间表现出明显的非均衡性。

第三，市场化程度不均衡，伴随着全体经济社会的不协调发展。一个社会的变革是与该社会的制度体系的变革相互制约、相互推动的，因此社会经济发展战略与变革模式以及制度创新者的偏好、动机不同，必然会引起该社会在制度体系创新过程中的时序与力度不同，从而表现为整个经济社会不协调发展的态势。

首先，我国的市场化改革选择的是先农村后城市，先东部沿海后中西部内陆的不同地区制时序，而且不同地区、不同部门及各利益主体对把握转型机遇的敏感度不同，城乡之间及东中西部之间实施的制度创新力度也有所差别，这就引起了城乡之间及东中西部地区之间的市场化程度明显不同，从而带来资源配置上的不对称，总体表现为产品市场化程度高于生产要素市场化程度①。

其次，由于传统的计划经济体制的高度集权的制度残留，政治权力成为各方利益主体寻租的工具，市场化程度难以有效提高，初步建立的市场机制运行不畅且效率低下。

最后，由于政府对市场的适应程度较低，政府对企业进行行政性干预的程度依旧过强，政策传导机制依旧带有强烈的计划体制色彩。这就导致行政性垄断集团的定价势力过强，从而使得收入决定机制被扭曲到一个畸形的路径上发展，使得收入分配不均的逐步恶化；同时又导致经济运行中不同领域间出现“山地现象”，即阴阳沟壑、峰谷并存：在部分物资生产领域取得了市场化改革的巨大成就，成就辉煌；而其他如教育、医疗等人类自身生产领域以及科技、文化等精神生产领域里，虽然也在不停地改革与调整，但还是显得不够

---

① 产品市场内部的市场化次序从高到低依次为：农产品 > 工业品 > 服务产品 > 劳动力 > 土地 > 资本。因此，总体而言，产品市场化程度高于生产要素的市场化程度。

理想。

在上述各方面因素的共同作用下，国民经济发展的不平衡性逐步加大，在收入分配方面，居民收入差距进一步拉大，贫富差距日益严重，社会阶层的分化进程也在进一步加快；在商品配置方面，最终消费品将首先出现买方市场的特征，而要素市场、供给调节方面则将出现市场反馈不全面和低效率的局面。

二、我国住房制度在经济转型期进行市场化改革

我国的住房制度的市场化改革，是一条漫长而又坎坷的道路。在我国住房制度历史上，1998 年是具有标志性意义的时间分界线。在 1998 年以前，住房制度实行的是以实物分配为特征的传统住房制度，1998 年以后的住房制度是以市场化为特征的新住房制度。

（一）传统福利住房阶段

1978 年以前，我国实行计划经济，住房市场无从谈起，传统的城镇住房制度实行的是以国家统包、无偿分配、低租金、无限期使用为特点的实物福利性制度，是完全的实物分配和福利供给的分配制度。1978 ~ 1998 年期间，城镇住房实行的是实物分配与住房商品化并存，并以实物分配为主的，带有双轨制特征的传统住房制度。自新中国成立初期起的近半个世纪里，我国一直实行着这种传统住房制度，在一开始，这与当时特殊的政治、经济和社会条件相适应的；但是超越了一定条件以后却依旧长期实行这种福利供给制度，就会引发各种严峻问题。

新中国成立伊始，百废待举，广大人民群众虽获得政治上的解放，但普遍处于贫困低收入状态，城镇居民的住房供给不可能通过民间或个人来解决，只有依赖于国家。即国家出资建设，然后以实物形式分配或配租给个人，且租金低廉，体现出明显的保障性和福利性。这种制度在旧社会刚被废除的时期，体现出了住房所有权与住房状况的大幅改善，被誉为反映社会主义制度优越性的公平的分配方式。我国城镇居民财富大幅增加，稳定了社会局势，并为改善民生条件做出了巨大的贡献。客观地说，建国初期的住房制度和“以租养房”的住房政策设计是比较合理的，它既考虑了政府在解决人民群众住房问题上所应承担的责任，又兼顾了市场因素。

但是，由于那个年代，国家过度地偏重住房“公平”和“合理分配”，而忽略了经济运行的客观规律，导致这些制度和政策在执行过程中不断地被误解和扭曲，低廉的租金一再被压低，完全演变为一种象征性的支出，住房在人们

的意识中，只是国家支配的福利事业，完全没有商品性可言。“低租金、高福利、无偿分配”的传统住房制度持续了几十年之后，出现了一系列亟待解决的问题：住房严重短缺，过度消费与结构性短缺并存；住房设计标准低下、质量低劣，严重违反安全规范；人均住房面积狭小，蜗居生活未得改观，福利住房制度面对不断增长的人口显得苍白无力，新中国成立初期人均住房面积只有4.5平方米，而30年后，人均住房面积却缩减到了3.6平方米，这无疑是对传统住房制度的一大讽刺。[①] 住房投资、维修费用都依仗着国家拨款和补贴，“有投入、无产出”，“谁建设、谁吃亏”，建得多，亏得越多，传统住房制度以其特有的方式制造了无限膨胀的住房需求以及无人敢担住房建设包袱的局面。

（二）住房双轨制阶段

1978年十一届三中全会召开以后，我国进入改革开放时期，福利住房制度也开始有所松动，逐渐进入了住房双轨制时代。住房建设的投资主体也由之前单一的国家出资模式转为多元化，企事业单位和个人的积极性和财力都得以发挥，住房的投入能力与投资增长潜能得到较大程度的发展。

但这个阶段，由于国有企业的自主权和独立性的相对扩大，企业留利水平由1978年的3.7%提高到1986年的43%以上，而国家投资的增长赶不上职工住房的需求，为了缓解职工住房困难，福利住房的提供主体由国家转为企业，于是原本的国家福利住房体制慢慢演变为企业福利住房制度。但是过多的住房建设投资挤占了相当一部分的企业发展生产能力，更使得企业更新改造资金受限，企业竞争力日趋低下，国有企业改革逐步成为经济体制改革的根瘤所在。

与此同时，个人对住房建设的投资占全国住房建设投资总额的比重在大幅增加，从1979年的1.9%跃升到1988年的18%。同时，少部分民众的人事关系不隶属于政府或企业，即属于不吃财政饭的人，他们无法获得福利分房，只能通过商品房市场来解决住房问题，于是逐渐出现了住房的双轨制。尽管此双轨制时期，依然是以福利分房为供给主体，商品房市场并不占优势，但仍从很大程度上体现出了我国住房制度改革的大体方向，即由国家、单位、个人多元投资主体逐步过渡到以个人为主。随着改革开放的深入，市场化的思路逐渐明确，1994年十四大以后，国民经济进入经济转轨时期，而住房制度亦逐渐步

① 黄兴文，蒋立红．住房体制市场化改革——成就、问题、展望．北京：中国财政经济出版社，2009．

入市场化改革的轨道。

（三）住房制度的市场化改革

1998 年 7 月 3 日，国务院下发了《关于进一步深化城镇住房制度改革加快住房建设的通知》，原先的福利分房制度彻底被废止，这成为我国住房制度改革的一个分水岭。从这一年起，在新中国延续了近半个世纪的福利分房制度寿终正寝，开始向住房分配货币化过渡，市场化的“商品房”成为了城市住房建设的主题词。

此次改革以“停止住房实物分配，逐步实行住房分配货币化；建立和完善以经济适用住房为主的多层次城镇住房供应体系；发展住房金融，培育和规范住房交易市场”为目标，坚持在国家统一政策目标指导下，地方分别决策，因地制宜，量力而行；坚持国家、单位和个人合理负担；坚持“新房新制度、老房老办法”，平稳过渡，综合配套。具体的改革内容有：

（1）停止住房实物分配，逐步实行住房分配货币化。新建经济适用住房原则上只售不租，同时全面推行和不断完善住房公积金制度。职工购房资金主要来源于职工工资，住房公积金，个人住房贷款，以及有的地方由财政、单位原有住房建设资金转化的住房补贴等。房价收入比（即本地区一套建筑面积为 60 平方米的经济适用住房的平均价格与双职工家庭年平均工资之比）在 4 倍以上，且财政、单位原有住房建设资金可转化为住房补贴的地区，可以对无房和住房面积未达到规定标准的职工实行住房补贴。

（2）建立和完善以经济适用住房为主的住房供应体系。对不同收入家庭实行不同的住房供应政策。最低收入家庭租赁由政府或单位提供的廉租住房；中低收入家庭购买经济适用住房；其他收入高的家庭购买、租赁市场价商品住房。调整住房投资结构，重点发展经济适用住房（安居工程），加快解决城镇住房困难居民的住房问题。新建的经济适用住房出售价格实行政府指导价，按保本微利（3% 以下的利润率）确定。取消各种不合理收费，特别是降低征地和拆迁补偿费，切实降低经济适用住房建设成本，使经济适用住房价格与中低收入家庭的承受能力相适应，促进居民购买住房。廉租住房可以从腾退的旧公有住房中调剂解决，也可以由政府或单位出资兴建。廉租住房的租金实行政府定价。购买经济适用住房和承租廉租住房实行申请、审批制度。

（3）继续推进现有公有住房改革，培育和规范住房交易市场。继续推进租金改革。租金改革要考虑职工的承受能力，与提高职工工资相结合。租金提高后，对家庭确有困难的离退休职工、民政部门确定的社会救济对象和非在职的优抚对象等，各地可根据实际情况制定减、免政策。进一步搞好现有公有住房出售工作，规范出售价格。从 1998 年下半年起，出售现有公有住房，原则上实行成本价，并与经济适用住房房价相衔接。要保留足够的公有住房供最低收入家庭廉价租赁。建立个人住房档案，稳步开放已购公有住房和经济适用住房的交易市场。

（4）采取扶持政策，加快经济适用住房建设。经济适用住房建设用地应在建设用地年度计划中统筹安排，并采取行政划拨方式供应。各地可以从本地实际出发，制定对经济适用住房建设的扶持政策。要控制经济适用住房设计和建设标准，完善住宅小区的竣工验收制度，提高住房工程质量。在符合城市总体规划和坚持节约用地的前提下，继续发展集资建房和合作建房，多渠道加快经济适用住房建设。

（5）发展住房金融，扩大个人住房贷款的发放范围，所有商业银行在所有城镇均可发放个人住房贷款。取消对个人住房贷款的规模限制，适当放宽个人住房贷款的贷款期限。对经济适用住房开发建设贷款，实行指导性计划管理。商业银行在资产负债比例管理要求内，优先发放经济适用住房开发建设贷款。完善住房产权抵押登记制度，发展住房贷款保险，防范贷款风险，保证贷款安全。调整住房公积金贷款方向，主要用于职工个人购买、建造、大修理自住住房贷款。发展住房公积金贷款与商业银行贷款相结合的组合住房贷款业务。住房资金管理机构和商业银行要简化手续，提高服务效率。

（6）加强住房物业管理，建立业主自治与物业管理企业专业管理相结合的社会化、专业化、市场化的物业管理体制。建立住房共用部位、设备和小区公共设施专项维修资金，并健全业主对专项维修资金管理和使用的监督制度。

（四）对住房制度市场化改革的评价

纵观住房制度市场化改革以来，随着住房分配货币化的推行，传统的福利分房制度退出了历史舞台，住房制度改革取得了历史性的进展，政府基本实现了住房改革的目标，实现了政府卸下住房投资重负的愿望，实践了住房负担社会化的思路。

但是，尽管住房制度已经实行市场化改革二十来年，却仍存在部分国有企业职工和国家行政事业单位工作人员在政府或企业的福利庇护下，直接的或变相地获得住房福利现象，传统的住房制度依旧没有彻底清除。另一方面，让政府始料未及的是，住房制度市场化改革成就了中国房地产业的十年辉煌，改善了居民住房条件；却也使得房地产业成为国民经济发展倚赖的支柱产业，更被各地政府视为致富的涌金泉。

三、市场机制在住房资源配置中的缺陷与失灵

1998 年住房分配全面实行货币化改革之后，住房被推向市场，但又因为住房不但具有商品的一般属性，还具有不同于一般商品的级差性、兼具消费品与投资品的功能、复杂的产权以及社会保障性等特殊属性，这就决定了住房市场无法满足自由竞争的条件约束，市场配置无法实现效率状态，而在公平方面，住房不平等状态也没有得到革命性的改变，反而还有进一步恶化的趋势。高涨的房价使得绝大多数居民无力承担，于是房价的变动于他们再无影响：不管房价如何涨落，住房都远远地处于他们的可行消费集之外，住房成了投机者们的猎物，地方政府捞金的勺子。市场机制在住房资源配置中表现出明显的缺陷与失灵。

根据经济学的一般均衡理论，完全竞争的市场依赖于四个基本假定：(1) 价格承担者。市场上有大量独立的生产者与消费者，且每个生产者或消费者作为经济中的个体，其生产或消费的数量，占行业产量的比重充分小，以至于他们的决策对价格完全没有影响，所有生产者和消费者都视价格给定，只是价格的接受者（price taker）。（2）产品同质。所有生产者都生产完全同质无差异的产品，消费者选择购买哪家的产品时只需考虑价格，任何一个生产者如果想要将其产品的价格提高到市场价格之上必然会丧失其销售。产品同质性保证了单一市场价格的存在。（3）资源的完全流动性。厂商可以无成本地进入或者退出市场，即一旦看到盈利机会就会自由地进入市场，而一旦亏损就会退出市场。换言之，厂商总是可以雇佣到所需要的劳动力，能够购买到所需要的资本和原材料；同理，当厂商决定关闭或者重置其生产的时候，也总是可以处置掉这些生产要素。（4）完全的信息。消费者对其偏好、收入水平、产品的价格和购买的商品质量拥有完全的信息。同样，生产者也对其成本、价格和技术拥有完全的信息。

但是，不论是从住房，还是住房市场运行的形式来看，都有着太多的特殊性，无法满足完全竞争的市场条件，从而形成市场失灵或者效率缺失。

（一）住房市场的特殊性

1. 不完全竞争性。

住房市场显然无法满足完全竞争的市场所倚赖的四个经典假设。首先，住房市场中的消费者众多，但房产商数量有限。由于住房建设投资具有生产周期

长、投入资金量巨大、资金周转率低等高门槛，导致房产市场最后只能由少数几家实力雄厚的房产商占据着市场的绝对份额，并形成卖方势力，其生产经营决策能够影响操控市场价格。这从实质上来说，已经构成了寡头垄断[①]市场的形式。其次，住房自身的特殊性决定了住房市场中的产品必然不是同质的，这也就决定了市场的单一价格永远无法实现，消费者决策也绝对不可能只受房价影响，房产商往往可以利用消费者的收入水平、偏好差异、性别、年龄、生活习惯等因素来索取更高的价格，同时资本的逐利性会使得他们忽略掉购买力较弱的中低收入人群的需求。再次，房产行业的高门槛决定了厂商进入或退出市场的时候都需要承担巨额的成本，资源无法实现完全流动。同时，房产建设的时候，厂商也无法保证能够雇佣到所需的全部劳动力，也无法保证土地、资本和原材料的获取能够顺心如意。最后，住房市场中，不论是生产要素的交易还是最终产品的交易，都带有太多的复杂性，交易信息完全不对称。房产商“捂盘惜售”、囤积房源、哄抬楼价、发布虚假广告或利用不规范合同侵害消费者利益等现象屡见不鲜。

2. 供需的非均衡性。

我国当前畸形发展的住房价格，从一定层面来看，是由于市场中的供给与需求始终处于非均衡路径上。

第一，供给结构不均衡。从微观层面看，住房的供给结构不合理，大户型占住房总量的比重过大，与居民的需求结构不相适应。根据对部分大中型城市的调查数据，当前70%左右的家庭的购房意愿是中小户型，即65～100平方米的住房，但是当前的商品房市场中，这类户型的供给明显不足。据测算，当前我国每年新增钢材的70%被用于房地产建设，而其中又有70%左右用于住宅开发。[②] 大户型所占比重过高，一方面侵害了中低收入居民的购房需求，另一方面会进一步加剧住房增长与资源短缺之间的矛盾。从宏观层面看，住房的供给结构呈现出地区式的非均衡性。由于住房具有明显的地域性，由于地区发展不均衡，部分地区会出现住房短缺，而另外一些地方则存在住房过剩的现象。

第二，供给缺乏弹性。由于住房供给严格依赖于土地，而土地的使用需要

---

① 之所以我国的住房市场不是垄断竞争形式，是因为垄断竞争市场中的厂商，在短期内可以获得超额利润或者说是垄断利润；但是在长期看来，垄断竞争厂商的利润将等于零。而这种结果在我国显然无法出现。因此，房地产行业只能是寡头垄断的卖方市场形式。

② 李剑阁. 中国房改现状与前景. 北京：中国发展出版社，2007.

严格依照政府的城市规划和政策法规的相关规定，土地供给的刚性决定了长期住房供给弹性趋于零；另外，由于住房建设对资本、劳动等生产要素的需求大、生产周期长，因而住房供给量在短期内也几乎没有弹性。

第三，需求结构复杂。住房作为一种消费品而存在的时候，其所满足的需求有着明显的层次性。最低层次的需求是“可居”，即仅要求能够满足最基本的生存需求。相对应的住房是简单的结构、能够满足基本生活所需的空间的居室面积、不需要太大的差异性、价格低廉的房子，消费者不一定要拥有产权，只需要拥有基本的使用权即可。但这类住房通常不在房产商的生产集中，往往需要政府来保障。高一点层次的需求则是“宜居”，即在上述基本住房需求的基础上，增加了一些对住房综合功能的需求，如水、电、暖、气等基础配套设施，交通便利，以及包括商业服务、学校、医院等公共配套设施和周边环境。相对应的，满足这种需求的住房就是通常意义中的普通商品住房，从目前看来，大多数仍应是中小户型。消费者对于这一档次的住房不仅仅要求拥有使用权，更希望能够拥有全部的产权，而且价格还不能过高。然而，对于这种需求，房产市场并不青睐，更不愿意在低价位上进行提供，因此也需要政府的引导和保障。更高层次的需求是“豪居”，即已经超过了基本的居住需求，而更多地关注于住房本身的品质、结构、内涵和品位所能带来的优越感与身份的彰显等心理上的满足。相对应的住房，是中高档住宅以及豪华住宅，具有独特的个性元素以及多元化特性。消费者完全有能力拥有完整的产权，且相应的价格需求弹性较小，于是这类住房就成为房产商的心头好，可以而且也应该交由市场来调节。

第四，需求不稳定。住房虽然是固定资产，但是消费者是流动的。尤其是在城市化进程中，农村人口不断向城镇转移，其中很大一部分人口并不是要定居在城镇的，这就导致住房需求会随着人口的流动趋势而出现波涌。在每年春节过后，农民工进城务工，住房的需求会急剧上升；高校毕业生加入到就业大军中时，随着工作环境的变换，住房的需求量也相应增加；临近年底的时候，务工人员返乡，城镇住房又会出现一定的闲置。此外，还有其他的因素，如升学、结婚、工作变动、城区拆迁改建等，都会带来类似的效应，造成需求不稳定。

3. 住房市场中投机与投资并存。

这里有必要区分一下投机与投资的区别。投资（investment），如前文所述，是指将财产或资源投放到某种商品或服务中去，以期获得回报收益的行为。而投机（speculation），是指根据对市场的判断，把握机会，利用时常出现的价差进行买卖，并从中获得利润的交易行为。通俗一点地理解，投机就是投资机会，若无机会则不进场交易。投资和投机都是为了获得利润或回报，且都有风险。两者的主要差别在于，相对于投机，投资的时间段更长一些，更趋向于为了在未来某一时点获得某种较为持续稳定的现金流收益，是未来收益的累积；而投机往往是短线操作，更倾向于在短期内获得价差利润。因此，在住房市场中，那些购买住房并长期持有，或自住或租赁的，都能够获得较为持续稳定的收益，属于投资行为；而对于“炒房团”来说，他们利用住房市场的信息不对称，以巨额资金炒高房价，然后低买高卖，在较短的时间内，转手出售期房或现房，获得高额的价差利润，是典型的投机行为。

（二）住房领域的市场失灵

由于住房自身和住房市场所带有的各种特殊性，在住房领域，市场作为资源配置的一种方式，表现出了一些失灵问题。

经济学认为，当存在以下四方面的原因的时候，竞争性市场就可能是无效率的。第一，厂商或消费者可能在投入品或产出品市场上具有市场势力。第二，消费者和生产者可能具有不完全的信息，因此他们可能在进行消费和生产决策的时候犯错误。第三，可能存在外部性。第四，某些社会理想的公共物品可能没有生产出来。

那么对照我国房产市场的实际情况，就可以得出这样的结论：我国的住房领域市场是无效率的。

第一，在住房市场中，供给方即房产商具有很明显的寡头垄断卖方势力，这就使得住房价格无法真实地反映实际的市场需求状况。房产商能够在交易环节中攫取高额的垄断利润，侵蚀消费者剩余。

第二，我国住房市场中的消费者和生产者存在严重的信息不对称。消费者在购房的时候，往往对住房的设计、质量、定价策略、实际存量、实际面积等信息都难以准确把握，相反地，开发商和销售商对于这些信息的把握度远远高于消费者们。同理，房产商们也无法完整地了解消费者的所有偏好与支付意愿。但是，相比而言，在这场博弈中，消费者更占劣势，因为他们所不知道的信息，对于购房决策来说更为关键。

第三，住房在生产与消费过程中都存在较为广泛的外部性。例如，一处楼盘的建设可以带动其周边其他配套商业设施的发展，这是生产环节中的外部性。又比如住房可以影响一个国家或地区的居民的健康、犯罪和受教育程度等，这是消费环节中的外部性。此外，当民众对于住房的基本诉求得不到满足的时候，就会影响到整个社会的安定治理，这也是住房的外部性表现之一。

第四，如前所述，由于消费者对住房的需求的复杂层次性，较低层次的需求往往被市场所忽略，换言之，在资本逐利性的驱使之下，房产市场是无法有效地为中低收入者们提供低层次的住房的。普通住房的社会保障性体现出了它的社会意义，也决定了它带有准公共物品的特征，且其市场供给量严重不足。

因此，住房市场无法依靠市场机制自身的运作来实现帕累托最优。从国际经验看，即便是在美国，住房市场已经发展得较为成熟，也依然会出现市场失灵，2008 年全球金融危机就是对此最好的佐证。因此，政府必须要采取相应的公共政策，包括土地规划、土地出让管理、税收、金融等调控措施，对住房市场的运行加以调控干预。一言以蔽之，把住房问题完全交给市场来解决，是不科学的。

第二节 分税制导致地方财政收入不足与土地财政的形成

在第二章中，分析了当前地方政府的财政收入结构，其中“土地财政”收入占据了地方总财政收入的半壁江山，已经成为支撑地方财政收入增长的重要资金支柱。换言之，地方政府越发显现出对土地财政的过度依赖。在本节，我们将对此现象进行深层次的原因分析。

从表面上看，“土地财政”的形成，是因为地方政府的行为不理性，违法违规，但从深层次分析，地方政府依赖“土地财政”有其体制和制度的原因，是在一定约束条件下目标最大化的无奈选择。

一、分税制改革导致中央与地方事责与财力不对等

“土地财政”首先是政府的一种收入行为，是地方政府为了扩大财政收入的一种途径。那么，在分析土地财政的成因的时候，势必要先探究地方政府财力缩减的制度性原因，这就要求我们必须要回溯分税制改革的内容与结果。本书认为，自从分税制改革以后，中央与地方政府事责与财力明显不对等，在种种利益博弈之后，才催生出地方政府对“土地财政”的过度依赖；换言之，

地方政府财权与事权的不对等是土地财政形成的现实原因。

（一）中央与地方财政关系的调整脉络

我国中央与地方政府间的财政关系，总是围绕着中央集权与地方分权的关系进行变化。从根本上来看，我国财政体制的变迁就是从集权到分权，又从分权到适度集权，并寻求集权与分权的最佳平衡点的过程。

新中国成立到1958年期间，我国政府间关系属于高度集权；1958年进行了第一次财政分权改革，权力下放，但之后中央又逐渐收回权力，因此直到20世纪60年代末，该时期都仍属集权阶段；1969年再次实行“块块管理”，从1971年起实行财政收支包干体制，扩大地方预算管理范围，中央财力再次出现萎缩，在1975年跌至波谷，仅占全国财政总收入的11.8%，此即第二次财政分权；1978年以后再一次进行财政分权改革，中央与地方“分灶吃饭”；1988年开始，全面推行财政承包制，实行边际增量分成的激励政策以拉动地方政府扩大收入的积极性，中央财政收入比重在此期间明显下滑，到1993年，中央财政收入仅占全国财政总收入的22%；1994年再次进行财政分权改革，即分税制改革，中央财政收入明显回升，尽管在1996年至1998年期间，中央财力再次出现小幅下滑至48.9%，但此后基本上都能保持在52%以上。

（二）分税制改革的主要内容

我国从1994年1月1日起改革地方财政包干体制，对全国范围实行分税制财政管理体制。分税制改革的主要目的在于提高中央财政收入占全部财政收入的比重，适当增加中央财力，以增强中央政府的宏观调控能力；同时对地方利益格局进行调整，促进地方加强对财政支出的约束。在划分税种时强调税收对经济发展和社会分配的调节作用，中央税、共享税以及地方税的立法权都要集中在中央，税收实行分级征管。中央财政通过对地方的税收返还和转移支付，调节地区之间财力分配。

在政府间事权的划分上，中央财政主要承担国家安全、外交和中央国家机关运转所需经费，调整国民经济结构、协调地区发展、实施宏观调控所必需的支出以及由中央直接管理的事业发展支出；地方财政主要承担本地区政权机关运转所需支出以及本地区经济、事业发展所需支出。

在政府间收入划分上，根据事权与财权相结合的原则，按税种划分中央税、地方税和共享税。将维护国家权益、实施宏观调控所必需的税种划为中央税；将同经济发展直接相关的主要税种划为中央与地方的共享税；将其他适合地方征管的税种划为地方税。（1）中央财政收入主要包括：关税，海关代征的增值税，消费税，中央企业以及银行金融企业的企业所得税，铁道部门、各银行总行、各保险总公司等集中交纳的营业税（营改增后属中央的增值税）、所得税、利润和城市维护建设税，中央企业上交利润等。(2) 共享税包括增值税、资源税、证券交易税。增值税75%归中央，25%留地方。资源税按不同的资源品种划分，大部分资源税作为地方收入，海洋石油资源税作为中央收入。证券交易税，中央与地方各分享50%。(3) 地方财政收入主要包括：营业税（营改增后属地方的增值税）、地方企业所得税、个人所得税、城镇土地使用税、房产税、车船使用税、印花税、城市维护建设税、耕地占用税、契税、土地增值税、农业税、国有土地有偿使用收入等。

表4－1　1994～2014年中央与地方财政收入及所占比重

年份	财政收入（亿元）			比重（%）	
	全国总收入	中央	地方	中央	地方
1994	5218.10	2906.50	2311.60	55.7	44.3
1995	6242.20	3256.62	2985.58	52.2	47.8
1996	7407.99	3661.07	3746.92	49.4	50.6
1997	8651.14	4226.92	4424.22	48.9	51.1
1998	9875.95	4892.00	4983.95	49.5	50.5
1999	11444.08	5849.21	5594.87	51.1	48.9
2000	13395.23	6989.17	6406.06	52.2	47.8
2001	16386.04	8582.74	7803.30	52.4	47.6
2002	18903.64	10388.64	8515.00	55.0	45.0
2003	21715.25	11865.27	9849.98	54.6	45.4
2004	26396.47	14503.10	11893.37	54.9	45.1
2005	31649.29	16548.53	15100.76	52.3	47.7
2006	38760.20	20456.62	18303.58	52.8	47.2
2007	51321.78	27749.16	23572.62	54.1	45.9
2008	61330.35	32680.56	28649.79	53.3	46.7
2009	68518.30	35915.71	32602.59	52.4	47.6
2010	83080	42470	40610	51.1	48.9
2011	83101.51	42488.47	40613.04	51.13	48.87

续表

年份	财政收入（亿元）			比重（%）	
	全国总收入	中央	地方	中央	地方
2012	103874.43	51327.32	52547.32	49.41	50.59
2013	117253.52	56175.23	61078.29	47.91	52.09
2014	129209.64	60198.48	69011.16	46.59	53.41

资料来源：根据《2015 年中国统计年鉴》、财政部网站相关数据整理所得。

（三）分税制改革导致地方政府税收收入严重缩减

在分税制改革前，我国中央与地方的财政收入比重差距悬殊，地方财力明显强于中央财力，两个比重的绝对差基本上持续在 40 到 50 个百分点的水平，中央集权能力严重受约束。1994 年，我国为了加强中央政府的税收征管权限，提高中央财政收入占全国财政总收入的比重，规范中央与地方的财政分配关系，进行了分税制财政体制改革。但分税制改革后，从全国范围看，具有较丰厚的税源且有较强税收增长能力的税种基本上都划归中央，如 75% 的增值税、消费税、中央企业和银行的企业所得税、关税等；而留给地方的税种尽管多，但却鲜有真正意义上的主体税种。如表 4－1 所示，在分税制改革之后，中央政府的财政收入大幅增加，中央财政收入占全国财政总收入的比重逐年上升，中央和地方的财政收入的差距明显缩小，除 1996 年到 1998 年以及 2012 年到 2014 年以外的年份，中央财政都超过地方财政收入总额。从中可以明显地看出，以 1994 年分税制改革为分水岭，中央与地方的财力发生了根本性的转置。中央财力明显增强，转移支付能力增强，总体来说，中央对国民经济的宏观调控能力也得到了很大的强化。但与此同时，地方政府为保证既得利益，亦在不断地努力扩大地方财政收入，防止中央与地方的财力差距的加大。

另一方面，在财政收入向中央上移的同时，各省级政府在中央集权的基础上，也对市及以下财政的共享收入和地方固定收入进行了再分成，以提高省级财政收入占全省财政收入的比重。这样，尽管各级财政总收入的绝对值仍呈现逐年增长的态势，但随着中央和省级两级的财力的增强，市及以下级别的政府的相对财力却明显地在缩减。

广义的本级财政收入包括税、利、债、费四方面，但在分税制改革之后，地方政府无法通过开设新税种、调整税率、扩大税基的途径来增加税收收入；也无权发行地方政府债券来增加政府收入；国有企业的改革也意味着利润上缴变得越来越少，无法弥补地方财力的缺口；这就导致了此后我国各种规费类预算外资金收入的大幅上升，成为地方政府的“小金库”。分税制改革之后的十年内，即 1995～2005 年，地方政府的税收收入，仅占地方财政总收入的一半，换言之，拉动地方财政收入的主引擎是以土地出让收入为主的其他非税收入。

总体而言，由于分税制改革，地方政府的财力明显地被弱化，尤其是税收收入明显减缩，导致非税收入急速膨胀，也成为地方政府开展经济建设的一道硬颈。

（四）我国政府间事权与支出责任划分不合理

从 1979 年到 1993 年，我国国民经济改革的主要政策是政府“放权让利”，即对地方和企业释放财政管理权；让出中央财政在国民收入分配格局中所占的份额，以调动各地、各方面发展经济的积极性（高培勇，2008）①。在该财政包干体制下，地方拥有相对独立的财权和事权，但实质内容是“以收定支，一定五年不变”，这就意味着两种情况：一，中央承诺体制五年不变，但是五年之后可调整，制度不稳定；二，地方的权力有时限，此时不用、过期作废，导致地方政府的行为在一定程度上发生了扭曲。

1994 年起，我国借鉴市场经济国家通行的财政管理体制，推行分税制改革，但从现实情况来看，却没有实现真正的财政分权。改革实行之后，我国总体呈现“财力层层上移，事权不断下移”的格局，再加上财政分权的总体思路是“自上而下”，政府间在财权与事权的划分上严重不对称，直接影响了公共财政支出结构的合理性与规范性。

按照我国具体行政级别划分，我国各级政府承担的主要支出责任如表 4－2 所示。从原则上来说，中央财政主要承担国家安全、外交和中央国家机关运转所需经费，调整国民经济结构、协调地区发展、实施宏观调控所必需的支出以及由中央直接管理的事业发展支出；地方财政主要承担本地区政权机关运转所需支出以及本地区经济、事业发展所需支出。

表 4－2　　我国各级政府承担的主要支出责任

级别	分类	政府性质	主要支出责任
全国	中央	全国性	中央政权运转；国家安全、外交；中央直属企业投资补贴；国家重点建设；宏观调控；部属高校教育；重点国有企业社保；中央所办文化

① 高培勇. 从“放权让利”到“公共财政”——中国财税改革 30 年. 光明日报，2008.

续表

<table>
<tr><th>级别</th><th colspan="2">分类</th><th>政府性质</th><th>主要支出责任</th></tr>
<tr><td rowspan="2">省级</td><td colspan="2">省（自治区）</td><td>区域型</td><td>本级政权运转；所属企业投资补贴；省内重大基础设施</td></tr>
<tr><td colspan="2">直辖市</td><td>城市区域结合型</td><td>本级政权运转；所属企业投资补贴；城市建设</td></tr>
<tr><td rowspan="3">地级</td><td colspan="2">地区</td><td>区域政府</td><td>本级政权运转；所属企业投资补贴；地区重大基础设施</td></tr>
<tr><td rowspan="2">地级市</td><td>辖县</td><td>城市区域结合型</td><td>本级政权运转；城市教育；所属企业投资补贴；城市建设；区内基础建设；失业、养老保险和救济</td></tr>
<tr><td>不辖县</td><td>城市政府</td><td>本级政权运转；城市教育；所属企业投资补贴；城市建设；失业、养老保险和救济</td></tr>
<tr><td rowspan="2">县级</td><td colspan="2">县</td><td>区域政府</td><td>本级政权运转；教育；医疗卫生；支援农村支出；区内基础设施和城镇建设；计划生育</td></tr>
<tr><td colspan="2">县级市</td><td>城市区域结合型</td><td>本级政权运转；教育；医疗卫生；支援农村支出；城市建设和区内建设；计划生育；失业、养老保险和救济</td></tr>
<tr><td>乡级</td><td colspan="2">乡镇</td><td>农村政府</td><td>本级政权运转；农村教育；计划生育</td></tr>
</table>

资料来源：马静．财政分权与中国财政体制改革［M］．上海：上海三联书店，2009，(126).

但实际上，当前我国中央与地方事权的划分并不是很明晰，财政“越位”和“缺位”现象依旧严重。中央与地方政府事权的划分并没能具体到能够具体计算与界定各级政府财权的程度，甚至没有清晰到可以确定各级政府财政支出规模的程度。①

表 4-3　　我国中央与地方财政支出及比重

年　份	财政支出（亿元）			比重（%）	
	总额	中央	地方	中央	地方
1978	1122.09	532.12	589.97	47.4	52.6
1980	1228.83	666.81	562.02	54.3	45.7
1985	2004.25	795.25	1209.00	39.7	60.3

① 王玉华．中国财政支出结构调整与优化——基于公共财政的框架．上海：上海三联书店，2009.

续表

年　份	财政支出（亿元）			比重（%）	
	总额	中央	地方	中央	地方
1990	3083.59	1004.47	2079.12	32.6	67.4
1991	3386.62	1090.81	2295.81	32.2	67.8
1992	3742.20	1170.44	2571.76	31.3	68.7
1993	4642.30	1312.06	3330.24	28.3	71.7
1994	5792.62	1754.43	4038.19	30.3	69.7
1995	6823.72	1995.39	4828.33	29.2	70.8
1996	7937.55	2151.27	5786.28	27.1	72.9
1997	9233.56	2532.50	6701.06	27.4	72.6
1998	10798.18	3125.60	7672.58	28.9	71.1
1999	13187.67	4152.33	9035.34	31.5	68.5
2000	15886.50	5519.85	10366.65	34.7	65.3
2001	18902.58	5768.02	13134.56	30.5	69.5
2002	22053.15	6771.70	15281.45	30.7	69.3
2003	24649.95	7420.10	17229.85	30.1	69.9
2004	28486.89	7894.08	20592.81	27.7	72.3
2005	33930.28	8775.97	25154.31	25.9	74.1
2006	40422.73	9991.40	30431.33	24.7	75.3
2007	49781.35	11442.06	38339.29	23.0	77.0
2008	62592.66	13344.17	49248.49	21.3	78.7
2009	76299.93	15255.79	61044.14	20.0	80.0
2010	89874.16	15989.73	73884.43	17.8	82.2
2011	109247.79	16514.11	92733.68	15.1	84.9
2012	125952.97	18764.63	107188.34	14.9	85.1
2013	140212.1	20471.76	119740.34	14.6	85.4
2014	151785.56	22570.07	129215.49	14.9	85.1

资料来源：根据《2015 年中国统计年鉴》、财政部网站相关数据整理所得。

如表4－3和图4－1所示，我国地方财政支出占全国财政支出的比重，远大于中央财政支出比重，并从1978年的52.6%，逐步上升到分税制改革后的69.7%，继而扩大到2009年以后的80%以上。这再次说明了财政分权改革下，地方政府职能并没能完全转变，而是更多地沿袭计划经济时期的政府职能，地方政府所包揽的事务过多，但对比于表4－1，地方财政收入占全国财政收入的比重却越来越低。1994～2010年中央财政收入占全国财政收入的平均值为50.7%，地方各级政府平均为49.3%，而同期中央所承担的财政支出平均占20%左右，地方财政支出所占比重则达到80%左右。一般而言，越是下级的政府，承担的各种任务越重。例如，2009年，中央财政收入占全国财政收入比重的53%左右，但教育事业费支出中地方财政支出是中央财政支出的16倍多，社会保障补助支出中地方财政支出是中央财政支出的近8倍，地方支农支出是中央支出的11倍。这给地方政府带来沉重的财政负担。2009年我国地方政府债务至少在1.8万亿元以上，其中地方基层政府（乡镇政府）负债总额在4300亿元左右，乡镇平均负债760万元，而且地方政府债务还在以每年200亿元的速度递增。

在这种事权和财权划分不对等的压力之下，地方政府的财力普遍出现困难，但为了谋求经济发展，就不得不攫取一切可用资源来获得资金保障。

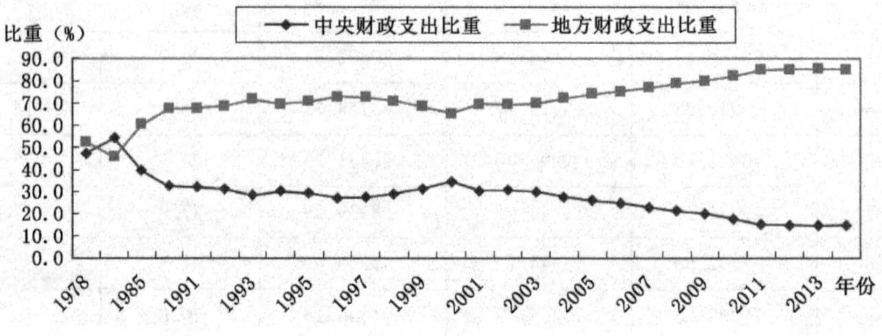

图4－1 中央与地方财政支出占比的变化

（五）财力与事责的不对等给地方政府带来逐年增大的财政压力

随着分税制改革的推行，地方政府扩大收入的积极性在一定程度上得到拉动，但是由于支出事权的层层下移，地方财政的财政资金缺口亦在逐年拉大。尽管有中央和上级财政的转移支付，但是各地方政府为了维持当地经济的增势，就必须要依赖本级的财政收入来保证当地的各项经济建设，并提高自身的综合竞争力。

通过表4－4、图4－2、图4－3和图4－4对比我国中央与地方的财政收入支出差额，可以很明显地看出，在分税制改革以前，中央财政资金缺口大于0，即表明中央财政财力明显不足，而地方财力基本上较为充裕。但在分税制改革之后，中央财力得到大逆转，财政资金缺口均为负数，此即表明中央财政收入大于中央财政支出，且中央财政资金结余逐年增加，即可供转移支付的资金额逐年加大，表现出对国民经济的宏观调控能力有所增强；而对比之下，地方财政支出逐年上升，并大于地方财政收入，地方财政的资金缺口数额均大于0，且呈现逐年扩大之势，分税制所带来的事权与财权不对等现象愈演愈烈。

表4－4　我国中央与地方财政资金缺口　单位：亿元

年　份	财政支出		财政收入		财政资金缺口	
	中央	地方	中央	地方	中央	地方
1978	532.12	589.97	175.77	956.49	356.35	-366.52
1980	666.81	562.02	284.45	875.48	382.36	-313.46
1985	795.25	1209.00	769.63	1235.19	25.62	-26.19
1990	1004.47	2079.12	992.42	1944.68	12.05	134.44
1991	1090.81	2295.81	938.25	2211.23	152.56	84.58
1992	1170.44	2571.76	979.51	2503.86	190.93	67.90
1993	1312.06	3330.24	957.51	3391.44	354.55	-61.20
1994	1754.43	4038.19	2906.50	2311.60	-1152.07	1726.59
1995	1995.39	4828.33	3256.62	2985.58	-1261.23	1842.75
1996	2151.27	5786.28	3661.07	3746.92	-1509.80	2039.36
1997	2532.50	6701.06	4226.92	4424.22	-1694.42	2276.84
1998	3125.60	7672.58	4892.00	4983.95	-1766.40	2688.63
1999	4152.33	9035.34	5849.21	5594.87	-1696.88	3440.47
2000	5519.85	10366.65	6989.17	6406.06	-1469.32	3960.59
2001	5768.02	13134.56	8582.74	7803.30	-2814.72	5331.26
2002	6771.70	15281.45	10388.64	8515.00	-3616.94	6766.45
2003	7420.10	17229.85	11865.27	9849.98	-4445.17	7379.87
2004	7894.08	20592.81	14503.10	11893.37	-6609.02	8699.44
2005	8775.97	25154.31	16548.53	15100.76	-7772.56	10053.55
2006	9991.40	30431.33	20456.62	18303.58	-10465.22	12127.75

续表

年 份	财政支出		财政收入		财政资金缺口	
	中央	地方	中央	地方	中央	地方
2007	11442.06	38339.29	27749.16	23572.62	-16307.10	14766.67
2008	13344.17	49248.49	32680.56	28649.79	-19336.39	20598.70
2009	15255.79	61044.14	35915.71	32602.59	-20659.92	28441.55
2010	15989.73	73884.43	42488.47	40613.04	-26498.74	33271.39
2011	16514.11	92733.68	51327.32	52547.11	-34813.21	40186.57
2012	18764.63	107188.34	56175.23	60178.29	-37410.6	47010.05
2013	20471.76	119740.34	60198.48	69011.16	-39726.72	50729.18
2014	22570.07	129215.49	63393.45	75876.58	-40823.38	53338.91

资料来源：根据《2015 年中国统计年鉴》、财政部网站相关数据整理所得。

注：这里定义财政资金缺口为财政收入支出差额，且财政收入支出差额 = 财政支出 - 财政收入。因此，若财政收入支出差额为正数则表示支出 > 收入，即财力不足；反之，则表示收入 > 支出，财政有结余。

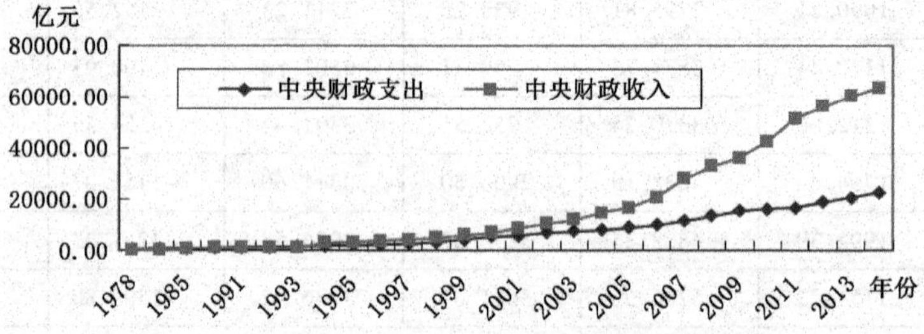

图 4-2　我国中央财政支出与收入的缺口变动

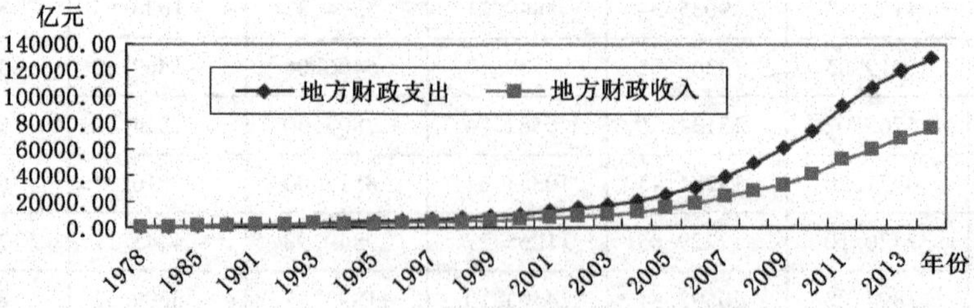

图 4-3　我国地方财政支出与收入的缺口变动

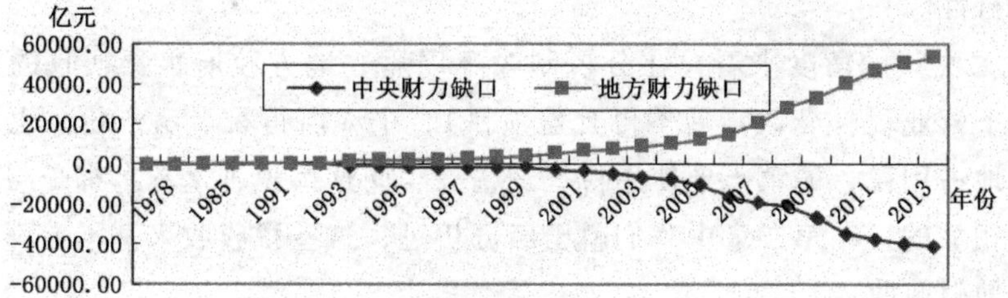

图 4－4 中央与地方的财力缺口比较

在比较中央与地方财政资金缺口的时候，主要集中于各级政府的本级财政收支，即暂不考虑转移支付的效应。这并不是弱视转移支付的作用，而是基于我国这样的一种现实情况考虑：发达地区的被转移支付程度较弱，但当地经济实力较强，经济投入产出比较高，当地政府组织本级财政收入的能力较强；西部较不发达地区的被转移支付程度较强，但当地经济实力却较弱，经济的投入产出比较低，当地政府组织本级财政收入能力较弱；但经济实力处于“夹心层”的地区，一方面要实现经济上的赶超，一方面所享受到的转移支付力度欠厚，唯有依赖当地各种资源，尤其是土地，来扩大收入。转移支付和捐赠增强了地方财政对地方经济的影响力和对资源的掌控能力，但并不能真正弥补地方政府所需资金的全部缺口。它只能缓减地方政府当下的财政困难而已，并不能实现长期可持续发展。相比之下，土地财政收入近几年来占地方财政总收入的比重近半，甚至于 2003 年高达 64.18%，由此可以看出，地方政府对于土地财政已经达到过度依赖的程度。换言之，在地方财力普遍出现困难的情况下，倚赖土地进行创收已成为地方政府的不二选择。

二、土地财政在扩充地方财力方面具有低成本、高收益的特点

当前我国地方政府之间还在进行着地区经济实力的考量，在每年的各省区经济实力排名列表中，GDP 增长率仍然是最为重要的排序指标，这迫使地方政府必须时刻关注当地 GDP 的变动。根据 $Y = C + I + G + EX - IM = C + I + G + NX$，要拉动本地经济建设的途径有四：消费、投资、政府公共支出和净出口。对于政府来说，最为直接的就是增加公共支出，其所需要的资金，除了上级的转移支付之外，就必须依靠本级的财政收入。财政收入主要来源于税、利、债、费四方面，下文我们就分别从这四个角度来分析地方政府扩大本级财

力的可行性。

从“税”的角度来看，在分税制改革以后，地方政府负责征收的税种主要就剩下营业税（营改增后不再有盖项目）、个人所得税、房产税、土地增值税、耕地占用税、城镇土地使用税、契税等，而这些税种基本上都是与房地产业密切相关的，在第二章中我们就已经分析过，这些税收收入基本上都可以涵盖于土地财政收入。

从“利”的角度来看，随着国有企业改革逐步深化，企业利润上缴的机制逐步淡化，来源于企业利润方面的收入在财政总收入中的比重已经所占不多，而且也不可能再成为地方政府扩大收入的主要途径。

从“债”的角度来看，我国地方政府无权发行政府债券，因此当前所谓的地方债券也只不过是地方政府通过隶属于其的国有企业所发行的公司债券而已。从债券的性质上来说，这属于公司债券，而不是政府债券。因此，对于这类债券的管理，无法通过国债管理办法来规范，无法保证债券购买者的权益。另外，这种国企代发债券的做法，实质上就是政企不分的一种表现。我们认为，我国经济体制改革的问题，最终还是要落到国有企业改革问题的点上来。国企与政府依旧政企不分，权责不明晰，只会让我国经济改革进一步陷入泥沼，举步维艰。因此，通过发行债券的方法来扩张财政收入，必须要在我国地方政府债券管理改革之后，否则，只会给地方政府带来更多风险与负担。

从“费”的角度来看，由于费的征管尚不完善，地方政府存有较大的自由掌握空间，从收费中谋求利益变得更为现实可行。特别地，出让国有土地使用权的“卖地行动”具有低成本、高收益的特征，使其直接成为地方政府依赖卖地创收、搞土地财政的刺激因素。根据我国法律，土地、海域等资源要素的所有权归属国家并由地方政府代管。所有权的垄断性，使得这些资源要素的使用权出让所带来的非税收入通常都较为可观，能够大幅增强地方财力。因此，对于地方政府来说，问地要钱是名正言顺的做法；同时也是当地经济其他经济产业尚不成熟，无法快速形成强大的税收来源的情况下，地方政府所唯一能够倚赖的办法。

综上所述，在现行体制下，地方政府不能发行地方公债，没有举债权，没有税收立法权，缺乏其他收入来源，土地出让金和其他与土地相关的税费便成为其增加收入的重要途径。随着“财权上移”和“事权下放”，地方政府越来越依靠“土地财政”解决其财政资金的不足。

三、地方政府的短期行为

现行行政管理体制也刺激了地方政府对土地的粗放利用。首先，每届地方政府主要向上级负责，5 年的任期容易诱发短期行为。结果是地方政府以牺牲地方长期利益和民众的公共利益为代价，获取短期的财政收入和政绩。如在浙江省一些城市，未来 5～10 年用地计划指标已被用完，以后将面临无地可用的窘况。其次，地方官员政绩考核体系也助长了“土地财政”问题。长期以来，GDP 指标是考核地方政府绩效最重要的经济指标。因此，地方政府有发展当地经济的强烈冲动，而发展经济就要招商引资、上项目、占用土地。最后，“土地财政”可使地方政府财政税收最大化。在长三角地区，农地征用价格为 37.5 万元/公顷～45 万元/公顷，农地一级市场出让价格为 210 万元/公顷～525 万元/公顷，二级市场价格为 1125 万元/公顷～2250 万元/公顷。[①] 可见，出让土地的收益相当明显。

地方政府缺乏科学发展观的短期行为，会对城市的长期发展形成瓶颈制约。在土地资源的利用和保护上，全局利益和局部利益、中央政府和地方政府、土地所有者和土地使用者之间存在较大差异。面对耕地大量减少、人口继续增长的严峻形势，地方政府仅仅从自己的角度考虑问题，对土地资源进行过度开发、不合理开发和破坏性开发，阻碍了土地资源的可持续利用和当地经济的可持续发展。

四、土地管理制度的不完善

（一）土地市场管理的不规范

我国土地市场分为存量和增量两个部分。增量部分，主要是农地转化为建设用地的供应，即所谓“一级市场”。存量部分，主要是现有土地使用者之间的交易的供应，即所谓“二级市场”。政府对土地市场管理不规范是引发“土地财政”的又一个重要原因。

在征地制度上，政府在一级市场处于垄断地位是“土地财政”形成的根源，它可以用较低的成本从农民手中获得土地，在随后的土地转让或土地经营中牟利。在土地有偿使用制度上，土地市场不够公开透明，存在协议底价过低，暗箱操作和少数官员个人意志主宰决策的局面。在土地收益分配管理制度

---

① 郭威. 国家加强土地出让金收支管理，地方财政现危机. 财经时报，2006－9－16.

上，土地收益没有纳入预算管理体系，地方政府可以自主支配出让土地的收入，逐渐形成当地的“小金库”。在地价制度上，由于我国土地市场发育程度低，在土地市场上通过所谓的“招标、拍卖、挂牌”方式形成的土地价格实际上没有反映真实的地产稀缺程度和供求关系。此外，各种名目繁多的土地优惠政策漏洞很多，使得管理更加困难。总之，我国土地市场管理不规范，为地方政府实现“土地财政”提供了可能。

（二）土地主体代表的身份成为地方政府追求政绩的制度保障

地方政府既是土地所有者代表，又是卖地经营者，这双重身份的集合，使它不仅具有了主体代表身份，还具备了经营的手段。从而导致地方政府总是本能地追求土地价值最大化，竭尽所能地推高地价，留取更多收益。面对中央的宏观调控政策，地方政府只会依据自身利益来做出是否执行调节的决策，于是各种阳奉阴违的违规行为屡禁不止；而中央则由于国有土地主体代表身份的实质性缺失，对宏观调控实际上也只是心有余而力不足，难以达到预设的目的。

因此，在地方经济发展实力的考核仍然脱离不了 GDP 指标的现实情况下，在地方财力受限，公共支出范围不断扩大的约束条件下，地方政府越发地倚赖土地资源，发展土地财政，壮大自己的实力，从而获得更为辉煌的经济数据，进而有利于官员自身的政绩考核。

第三节　财政支出导向与住房保障之间的博弈分析

一、中央政府的政策决议

在效率优先的建设理念的指导下，我国经济高速发展，社会急遽转型；然而，社会不公现象却显得日益严重，民生问题日益突出，亟需政府介入，通过再分配来缓和矛盾，解决问题。

深化行政管理体制改革是发展社会主义市场经济和发展社会主义民主政治的必然要求，是政治体制改革的重要内容。党的十七大报告提出要“加快行政管理体制改革，建设服务型政府”，由此，政府工作的基本思路和政策方针有了重大转变。在“执政为民，立党为公”的执政理念下，全能型政府逐步向公共服务型政府转变，全面履行经济调节、市场监督、社会管理和公共服务的职能，为全社会提供基本而有保障的公共产品和有效的公共服务，以不断满足广大社会成员日益增长的公共需求和公共利益诉求，贯彻落实科学发展观，关注民生、服务民生、改善民生。这也就要求财政工作必须要将重心转到服务民生上。

但是如第三章的实证分析结果所示，由于诸如医疗、就业、住房、社保等民生建设，对经济增长的影响弹性系数仅有0.034，即每增长1%的此类民生建设支出，仅能带来3.4个经济增长点，这就使得地方政府在实际工作中，没有足够的积极性来有力地执行中央决策。

二、地方政府的成本估算

2010年的政府工作报告强调指出要“着力保障和改善民生，促进社会和谐进步”；在2011年的政府工作报告中，再次明确提出“进一步扩大保障性住房建设规模。今年要再开工建设保障性住房、棚户区改造住房共1000万套，改造农村危房150万户。重点发展公共租赁住房。中央财政预算拟安排补助资金1030亿元，比上年增加265亿元。各级政府要多渠道筹集资金，大幅度增加投入。抓紧建立保障性住房使用、运营、退出等管理制度，提高透明度，加强社会监督，保证符合条件的家庭受益。”1000万套的保障性住房的建设规模可以说是达到了历年之最，但是巨额的资金、土地和生产能力又该如何保障？

根据2011年数据，2011年新建1000万套保障性住房所需资金约为13800亿元。其中，经济适用住房和两限房新建计划量约200万套，其所需的建设资金约合5000亿元，主要由社会机构通过市场运作方式来解决；各类政府主导的棚户区改造计划为400万户左右，包括城市棚户区改造、国有工矿棚户区改造、林区棚户区改造、煤矿棚户区改造以及部分国有垦区的棚户区改造，年度投资资金在5000亿元左右，工矿企业和被改造的职工自筹3400亿元左右，中央政府提供400亿元左右的资金支持，其余由省级、市级政府进行补助，约合1200亿元；廉租住房、公共租赁房的新建计划约400万套，所需资金3800亿元，主要由财政承担。地方政府在执行住房保障建设任务的时候，仅2011年就需要承担约4370亿元的投资资金。

但值得注意的是，在建设经济适用住房的时候，地方政府必须要无偿地划拨土地，这对于地方政府来说，无疑是一项巨大的机会成本。根据国土资源部的相关数据，2010年全国地方政府土地出让总收入为27110.98亿元，总出让土地面积为11.787万公顷，平均每公顷土地的收入额约为2300万元。土地供应总面积约为42.8万公顷，其中用于保障性住房的土地面积原计划为2.4454

万公顷，实际供应的土地面积为 1.593 万公顷，相当于总出让土地面积的 13.5%。按照 2010 年的土地出让平均收入水平，实际投入的保障性住房用地成本达到 3664 亿元左右。2011 年新增的保障性住房建设用地若按照 2010 年的保障性住房用地水平来推算，要完成 1000 万套保障性住房的建设，则需要增加土地供应 4.2 万公顷，按照 2010 年的土地出让水平计算的话，地方政府就需要承担将近 9700 亿元的土地成本，远远大于显性的投资资金。

三、博弈模型构建

（一）博弈类型

中央和地方政府之间围绕住房保障建设支出问题的博弈，首先是由中央政府做出是否要大规模兴建保障性住房的决策，并批复各地方政府所报上来的预算计划；接着是地方政府进行自主决策是否要有力执行原计划；然后是由中央政府决定是否要进行问责或激励。因此，总体看来，这是一个动态的博弈过程。

其次，中央政府对于地方政府是否有力执行原计划，存在一定程度的不完美信息。从信息经济学角度来看，中央政府与地方政府构成一种委托—代理关系，且存在着信息不对称的问题，中央政府并不知道地方政府会不会真正地将中央决议贯彻落实到实处。所以中央政府与地方政府在此博弈过程中存在一个信息集，包含了各种不完美的信息，下一个决策主体并不能完全观测到这个信息集中的所有信息，因而会出现犯错误的概率。

综上所述，本书所择取的博弈模型是一个不完全信息动态博弈模型。

（二）博弈模型

根据前述分析内容，构建动态博弈树如图 4－5 所示。

图 4－5 中，中央政府与地方政府的支付矩阵由（u_c, u_l）表示。c 表示中央政府，l 表示地方政府；C 表示中央政府的效用，L 表示地方政府的效用；e 表示中央政府对地方政府的监督成本（审计成本）；p 表示中央政府向地方政府问责时，地方政府的效用损失；f 表示中央政府给地方政府提供的追加转移支付或者是相应的补助激励。若地方政府按原计划建设保障性住房，则中央政府可获得的效用为 C_1，地方政府所获的效用为 L_1；但若地方政府并没有按原计划建设保障性住房，或者中央没有决定要兴建保障性住房，则中央政府的效用都为 C_0，地方政府的效用都为 L_0。中央政府将执政理念转变到“推进服务型政府建设”上来，强调“执政为民”，因此可以认为中央政府加强民生建设后所得的

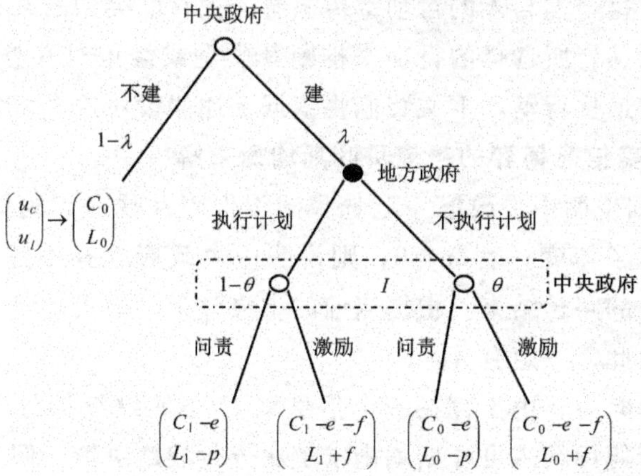

图 4-5　中央政府与地方政府关于住房保障支出的动态博弈

效用要大于之前的效用，即有 $C_1 > C_0$。但是地方政府由于受到 GDP 政绩考核指标以及各区域经济实力竞争的压力，可能会认为 $L_1 < L_0$，从而懈怠对原计划的执行；若地方政府已切实地转到关注民生上来，那么会认为 $L_1 > L_0$。

博弈的第一阶段。中央政府决定“建”或者“不建”保障性住房。如果以 $1-\lambda$ 的概率选择“不建”，则中央和地方政府都获得一定程度的效用，这是由纯经济效益所带来的效用，记为 (C_0, L_0)。如果以 λ 的概率选择“建”，则进入到博弈的第二阶段。这里，$\lambda \in [0,1]$。

博弈的第二阶段。地方政府必须要做出自主决策，是否要坚持执行原计划，兴建保障性住房。如果以 $1-\theta$ 的概率选择“执行计划”，则表示地方政府要承担巨额成本，效用变为 L_1；或以 θ 的概率选择“不执行计划”，则无需承担这部分成本，效用值仍为 L_0。不管地方政府做出何种抉择，都会面临第三阶段的博弈内容。这里，$\theta \in [0,1]$。

博弈的第三阶段。中央政府出台了问责制，即对地方政府是否完成了住房保障建设任务进行问责，这其实就是相当于委托方对代理方的监督过程。同时，地方政府也可能会在此过程中要求中央给予资金补助，以“更好地完成安居工程建设任务”，中央政府根据地方政府所报上的数据进行批复，给予激励。但是，中央政府在进行问责或激励的时候，并不清楚地方政府到底是处于何种状态，因此会面临一个不完全信息集 I，在审计工作完成之前，中央政府所作出的决策都有可能出现一定概率的错误。

在这个动态博弈过程中，两个参与人（中央政府与地方政府）的行动都是类型依存的，每个参与人的行动都传递着有关自己类型的某种信息，后行动者通过观察先行动者所选择的行动来推断其类型或修正对其类型的先验信息，然后选择自己的最优行动。下文我们将依据上述假设对这个博弈进行求解。

（三）不完美信息博弈的精炼贝叶斯均衡求解

若 $\lambda=1$，则说明中央政府一定选择建设保障性住房，则博弈树沿右边的路径进入下一个子博弈；若 $\lambda=0$，则说明中央政府选择不建设保障性住房，则博弈树沿左边的路径结束。根据当前的中央政策，中央政府一定会选择建设保障性住房，因此，一定有 $\lambda=1$。

在这个子博弈中，由于存在一个信息集 I，不能继续拆分子博弈。因此我们对这个子博弈使用精炼贝叶斯均衡求解法进行战略决策。假定中央政府认为地方政府选择“不执行计划”和“执行计划”的概率分别为 θ 和 $1-\theta$。给定这个信念，中央政府选择“问责”的期望效用为：

$$E[u_c(\text{问责})]=\theta\cdot(C_0-e)+(1-\theta)\cdot(C_1-e)=\theta C_0+(1-\theta)C_1-e$$

选择“激励”的期望效用为：

$$E[u_c(\text{激励})]=\theta\cdot(C_0-e-f)+(1-\theta)\cdot(C_1-e-f)=\theta C_0+(1-\theta)C_1-e-f$$

根据前文对各参数含义的定义，一定有 $e>0$，$f>0$。那么不论 θ、e、f 如何取值，一定有 $E[u_c(\text{问责})]>E[u_c(\text{激励})]$，所以中央政府一定会选择“问责”。给定地方政府知道中央政府将会选择“问责”，则地方政府的最优选择将视地方政府的观念而决定。

情形一：如果地方政府仍唯 GDP 为上，则一定会选择“不执行计划”。

情形二：如果地方政府已切实关注民生，则一定会选择“执行计划”。

对于情形一，给定“不执行计划”是地方政府的最优战略，当中央政府观测到地方政府没有选择“执行计划”，则可以确定地方政府一定选择了“不执行计划”，即 $\theta=1$，从而得到精炼贝叶斯均衡为：{不执行计划，问责；$\theta=1$}。

对于情形二，给定“执行计划”是地方政府的最优战略，当中央政府观测到地方政府没有选择“不执行计划”，则可以确定地方政府一定选择了“执行计划”，即 $\theta=0$，从而得到精炼贝叶斯均衡为：{执行计划，问责；$\theta=0$}。

四、结论

从以上动态博弈的均衡求解结果来看，尽管中央出台了问责制，但是如果地方政府没有及时转变执政理念的话，仍然无法达到预期的政策目的。

另外，我们得到的另一均衡结果属于“鞭打快牛”的棘轮效应。尽管这也是此博弈的一个精炼贝叶斯均衡解，但是我们认为其在实际工作中是行政无效率的。这显然是对地方政府积极性的打压，因此，本书认为，中央政府在问责的同时，必须要配以有效的激励政策，即在进行政绩考核时，改革传统的GDP指标制，实行以民生问题落实程度为重要指标的考核体系，从而改变地方政府的支付效用，实现地方政府财政支出结构的优化。

第四节　财政预算管理制度缺陷与城镇住房市场的关系

地方政府对于每年的财政收支的预算编制、执行与监管，都存在很大的制度性缺陷，导致了地方财政风险加剧，对于地方经济的可持续发展相当不利。具体到土地财政收入与住房保障支出方面，预算编制的不严肃、执行的随意性、监管的形式化都较为普遍且严重地存在，这也是导致我国当前城镇住房问题的一部分原因。

一、土地出让收入的预算管理缺陷对住房市场的影响

2007 年之前，地方土地出让收入先纳入预算外专户管理，再将扣除征地补偿和拆迁费用以及土地开发支出等成本性支出后的余额缴入地方国库，纳入地方政府性基金预算管理。2007 年开始，国家对土地出让收入管理制度进行了改革，要求地方政府将全部土地出让收入缴入地方国库，纳入地方政府性基金预算管理，与公共财政预算分开核算，专款专用。但是从实际情况来看，地方政府对于土地出让金的预算管理存在严重的制度缺陷。

（一）预算编制的不严肃为地方政府造“租”

首先，预算编制时间仓促。大多数地方政府从每年的八九月份即启动下一年度的部门预算编制，从预算编制到确定的整个时长仅有 4 到 5 个月的时间，许多预算编制的基础性工作难以完成，财政部门在编制预算的时候，往往会出现预估一个数字来完成编制任务，严重缺乏科学性和精确性。而当后期执行的时候，则会根据实际情况的变动而不断追加预算，使得原先的预算完全流于形式，衍生出地方政府“轻预算、重决算”的现象。其次，部分地方政府并没

有将土地出让收入全额纳入预算管理，仍留存一部分作为预算外资金。预算外资金的使用与管理完全绕开了人大审批和监管，造成地方政府挪用、截留财政资金，涵养地方小金库，同时也在一定程度上为“寻租”创造了腐败的温床。

（二）预算执行的随意性是土地财政扭曲住房市场的制度表现

由于我国预算相关法制建设仍不健全，“人治”强于“法治”，加之预算编制过程中的仓促与粗线条，使得预算执行的随意性较大。如部分地方政府擅自减征、免征或者缓征应征的土地出让预算收入；或随意追加土地出让收入；又或截留、占用或者挪用土地出让预算收入，将其转为预算外资金，甚至以“小金库”的形式侵吞预算资金等。

例如审计署 2009 年对河北、辽宁、宁夏、新疆等 11 个省区 2007 年至 2008 年征收、管理、使用土地专项资金情况进行的审计调查发现，被抽查的 13 个市中，有 11 个市以“招商引资”、“旧城改造”和“国有企业改制”等方式，变相减免土地出让收入 19. 61 亿元；有 3 个市以低于基准地价 70% 的价格等方式，出让土地 177 宗 0. 8 万亩；有 3 个市的规划等部门批准提高 0. 18 万亩土地的容积率，应征未征土地出让收入 10. 57 亿元。有 12 个市欠征土地出让收入 323. 26 亿元。其中 7 个市的国土部门在 25 家用地单位欠缴土地出让收入 25. 92 亿元的情况下，违规发放国有土地使用证。

“招商引资”、低价出让、提高土地容积率的做法，都是为了支持当地住房市场发展，从而拉动地方经济更大的增长。这使得地方政府一旦尝到 GDP 的甜头之后，会更加疯狂地迷恋于“违规倒地”，原先所编制的土地出让收入预算的执行成为地方政府的羁绊，于是一再地被随意更改。有些地方政府由于“倒地”过度疯狂，导致土地出让金收入严重超收，只好重新追加预算；而某些地方政府则为了决算数不偏离预算数太多，或者是出于下一年的预算“基数”的考虑，又或是为了给房产开发商开一道绿灯，而故意应征未征土地出让收入，造成了国土资源的大量流失，同时也扩大了房产开发商的垄断加价空间。而欠征、欠缴土地出让收入的现象，则是地方政府截留、占用或挪用了土地出让金。这些地方财政在收到土地受让方所缴纳的费用款之后，往往不会按照相关规定及时、足额的入库。不少地方会另设账目，隐瞒收入，截留资金；有些地方财政则是拖延收入的入库时间，将出让土地收入存入银行，由此可额外获得大笔利息。

尽管实行了“招拍挂”出让制度，但由于地方政府对土地出让金预算管理的不规范作为，土地出让价格与住房价格齐头并进地上涨，并进一步影响下期房价，如此循环往复地螺旋式上升。房价与地价的上涨，不仅带来更多的非税收入，还会使得来自住房市场开发出售转让时所发生的相关税费收入也随之增加。

在当前尚不完善的预算外资金管理制度和地方政府政绩考核制度下，地方政府如此出让土地，不仅可以获得殷实的财政收入；还能“招商引资”，拉动地方经济发展；再者还能为地方政府领导人的政绩添彩加墨，加足升迁的砝码。这一系列的诱惑足以使得地方政府心甘情愿的为房产开发商充当保护伞，喜于房价、地价的节节攀升。由于我国地方政府官员每届任期只有五年，对于他们来说，能够在任期内做足门面、拉动 GDP 增长，就是最实惠的战略；至于地方的发展模式是否科学，有否利于可持续发展，相比之下，他们并没有那么在意。于是，公益与私利对弈之际，后者总是成为占优策略而倍受青睐。其结果就是土地资源被盲目过度开发，自然资源严重耗竭，国家利益和公众利益严重受损，地方经济文化政治难以科学持续稳步发展。

二、住房保障支出预算管理的缺陷及其影响

住房保障支出的预算管理可以说是到 2009 年才相对规范起来。在此之前，住房保障支出的内容被分散在多个预算科目之中，既不透明又不明晰。因此，地方政府在编制预算的时候，大多比较含糊地编制一个数目，或者索性不列支。因此，在 2008 年以前，我国住房保障建设进程相当缓慢。地方政府在财政支出预算方面，将资金更多地安排给能够带来更多经济效益的项目上。按照国有土地出让金收入用途的规定，应安排 10% 的资金用于廉租房的建设，但是根据 2009 年的相关数据，这个比例只有 1.5%，明显预算偏低。

尽管 2009 年起，地方政府需要单独明确地公开住房保障支出预算，但是预算在执行的过程中，总是一再被调整或变相。如财政部门不及时、足额拨付预算资金；某些主管部门为显示自己的权威性，或随意在下属单位之间调拨预算资金，或拦截、拖延预算资金的下拨，甚至于肆意占用、挪用下属单位的预算资金；预算资金使用单位不按规定金额和用途来使用资金等。

与此同时，财政部门总是会在预算执行过程中频繁地调整资金走向与流量，大多是财政部门未经人大审批而随意追加或追减预算的；即使是上报给人大的预算变动，通常都是已经实际试行了的项目，相关的变动款项实际已经发生过，名义上说是提交人大常委会讨论预算变动，实质上不过是走个过场，是程序化了的“先斩后奏”，缺乏公开透明的监督，存在一定的“寻租”与“暗

箱操作”现象。追加的预算鲜有流向保障性住房建设的，大多用于大型基础设施建设。如某地方政府负责工程建设的部门，如水利、建设、市政、环保等部门，每年追加的工程款占预算总额的80%以上。[①] 相对于调整之后的决算数，住房保障支出的占比明显偏低。这种大幅度的调整预算，打乱了政府原支出结构，弱化了政府对住房保障职责的履行，在一定程度上助长了地方政府的图利行为和机会主义。

三、地方财政预算监管流于形式，对地方政府行为约束力有限

财政预算的监管职责主要由各级人大所承担，但从实际情况看来，预算监管往往流于形式，严重缺乏约束力。

首先，人大对预算审批流于形式。参与审查和批准预算的人大代表并非全是财政界的专业人士，不少代表对于财政预算完全是一窍不通。这使得财政部门在预算编制过程中有很大的自主权。财政部门递交给人大的预算草案通常是按照功能大类罗列一大串的数据，款、项、目的具体内容并不清晰，以至于“内行看不清，外行看不懂”。加之人大议程多，代表们大多无法对其进行深入的审查。

其次，预算执行情况难以有效监管。由于社会经济的变化存在过多不确定因素，中央政策的变动也带有不确定因素，这使得地方政府在预算执行过程中，常常会受到各种各样的不确定因素的影响而发生实际变动。而人大缺乏足够的专业人员和力量，难以开展经常性的监督，对于预算的变动常常是无力再审查，甚至是对于原预算的执行情况，也难以进行有效的跟踪监督。

此外，对于预算资金的收支情况，审计部门虽然会进行调查审计，但大多以抽查形式进行。这固然是出于行政成本以及工作效率的考虑，但这多少给地方政府的侥幸心理制造了机会。只要没被抽查到，违背预算规定而对收支行为进行预算外操作，就能够给地方或者是政府官员们带来极大的收益。而对于那些抽查到的违规案件，虽然相关部门表示会对其进行依法查处，但是处罚力度不大，相关工作亦不透明，无法对地方政府行为真正起到约束作用。

---

① 梁皓璇.完善公共财政预算管理的对策思考.财经界，2009（6）.

第五章 对于城镇住房问题的政府作用边界与政策目标

对于我国住房市场的干预，政府必须要厘清其作用边界，切忌越俎代庖，扰乱了市场应有的秩序，造成无谓损失。因此，本章主要就合理界定政府作用边界进行分析，同时借鉴国际经验，以英国、波兰和香港为例考察住房保障制度建设，进而针对我国当前住房市场的现状问题，探讨政府政策目标定位与制度框架的设计。

第一节　合理界定政府作用边界

一、明确住房的基本属性及政府应承担的责任

在第四章中已经分析过，住房市场化改革之后，它成为一种商品，具有基本的商品属性，但又有其独特的社会属性。它既是一种消费品，又是一种投资品，更是一种生活必需品。

在满足人们不断追求更好的居住条件的消费行为之前，它有着最为根本的功能，即满足人们最基本的生存需求，是生活的必需品，是满足人们从出生到死亡全过程基本需要的生活资料，是贯穿人生始末的福利基础。因此，住房的社会属性优先于其商品属性。

而对于其消费性和投资性中，消费属性又是基础。如果住房不具有可居住

性，那么它也就失去了投资价值。

因此，概括地说，住房它能够依次满足人们的生存、消费和投资需求，首要功能是满足最基本的生存需求。人们只有在满足“住有所居”之后，才会追求“雅室豪居”，并进一步追求“生财有道”。因此，类似于马斯洛的需求理论，我们将住房需求的层次划分为三个等级，如图 5－1 所示。

人们对住房的需求给经济发展和社会进步注入了强大的动力。一方面，住房市场与其他多个产业密切关联，发展好住房市场，可以带动其他产业的良性发展，从而实现扩大内需、增加就业；另一方面，住房市场的稳定，能够稳定民心，增强居民的安全感和归属感。因此解决好住房问题，不仅是经济快速发展的需要，也是保持社会稳定的重要基础。而住房同时具有商品属性和社会属性，所以在解决住房问题的时候，既要发挥好市场作用，又要发挥好政府作用。

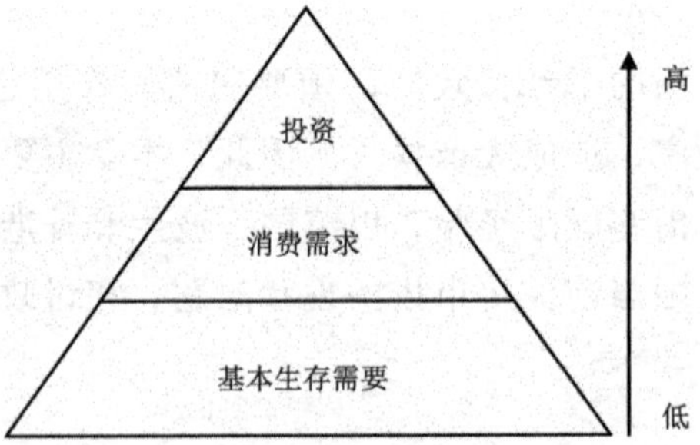

图 5－1 居民家庭对住房的需求层次

从住房属性角度来看，政府所应承担的责任，是保障最基本的生存需要，即保障好居民家庭对住房的最低层次的需求，实现“住有所居”；而对于想要进一步改善居住条件的，或者是投资方面的住房需求，则应当交由市场去解决。

但是，在第四章已经分析过，由于我国住房市场的固有缺陷，中低收入水平以下的消费群体难以通过单纯的市场机制来解决自身的住房问题，政府必须要介入其中以解决居民的住房问题，做好民生保障工作。因此，总的来说，政府所应该介入的区域，应该是提供能够满足基本生存需要的保障性住房，以及对普通商品住房以及经济适用房市场进行政策性引导；而对于具有更高居住条件的住房，应该由市场机制进行资源分配，政府不应该介入。

二、政府干预与市场机制对住房市场的相互协调作用

政府对于基本的住房保障作用，并不违背市场经济的原则，这恰恰是在对市场缺陷的一种弥补。在市场经济已经发展到较高层次的西方发达国家，虽然也是主张自由竞争、市场调节，但是在解决低收入群体的住房问题上，政府也都是普遍采取各种政策措施来进行干预。比如美国每年用于住房保障的财政支出占到其财政总支出的2.2%～2.5%。

另一方面，政府作为住房保障的提供主体，并不是说政府就可以取代市场机制来对全社会的住房问题进行分配。市场在配置住房资源上有着一定的制度优越性。市场机制的分散化决策、弹性的供给机制能有效满足居民多样性的住房消费需求结构，实现居民消费的自主选择。同时，住房货币化分配和社会化的供应制度能够较好地解决部门之间实物分配待遇悬殊、单位之间苦乐不均、管理维修效率低下等问题。因此政府作为构建和实施住房保障制度的主体，对住房市场的作用和介入是依据市场的根本要求才产生的，必须要在建立在维护市场机制的基础之上，不应危害市场机制的正常发挥作用。

回顾历史，前苏联、东欧国家以及我国计划经济时期所实行的完全由政府出资建房、低租分配的福利住房制度，完全摈弃了市场机制，结果不但浪费了国家大量的财政资源，还导致住房建设的效率低下，住房供需矛盾更加尖锐，进一步影响了社会公平。随着经济体制转型，我国住房体制进行了市场化改革，逐步改变了国家对住房包干分配的格局，并明确我国住房体制的总体方向是要发挥和利用好市场机制的作用，实现住房建设和消费的良性循环。因此对于能够通过市场化机制就能满足住房需求的，就应该尽可能地通过市场途径来解决，切忌政府干预“越位”。

政府在干预住房市场的时候，一是以管理监督者的身份管理、监督和调控住房市场，作为影响住房市场的外部因素而存在；二是以参与者的身份直接为中低收入居民家庭提供保障性住房，并影响住房市场的供求关系、供求价格和资金循环，从而作为影响住房市场的内部因素而存在。

作为外部监督管理者，政府的主要目标是保证住房市场的健康、稳定、持续发展，采用的政策措施是运用法律、规划或税收收入政策等手段来进行间接干预。在需求层面，政府的主要职责是促进和完善职工住房货币化分配制度，使职工收入中用于住房消费的部分既符合职工级别待遇，又能适应房产市场价格变动；在供给层面，政府的主要职责是通过引导和保障住房市场的开发适度

向中等收入人群倾斜，调整住房结构分布，鼓励房产开发商增加普通商品住房的投放。

作为内部直接参与者，政府的主要目标则是实现中低收入人群“住有所居”、人们最基本的生存需要得以满足、社会安定有序，制定总体目标和规划等政策安排，通过有预算的公共财政支出政策来落实政府所应承担的住房保障机制，杜绝政府提供公共产品和基本公共服务的职能“缺位”。

三、界定政府作用边界的理论与实践依据

（一）理论依据

根据微观经济学原理，消费者对其收入进行分配，储蓄、投资和消费。现在我们假定消费者储蓄和投资的目的都是为了保有或增加其财富水平，以用于购买更多的消费品，从而实现消费者效用最大化。那么，根据消费者理论，有

$$y = p \cdot x$$

其中向量 y 表示居民税后可支配收入，向量 p 表示各种商品的价格，向量 x 表示各种商品的消费量。

在住房消费问题中，我们设 y_h 表示居民家庭收入中用于住房消费的支出部分；p_h 表示房租或房价；x_h 表示居民家庭对住房的消费量。为方便说明问题，我们简化实体经济中的实际情况，假设住房市场中的住房存量仅由四部分构成：（1）市场提供的普通租赁房；（2）政府提供的廉租住房；（3）市场提供的商品住房；（4）政府提供的经济适用住房。前两者构成住房租赁市场，居民对其进行消费的时候，支付租金；后两者构成住房交易市场，居民按照房价进行买卖。于是，我们得出以下一组变量关系：

$$y_h = \theta y$$

$$p_h = \lambda_1 \cdot r_m + \lambda_2 \cdot r_g + \lambda_3 \cdot p_m + \lambda_4 \cdot p_g$$

$$x_h = \lambda_1 \cdot R_m + \lambda_2 \cdot R_g + \lambda_3 \cdot H_m + \lambda_4 \cdot H_g$$

$$\lambda_1 + \lambda_2 + \lambda_3 + \lambda_4 = 1$$

$$0 \leqslant \lambda_i \leqslant 1, i = 1, \ldots, 4$$

其中，θ 为居民家庭收入中用于住房支出的比例；λ_1 表示普通的住房市场中的租赁房比例，λ_2 表示政府提供的廉租住房比例，λ_3 表示市场提供的商品住房比例，λ_4 表示政府提供的经济适用房的比例；r_m 表示普通租赁房的租金，r_g 表示政府提供的廉租房租金，p_m 表示住房市场中的商品住房价格，p_g 表示政府提供的经济适用房价格；R_m 表示市场提供的租赁房数量，R_g 表示政府提供的廉

租住房数量，H_m 表示市场提供的商品住房数量，H_g 表示政府提供的经济适用房数量。

那么，依据上文分析，政府的作用范围可以从以下三方面来考察：

第一，扩大居民收入 y，提高居民对住房的消费能力，即扩大收入预算约束 y_h，尽量使得住房问题可以通过市场机制来解决；同时理顺住房货币化分配机制，科学合理地界定住房支出占居民家庭总收入的比例 θ，保证居民能够正常合理地进行其他日常生活消费。

第二，监督、调控住房价格 p_h，规范租赁市场与交易市场的秩序；同时要注意各种住房存量组成比例，牢记我国住房分配制度的总方向是实现市场化，严格控制 λ_2 和 λ_4 的值域。

第三，对 x_h 结构进行干预，引导房产开发商在 H_m 中增加普通商品房投入量；或者直接参与供给 R_g 和 H_g，落实保障性住房的提供。

（二）实践依据

针对以上三方面的作用范围，政府部门在政策制定过程中首先要把握好的实践依据，是要合理界定居民家庭收入水平，划分收入水平线。

（1）收入水平线是划分租赁市场与交易市场份额的依据。从我国实际国情来看，绝大部分的居民家庭，若具备了足够的住房支付能力，则更加偏好于到住房交易市场中购买房产，而非租赁住房。因此，清楚地界定我国居民家庭的实际收入水平对于划分租赁市场和交易市场的份额，起着基础性的作用。

（2）收入水平线的确定，是政府提供保障性住房的时候，识别保障对象的前提基础。原则上说，政府提供的住房保障对象应该是无力进入市场购房或租房且住房困难的中低收入家庭。若不识别清住房保障的对象，则会引起住房保障的泛社会化，结果势必会造成政府提供保障住房的家庭得不到应有的保障，且会带来财政支出的低效率与资金的浪费。因此，居民家庭收入水平线的划分，是落实住房保障工作的前提基础。政府划定一个收入水平线作为保障线，居民家庭收入高于该保障线的，则说明具有足够的住房支付能力，其住房需求应该通过市场方式自行解决；而居民家庭收入低于该保障线的，则说明其住房支付能力有限，属于应受保障对象，政府需要对其提供住房保障。

（3）收入水平线的划定，应该是依据实际可支配收入，而不是名义的总收入来决定。居民家庭对于收入的分配，必定是在税后进行的，即以其可支配总收入作为预算约束，在给定的各种商品价格下，进行消费量的决策。考察居民收入的购买力，一般是通过其税后可支配收入与一揽子消费品价格之间的比率，为了真实地考察实际购买力，还必须要剔除掉通货膨胀等宏观经济环境的波动因素的干扰。因此，住房作为一揽子货物中的一部分，对其进行分析的时候，也应该剔除通货膨胀的影响，考察其实际价格与居民家庭实际可支配收入之间的关系。

(4) 收入水平线的划分需要与居民家庭的住房支付能力相适应。住房支付能力的定义为：设某家庭要占用某一特定水平或档次 j 的某住房（称之为目标住房）；其第 i 期（月或年）的家庭收入为 Y_i；设某一时期内，家庭的每期（月或年）的平均收入，即家庭平均月收入或平均年收入为 Y，且该家庭在此段时期内的住房消费倾向，即用于住房的消费与家庭收入之比，为 α；该家庭占用此目标住房所需的月（或年）支出额为 C_j；若满足支付能力关系式：

$$\alpha Y_i \geqslant C_j \text{，简化为：} \alpha Y > C \text{ 或 } \alpha > \frac{C}{Y}$$

则该住房对该家庭来说是可支付的，换言之，该家庭对此住房具备支付能力。[①]

这里所定义的住房消费倾向 α 与上文变量模型中的 θ 是一致的。对于住房消费倾向，存在三种层面的理解：一是实际住房消费倾向，即居民家庭实际发生的，已经用于住房消费的收入比例；二是意愿住房消费倾向，即指居民家庭在面对住房消费的时候，所愿意承担的最高住房消费比例，是一种支付意愿的反映；三是理想住房消费倾向，即指政府等政策制定者客观地确定居民家庭的住房消费比例。在各种统计资料中所涉及的住房消费数据往往都是反映第一层面的住房消费倾向，即实际住房消费倾向。政府要合理界定居民家庭的理想住房消费倾向，需要依据对实际住房消费倾向进行实证分析，再通过对居民家庭的意愿住房消费倾向的估测，进而得到理想住房消费倾向的值域。一般地，住房消费倾向依赖于居民家庭收入水平，居民家庭的住房支付能力与家庭的实际可支配收入水平正相关。

居民家庭的住房支付能力主要受到家庭收入水平、住房价格、融资方式和住房消费倾向等因素的影响。家庭的收入水平决定了其主要购买力，在其他条件一定的前提下，家庭收入水平越高，住房支付能力也越强。住房价格与住房支付能力成反比，住房价格越高，支付能力就越弱。融资方式主要包括贷款成

---

① Mulkh Raj, Peter Nientied. *Housing and Income in Third World Urban Development* [M]. Oxford & IBH Publishing Co. Pvt. Ltd., 1990.

数或首付比例、还款期限、贷款利率、是否有政府担保等。首付比例越高或者贷款成数越低，则住房支付能力越差；还款期限越长、贷款利率越低则支付能力越强；有政府担保的比普通商业贷款的支付能力要强。住房消费倾向也会影响居民家庭的住房支付能力，但是它会随着家庭收入水平的变动而发生变动。短期内，当家庭收入过低的时候，往往会将收入安排在其他日常生活所需的物资消费上，从而住房消费倾向较低；而随着收入的增长，家庭购房意愿会增加，住房消费倾向也会随之增加；当收入增长到足够高的水平时候，住房消费占其总消费比例又会下降；从长期看来，住房消费倾向随着总体收入水平上升而增加。另外，居民的主观心理因素，如是要购买住房还是租房、对住房政策导向如何对微观个体产生影响的预期和对市场状况的主观预期等，都会影响居民的住房消费倾向。

收入水平线划分的时候，必须要与家庭的住房支付能力相适应。换言之，假设居民购房是在申请住房贷款的前提条件下，那么完全没有能力支付住房的首付与月付的，即住房支付能力很弱的居民家庭，则属于低收入水平，政府应予以政策支持，提供保障性住房；而对于勉强可以支付住房首付，但月供余款却很困难的，即住房支付能力一般或较弱的家庭，属于中等收入水平，政府也应该予以一定的政策扶持；对于完全有能力自行支付住房首付及月供的，即住房支付能力良好或较强的家庭，属于高等收入水平，政府不应该再视其为保障对象，其住房需求应当市场机制自行解决。

（5）我国收入水平线的划分，必须要因地制宜，不可以一刀切。从国际经验来看，不同国家对收入水平线的划分，采取的做法各异。如在欧洲，尤其是欧盟成员国，大多数国土面积较小，其社会管理模式也相对简化。如比利时，对于收入水平线的划定，采取的是全国统一公布的办法。而美国，作为地方分权式管理的典型代表，则是由每个城市自行划定该城市的高、中、低收入水平线，并且每年都要根据国民经济和居民收入的实际变化，进行收入线的调整划分。在我国，由于各地区经济发展水平不均衡，现有住房水平也呈现出明显的地区性差异，相应的住房价格水平、住房建设标准、居民的消费观念及消费水平也都有较大差异。这就使得各地区的居民家庭的住房支付能力呈现出较大的地区差异性。因此，对于收入水平线的划分，必须要限定在各个特定区域内，以地方为决策主体，进行收入水平线的划分。同时，划分的标准必须要随着社会经济的发展水平、住房价格、居民收入等的变动进行及时的更新调整，不能一成不变。

第二节 国外经验：典型住房保障制度的借鉴

解决居民住房问题，是各国政府都在不断努力的工作。住房保障政策始于19世纪末20世纪初，伴随着工业化和现代化的建设，城市化进程不断被推进，大量的农业人口和资本都涌向城市，城市人口急剧膨胀，用地面积大幅上升，住房矛盾成为城市发展中的一个严峻问题。为了解决越来越尖锐的住房矛盾，使得全社会各收入阶层的住房水平都能有所提高以适应生产力发展的水平，各国政府在过去的整整一个世纪里，都在不懈地努力，不断地调整各国的住房政策，不断地完善其住房保障制度。

本节以英美自由主义社会模式（以英国为例）、中东欧转型国家模式（以波兰为例）和亚洲四小龙模式（以香港为例）为研究对象，就这些国家或地区所实行的住房保障制度进行分析，并得出我国能够借鉴的可贵之处。

一、自由主义社会国家的住房保障制度分析——英国为例

由于社会构成方面的巨大差异，以美国和英国为代表的福利模式[①]，其社会补贴全部是面向最需要帮助的社会个体，福利制度的宗旨是防止贫穷与帮助社会无能者（如老人、孩子和残疾人），而不是保持社会各阶层的生活水平。因此该福利体制的特征是一种市场激励特征，其社会保护覆盖面比较集中于有限的社会群体。在住房领域，这个模式的特点是强调住房市场的要素以市场机制来发挥，强调金融服务对住房市场的支持。而且，在该种模式的国家里，住房金融都比较发达，个人住房抵押率非常高，住房价格与租金价格不受政府干预和管制，政府提供的公共住房仅针对老年人以及其他社会无能力者，并没有对全社会的普通公民提供广泛的住房补贴。由于是市场化的住房机制，这些国家也就很容易出现因住房价格波动而引发的金融风险，如美国的次贷危机。

（一）英国的住房体系概况

英国是最早建立资本主义制度和实行市场经济的国家，也是经济发展较早和经济发达的国家。因此，随着工业的发展，大量农民涌向城市就业，由此带来的生活居住条件恶劣等住房问题的出现也明显地早于其他国家。从1883年

---

① 同属于该种社会模式的国家还有爱尔兰、新西兰和澳大利亚等主要英联邦体制国家。

的“伦敦无家可归者的痛苦呻吟”论战开始，穷人的居住问题就越来越受到全社会的关注。此后，由于二战的破坏和家庭数量的剧增，英国住房出现了绝对短缺，这种状况一直持续到了20世纪60年代早期。直到1981年，英国的住房问题才有了新的转向，自有住房[①]的失修问题和不适宜度问题不断增长，同样严重的形势也存在于公房部门。蓬勃发展的工人运动不断展开，迫使政府干预城市住房问题。

不过，虽然是“福利国家”，英国还是维持了特殊的英国自由主义模式，住房的拥有情况差异度相当大，人口结构和社会经济结构对其影响较重。

总体来看，英国住房主要包括三种形式：私人出租式住房、公共住房以及自有住房。（1）私人出租式住房。该种住房形式可以追溯到19世纪，直到1951年，英国大多数的租赁住房都是由私人所提供的。但此后，由于公共住房政策的推行，私人出租住房的比例持续下降，到了1999年，私人出租住房率仅为9.9%。1999年之后，随着“购房出租抵押贷款”的出现，越来越多的人选择购买房屋进行出租而不是直接转售，私人住房出租比例又得以持续回升，但增幅并不大。到2008年底，约13.9%的居民租赁私人出租房。[②]（2）公共住房。公共住房起初是为富裕的工人阶层所服务的，直到20世纪30年代，才转为为贫民窟和旧城改造中的城市低收入阶层服务。二战以后，由于大量房屋被破坏，而且家庭数量剧增，住房严重短缺，英国政府开始大量集中建造公共住房并出租给居民。此后，英国公房出租持续增长了近40年，在1981年，超过546万的租户是居住在公共住房中的。之后由于“公房私有化”改革，原来住房当局所有的公共住房转变为住房互助协会所有，公房建设量明显下降，租住公共住房的家庭户比例从1981年的32%下降到2008年的17.7%。（3）自有住房。自有住房是英国住户最主要的住房形式。从20世纪30年代开始，自有住房就开始迅猛发展，二战以后，大约50%的居民拥有自有住房。20世纪80年代英国第一次开始削减公共住房的比例，同时随着居民家庭规模的急剧缩小，家庭总户数不断增加，英国的自有住房比例不断攀升，到2008年，英国居民家庭的自有住房比例大约在68.3%左右。[③] 具体如图

---

① 在英国又称为“业主居住房”。

② 由于英国社区与地区发展部所公布的英国住房调查结果只有截止到2008年的数据，因此对英国的相关数据分析亦是截止到2008年的情况。下同。

③ 数据来源：Survey of English Housing Preliminary Results 2007/08，英国社区与地区发展部，http：//www.communities.gov.uk。

5－2所示。

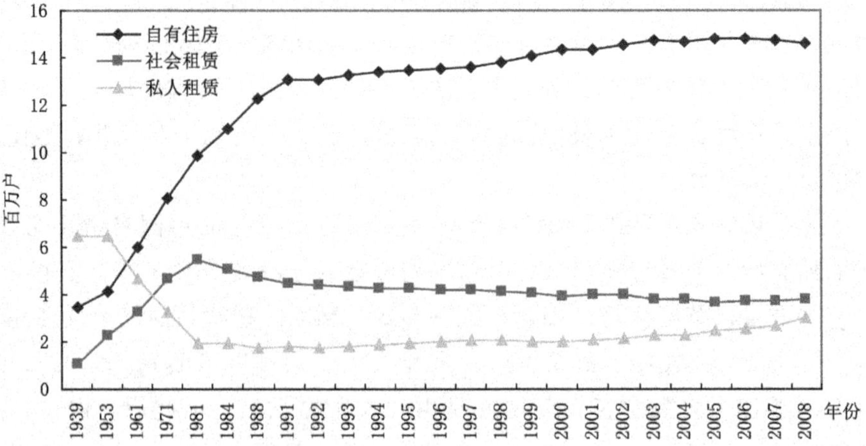

图 5－2　1939～2008 年英国居民居住形式的变化

资料来源：Survey of English Housing Preliminary Results 2007/08，英国社区与地区发展部。

从各种住房形式的住户类型来看，自有住房的住户大多为收入较高的中产阶级；而公共住房的服务对象则主要是技术水平低下的工人以及经济困难家庭。但是，根据英国住房调查（Survey of English Housing，SEH）结果显示，现在公共住房的住户中，一部分是老年人、失业者、单身家庭以及其他依赖社会福利的群体，但最主要的住户却是 16～24 岁的年轻人。对于这些刚刚离开学校而又没有足够资历的年轻人来说，毕业常常就意味着失业，而近年来高企的房价与高失业率都迫使他们不得不生活在公共住房或者环境恶劣的私人出租房中。在 20 世纪 50 年代以前，公共住房的分配相对来说比较公平，但此后由于自有住房的迅速壮大与私人出租住房的锐减，英国住房分配制度就呈现出两极分化的态势。家庭收入高的住户选择自有住房的形式，其他的群体大多选择租赁公共住房。而后，住房分配两极分化的趋势一再持续，使得公共住房呈现出“被边缘化”的倾向；另一方面，英国政府所出台的住房政策，类似于美国，逐步减少了住房福利。

英国政府对住房保障的政策随着两个主要政党执政期的变更而改变。保守党信奉自由市场是创造和分配财富的最有效办法，因此对于住房政策，认为自由市场是最符合公众意愿的，并能够最有效地向绝大多数家庭提供高质量的住房。相比之下，工党则更为强调政府的干预和控制作用，认为不论个人支付能力如何，每个市民都应有权得到体面的住房，而实现这个目标就必须得依赖于政府的干预和控制，政府就是要确保足够的资源来满足全国的住房需求。不过，综观英国住房政策演变历程，尽管两党政见有异，但所推出的住房政策都是始终贯彻了商品政策和福利政策并举的住房政策模式。政府在促进市场机制发挥作用的同时，采取了较为积极的政策，直接参与或通过资助等手段来影响住房市场的发展，并改善住房市场的结构，从而更好地解决社会的住房问题。

（二）英国住房保障制度概述

英国的住房保障制度的演变历程大致可以以两次世界大战以及 80 年代以后的公房私有化为分界标进行阶段式划分。

1. 1883 ~ 1913 年：政府基本不作为。

在英国进行产业革命之后，大量农民涌向城市，住房需求量激增，但是政府对住房租赁市场没有干预，住房需求的增量完全交由市场进行自由调节，私人出租住房的时候，收取高额租金，而且住房的条件相当恶劣，无家可归者数量不断上升。尽管英国政府出台了《劳动阶级租住公寓法》，但只是应对一浪接一浪的工人运动和舆论压力的一种权宜之计，并没有真正实施。1883 年的“无家可归者的痛苦呻吟”论战，使得穷人们的窘困处境为社会各界所关注，迫使英国政府于 1883 年成立了工人阶级住房皇家委员会，专门研究工人阶级的住房问题，并于 1890 年出台《工人阶级住宅法》，但是也没有真正实施。因为绝大多数的城市政府并没有依据该法律建造公共住房，到 1914 年为止，英国公共住房总量仅为 2.4 万套。

在这个阶段，英国政府对于住房保障这一块可以说基本上没有承担起应尽的责任，公共住房的建设存量小，进度慢，基本上住房的供需变动还是由市场来进行调节。

2. 1914 ~ 1938 年：政府正式干预。

第一次世界大战爆发之后，英国住房建设出现停滞和衰落状态，住房短缺日益加剧，政府不得不开始正式干预住房市场，施行私人出租住房租金管制、建造公共住房和发放住房补贴。

（1）私人出租住房租金管制。在一战爆发之前，英国的私人出租市场就已经出现了租金高企的现象，而一战爆发之后，房租更加飞涨，工人阶级愈发无法承担，爆发了以格拉斯哥为中心的抗议房租过高的罢工。面对这种战时的动荡局势，英国政府紧急立法，颁布了《1915 年房租和抵押贷款利率增加（战时限制）法》，限制私人住房出租，对私人出租住房的租金价格实行价格管制，规定除少数高房租住房外，所有住房的房租都以 1914 年 8 月的标准固定房租和抵押贷款利率，而私房出租者在该租金价格范围内收利颇微。尽管是战时限制政策，但是1918年一战结束以后，由于战后重建时局的混乱，英国政府继续延续该政策，直到第二次世界大战爆发。

（2）公共住房建设。私人出租住房的房租管制政策虽然解决了住户无法承受过高租金的问题，但是却严重地挫伤了私房出租者的积极性，存量住房的维护不足；同时，该管制政策也挫伤了私有住房投资建设的积极性，新建住房量明显减少，最终导致住房存量的增量难以平服住房需求量的增量。这就迫使地方政府直接投资建设公共住房，并将原来为普通工人阶级服务的公共住房转为为贫民窟和旧城改造中的城市贫困阶层服务。在20世纪30年代，英国政府总共投资建造了约27万套用于贫民窟改造和2.4万套用于解决居住过于拥挤问题的公共住房。公共住房成为除自有住房和私人出租住房外的一大重要住房形式。不过，从住房供应的整体情况来看，公共住房只是起到补充作用，私营企业所建造的私人住房仍然是住房供应的主体。换言之，在这个时期，尽管英国政府大规模地建设公共住房，但不会盖过市场机制发挥的作用。

（3）发放住房补贴。为了弥补地方政府建设公共住房的亏损，以及住房价格与住房支付能力之间的差距，中央财政对地方政府和住户发放住房补贴，并以前者为主，形成了中央财政提供资金支持，地方财政负责建设管理公共住房的住房保障发展模式。而对于住户的住房补贴主要采取的是租金折扣计划，即以"合理租金"为标准，对不同住户给予不同的折扣，使得某些住户支付较低的房租，而另一些则支付较高的房租。但是该计划以个人资产情况调查为基础，且存在较大的差异性，使得很多租户难以承受，招致了许多地方政府的抵制，终而宣告失败。

总体而言，在这个阶段，英国政府正式开始介入住房市场的干预，并以中央政府所制定的政策框架为指导，以中央财政提供资金保证，由地方政府推进公共住房的建设，对住房数量、质量和价格政策都起着关键性的作用；公共住房的受众也由原来的普通工人阶级转变为城市中的贫困阶层；公共住房成为住房供应的一大重要形式。

3. 1939~1979年：政府作用的拐点与弱化。

第二次世界大战的爆发，打破了原本已经基本平衡了的住房格局，住房建设几乎完全停滞，原有的住房存量一再受到战争的破坏，住房出现了严重的短缺。战后两党政府在住房政策上具有较高的一致性，以增加住房存量和对贫困家庭发放住房补贴为主导，给予公共住房很大的优先权；但20世纪60年代后期开始，政府就开始逐步减少公共支出与公共住房的建设，以此为拐点，政府作用开始弱化，住房私有化再次被强化。

（1）1945年~1951年，工党领导下的战后重建。由于战后严重的住房短缺，工党政府给予了公共住房很大的优先权，并将公共住房的建设和出租作为主要的政策措施。这一时期，地方政府投资兴建的住房占到新增住房总量的80%。但是，工党政府的政策却使得私人住房的产出受到了限制，加上战后的经济危机，整个住房产量受到严重挫压，住房供给显著地低于居民的需求水平。

（2）1951年~1964年，保守党执政，在经历了公共住房建设的快速扩张之后，这一时期内，原本为安置改造维多利亚时期的贫民窟过程中的贫民家庭，以及其他有“特殊要求”的家庭而服务的公共住房的建设开始受到限制。为了增加住房存量，保守党鼓励私人住房的建设，私营企业取代地方政府成为住房的建设主体。在这一阶段，公共住房的建设尽管受到限制，但仍有所增加，而在保守党执政的末期，政府又开始重新审视一些住房政策。

（3）1964年~1970年，工党重新执政，继续增加住房的供给，包括公共住房和私人住房，于1968年达到住房产出的最高点，每千人7.6户。但随后，由于英国战后贫困经济的首因效应以及急剧的通货膨胀，此前大量公共住房建设所带来的公共财政支出的大幅上升，使得政府财政负担日益沉重。于是政府不得不减少公共支出，住房产出开始急剧下降，大量增加住房供给存量的时期在此拐点上结束。政府开始鼓励个人建房、买房。1968年的政府白皮书《旧屋变新家》标志着存量住房修缮、改进时期的到来，政府政策的焦点从住房供给转为住房金融。与此相对应地，对于住房补贴的政策，也由原来的以对地方政府的公共住房建房补贴为主转为以房租补贴为主。

（4）1970年~1974年。保守党在公共住房和蓬勃发展的私人住房中大量削减开支。另外，在住房补贴政策放慢，提出了全国性的租金补贴计划，以增加租金和减少补贴为目标。1972年的《住宅金融法》将原来的“合理租金”标准改为“公平租金”，施行“真实租金政策”，鼓励地方政府分阶段提高租金，增加租金收入，减少地方税收。

（5）1974年~1979年，重新执政的工党增加了对公共住房和私人住房的投入，但是在世界经济危机的影响下，英国政府不得不再次急剧削减公共支出，政府对于住房的干预作用呈现出越来越弱化的态势。

总体而言，在这个阶段中，英国政府对于住房保障的政策是以增加住房存量，缓解住房短缺矛盾为主，但大量的公共住房建设支出也给政府财政带来了沉重的负担，同时由于保障住房的受众大多为贫民，使得保障住房的品质以及社区质量呈现低劣的趋势。另一方面，该阶段的前半期，政府的干预过强，压制了市场机制在解决住房问题中原本能够发挥的作用，降低了住房市场的运行效率；后半阶段，政府开始削减财政支出和公共住房建设，政府作用开始弱化，住房私有化再次被强化。

4. 1980 年以后：政府作用的淡出。

世界经济的衰退，给英国经济也带来了巨大的影响，其中一个表现就是私人住房市场的衰退。但与战后状况不同的是，这个阶段的两党政府的住房政策的焦点不再是以往的缓解住房短缺、增加住房存量，而是要减少住房税收补贴和保障住房的开支，鼓励住房私有化，扩大私人经济在住房供应和管理中的作用。换言之，英国政府对于住房保障的干预正在逐步淡出，更加强调市场机制的调节作用，但仍会保留一部分的政府保障措施。

（1）公共住房私有化。1979 年，英国撒切尔政府出台了“优先购买权”计划，规定将现有的公共住房优先出售给租户。随着之后保守党的连任，住房“完全私有化”的时代来临。该“私有化”内容包括将公共住房出售给私人房东，非营利性的住房协会和租赁合作社的出现以及试图通过私人房东来恢复对新住房的建造等等。显然，保守党政府是希望使那些买不起住房的人，或者那些不愿意租住公共住房的人重新诉诸于复兴的私人出租住房市场。在政策实施以后，约 1/3 的公共住房租赁者已经购买了现住房，还有 2/3 的公房租赁者仍然租住在现有的约合 400 万套的公共住房中。这部分住户没有购房的原因主要出于房屋质量较差、小区密度太高过于拥挤或者是住户本身就只是依靠领取社会救济金勉强度日的低收入人群。这些住房无法通过出售给住户的方式改变其使用性质，又难以完全依靠中央财政资金来解决现存住房的维修问题。因此，英国政府鼓励现行隶属于地方政府的房管机构，改造为私人合作的非盈利性的住房协会，并由住房协会整体购买现所管理的公共住房，成为社会性的房产业主，并依靠租金收入对所拥有的公房进行维修和管理。

（2）住房补贴计划的转变。从 20 世纪 80 年代起，英国中央政府就大幅减少对公共部门的住房建设补贴，同时加大对社会福利中的住房补助和对自有住房的支持，比如大范围的以销售价格折扣的方式而存在的购房补贴，以及为了缩小租金与住户支付能力的差距而产生的房租补贴计划。[①] 财政预算中的住房保障资金，原先仅用于住房建设和维修，目前则扩大了适用范围，有用于发放低收入居民的房租补贴。目前，已转让给住房协会的公共住房中，70%的住户已经按照其住房支付能力的不同，不同程度地在当地政府领取了住房补贴；另外的30%的住户则由于收入相对较高，完全由自己支付住房租金。可以说，房租补贴计划的实施，是这几十年来英国低收入居民住房保障制度的一个根本性转变。

（3）可承受租金计划。由于近年来英国租金上涨较快，相当多的居民仍然需要政府为之提供住房保障。因此，英国住房保障制度中仍将继续向低收入居民提供较低的、租金在可承受范围内的住房，以及政府为住房建造提供一定的资金支持等。不过，这类的财政支出在政府用于住房方面的总支出中所占的比例，会逐步降低。

据估算，英国每年需要政府提供住房保障的需求量约在10万~15万套，但是由于英国城市周边的许多土地都已经被永久性地规划为绿地保护用地，住房建设用地受到了较大的刚性约束，并将随时间的推移而变得越来越紧缺，从而导致英国今后每年最多只能再建设5万套左右的住房。

总体而言，从1980年到现在，英国的住房保障政策发生了重大的转变。政府通过"优先购买"和强制性招投标等形式整体出售公共住房，并兼施以各种鼓励购买自有住房的金融政策和补贴计划，持续推进住房私有化。住房保障的对象也由原先较为广泛的社会群体向社会弱势群体（如老人、失业者、城市流浪汉等）集中转变。

英国自由主义社会模式下的住房保障的政策模式已经转变为以住房市场化为主导，鼓励金融对住房市场发展的全面性支持，并以英国"补救式福利"国家传统为基础，结合新的社区发展计划，强调住房的私人产权和自由选择权，突出公共补贴的有效性和住房政策的针对性。

（三）小结

综观英国近百年的住房保障制度演变历程，不难发现英国政府对于住房政策的选择大体是审时度势的结果。英国公共住房存量由盛而衰，公房产权由公

---

① 住房协会作为非盈利性机构，向住户收取的租金要低于私人出租的住房租金。但是作为私人合作性质的机构，就要通过租金收入来维持其机构的管理和保障住房维护等开支，因此住房租金必须要达到其成本租金的水平。这样就使得原有住户对房租的承受力产生一定的影响，于是就有了房租补贴。

有转为私有，住房补贴由普遍补贴转为向社会底层居民发放，其金额也由多变少。总体而言，政府对住房问题，从基本不作为，到进行干预，再到干预逐步减少，重新将住房问题交由市场调节，但又坚持着政府承担最基本的住房保障职责，整体的住房制度更加地符合市场经济的要求。

二、中东欧转型国家住房保障制度——波兰为例

（一）研究背景与意义

欧洲国家的经济和社会运行模式，不能一语以概之。欧洲既体现着一体化的特征，又表现出各国的差异性，而它更多地被人们所关注的，是其独特的社会价值理念以及高福利水平的社会建设目标。因此有学者将经济的社会性规则下的福利国家的财政转移和国家服务提供视为欧洲社会模式的身份标识，表现为对社会弱势群体提供社会救济、初中等水平的教育、医疗保健、社会保障和社会服务的复杂网络以及劳资关系的一个精细系统。[①] 尽管各国在住房、医疗、教育等问题的处理模式上存在一定的差异性[②]，但大多数的西欧、北欧国家如英国、爱尔兰、瑞典、德国、荷兰、丹麦以及奥地利等国，对所有公民都提供广泛的基本社会保障。这就难免使人常常将欧洲社会模式理解为一种欧洲福利资本主义的制度体。

但是，在中欧地区，情况就大为不同。中东欧国家在经历了苏联解体和东欧剧变之后，原来传统的社会结构完全被打碎，社会成员突然之间被推到一个开放的社会环境中，社会解组和阶层重建几乎都是在一夜之间完成的。无论是社会认同还是社会财富的再分配，都发生了剧烈的变动，原本以计划经济直线式、全覆盖保障为核心的社会福利服务体制被完全摧毁。

这一系列的政治经济发展改革背景与我国的经济体制转型具有很大的相似性。因此，对于中东欧转型国家的住房保障制度的分析，就显得很有参考价值与借鉴意义。

（二）波兰的住房体系概况

1. 经济体制转型之前的波兰住房制度概况。

在苏联解体和东欧剧变发生以前，波兰实行具有福利性和社会保障性的住

---

① Scharpf, F. W.. *The European social model: coping with the challenges of diversity* [J]. Journal of Common Market Studies, 2002, 40 (4): 645 ~670.

② 比如对于住房的财政支出，瑞典、芬兰和法国就接近其全部支出的5%，而西班牙和意大利则不到1%。

房制度和住房政策。国家包揽了住房的建设、分配、维修和保养，并将由国家向公民无偿提供住房视为社会保障的重要环节，以此来充分显示“社会主义的优越性”。绝大多数的公民所居住的住房都是由国家负责建造和无偿提供的，实行低租金和高补贴政策管理。总的来说，经济体制转型之前的波兰住房制度主要有以下几方面特点：（1）住房建造方面，国家建房在整个住房存量中占有绝对优势，合作社和私人建房所占比重较小；（2）住房所有权方面，公有住房占绝对优势，私人住房较少；（3）住房分配和使用方面，绝大多数的住房由国家按照统一标准无偿提供给公民使用，只收取少量租金[①]；（4）住房维修方面，尽管国家给予高额补贴，但是国家财力主要用于建造新住房，而许多旧住房都无法得到及时的维修和保养；（5）住房建设投资方面，波兰在东欧国家中是相对较高的国家；（6）住房的建成数量，在1987年达到峰值19.14万套以后开始下滑，且在建成的住房中，有2/3以上是公有住房；（7）住房的人均占有量低，住房短缺现象十分明显；（8）住房质量和居住条件较差，居室拥挤、空间标准低。

2. 波兰住房体系的现状概要。

在经历了政治体制和经济体制的剧变之后，波兰开始了向市场经济转轨的进程。但是与转轨之前相比，波兰的GDP有明显的滑坡，整个国民经济陷入衰退状态，这也给住房市场带来沉重的压力，使得住房短缺愈发严重。

经历了近20年的发展变化，波兰国民经济虽然取得了较大的增长，但是国内人均国民收入仅为欧盟国家平均水平的56%，住房条件及其他生活指标明显低于西欧国家，到目前为止，波兰人均住房占有量仍然是欧洲最低的国家之一。[②] 国内住房存量规模较小，且半数以上的住房建造于20世纪70年代，却经久未修，加上住房设计的缺陷与建造时的低标准低质量，低下的住房条件亟需改善。不过，总体看来，波兰城市住房的配套设施较为完善，而农村地区则相对较差。

另一方面，尽管波兰是欧盟国家中经济增长速度最快的成员国之一，房地产市场也呈现出一片欣欣向荣的景象，但是国内住房短缺的现象至今未能有效改善。随着居民收入的增加以及外资的大量涌入，加上抵押市场的逐步完善和住房金融体系的进一步健全，居民家庭愈来愈偏好于借贷购房，于是这一些因素就导致了居民家庭对住房的需求大幅增长。但是波兰国内住房供给明显不足，尤其是在经济较为

---

① 居民所缴纳的房租仅占家庭总支出的3.5%左右。

② Housing Statistics in the EU，2005/2006. 波兰中央统计局. http：//www. stat. gov. pl.

发达的地区，住房短缺现象更是突出，不仅影响了劳动力的自由流动，也进一步加重了劳动力短缺的局面，同时也一再地推动房价持续走高。与波罗的海三国相比，波兰首都华沙的房价基本上都高于其他三个国家的首都——立陶宛的维尔纽斯、拉脱维亚的里加以及爱沙尼亚的塔林[①]；从整个中东欧层面来看，波兰华沙的房价水平也较高，究其原因是由于华沙有很多豪华公寓房，其价格可达€ 7500/平方米，在 12 个中东欧国家首都的公寓价格中位居首位。[②]

因土地使用规划混乱而导致的土地短缺和住房配套设施建设无疑是制约波兰国内住房供应的两个主要原因。此外，由于受日用消费品和原材料价格上涨、增值税增加以及建筑市场繁荣等因素的影响，波兰国内旧住房建造的成本也越来越高。再加上新建居民住房的融资困难，由于私营部门在新建住房的时候，会在很大程度上受到国家宏观经济的影响，市场的疲软会对私人开发商的住房产出造成巨大的影响，因此波兰的住房市场的不稳定性较大。这就使得银行在向开发商贷款的时候变得更为谨慎，贷款条件也显得相当苛刻。这一系列的因素相互作用，相互影响，最终导致波兰国内住房供应量明显不足。

与其他前计划经济国家相比，波兰国内的住房产权结构自 20 世纪 80 年代末开始就没怎么发生十分明显的变化。从目前波兰国内住房的构成结构来看，主要有私有住房、出售或出租房、合作社建房、公共住房协会建房、市政住房和公司住房。从构成比例来看，私有住房、出售或出租房和合作社建房占国内住房存量的绝大部分。截至 2010 年第三季度，波兰国内新建的住房中，私有住房约占 51.5%，且大多为业主自用。[③] 合作社住房在 20 世纪 90 年代初建造了一定数量的住房并用于出售，占据了波兰国内新建住房的最主要部分，大大增加了住房市场的供应量，但此后随着住房私有化的推进，且合作社住房本身存在一系列问题，合作社住房的新建量很明显地呈现逐年下降态势；不过到 2001 年为止，在新建住房量中，它一直都还是仅次于个人住房而列居第二位次；但 2001 年以后，出售或出租的住房在新建住房中所占的比重逐年上升，合作住房的比例持续下降，到 2010 年底仅占到 3.8% 左右[④]，其所发挥的作用也越来越小。如图 5－3 所示。

---

① *Ober－Haus Real Estate Company*. Residential Market Report 2006.

② *Residential Markets in Central European Capitals*, REAS, 2007.

③ Budownictwo mieszkaniowe (I － III kwartał 2010). 波兰中央统计局. http://www.stat.gov.pl.

④ Budownictwo mieszkaniowe 1991－2011 (tablice przeglą dowe). 波兰中央统计局. http://www.stat.gov.pl.

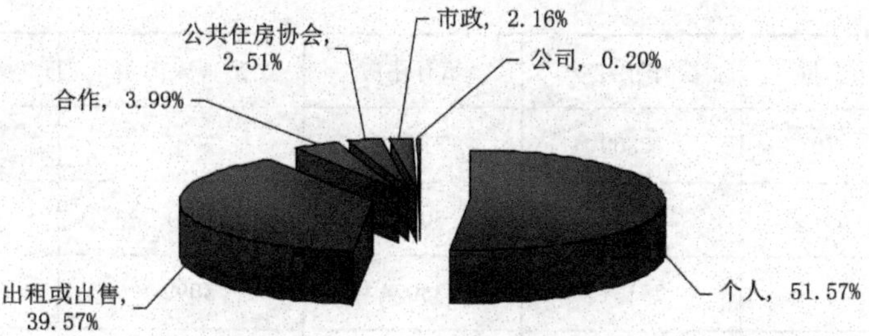

图 5－3　2010 年 1～3 季度新建住房中各产权类型数量分布

资料来源：Budownictwo mieszkaniowe（I－III kwarta 2010），波兰中央统计局：http://www.stat.gov.pl。

注：公共住房协会的住房，即为廉租房，专门为低收入者提供住房保障而建。

从数量上来看，从 1991 年～2010 年，波兰国内新建住房总量并不是很大，而且主要的还是由私营部门建造，多为独院住宅，产权为私人所有，主要用于自住，也有部分用于出售。私人住房的建筑质量因地而异。如图 5－4 和表 5－1 所示。

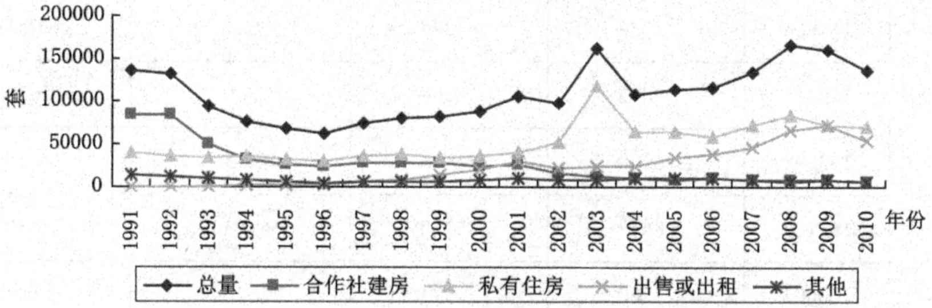

图 5－4　1991～2010 年波兰新建住房数量变化

资料来源：Budownictwo mieszkaniowe 1991～2011（tablice przeglą dowe），波兰中央统计局。

表 5－1　1991～2010 年波兰新建住房数量及产权结构变化　单位：套

年份	总量	合作社建房	私有住房	出售或出租	其他
1991	136790	83554	39958	—	13278
1992	132969	84260	36863	—	11846
1993	94449	50002	33463	485	10499
1994	76080	31741	35516	1404	7419

续表

年份	总量	合作社建房	私有住房	出售或出租	其他
1995	67072	26800	31675	2767	5830
1996	62130	24641	30135	2691	4663
1997	73706	28131	35074	5099	5402
1998	80594	28039	37322	8963	6270
1999	81979	27490	33304	14195	6990
2000	87789	24391	35542	20728	7128
2001	105967	25835	40642	29403	10087
2002	97595	15406	52433	21970	7786
2003	162686	11957	118034	23844	8851
2004	108117	9432	64858	24230	9597
2005	114066	8222	63279	33047	9518
2006	115353	9032	57594	37960	10767
2007	133698	8240	71643	45653	8162
2008	165189	8647	83338	66703	6501
2009	160002	7260	71971	72326	8445
2010	135715	5146	70425	53225	6919

资料来源：波兰中央统计局：http：//www. stat. gov. pl。

从住户居住的形式上来看，波兰的自有住户比重较高，大约占住户总数的66%，其次，租赁市场也占据了较大的市场规模。据2002年世界银行的相关调查，约31%的波兰住户选择出租房居住，尤其是在城市中，租户比例高达42%。从年龄层角度来看，年龄在19～29岁之间的年轻人中有56%选择公共租房或私人出租房，而30～44岁的年轻家庭中，约半数为租房住户。如表5－2所示。

表 5－2 波兰住户居住形式概览 单位:%

住户	华沙	城镇	农村	户主年龄		总计
				19～29 岁	30～44 岁（至少有 1 个小孩）	
自有住房	49	56	88	44	50	66
公共租房	21	20	2	32	23	14
私有租房	28	22	6	24	27	17
其他	3	2	4	—	—	3

资料来源：Michael Ball, European Housing Review, RICS, 2009.

总体看来，波兰政府提供住房的时代已经一去不复返，而按市场化运作的房地产开发商所能提供的住房数量不足，国内住房供需结构失衡，居民日益增长的多元性住房需求无法满足；在存量住房中，许多住房年久失修、居住条件地下，亟需改善；供不应求的市场局势一再推高住房价格，使得大多数年轻人即便利用了抵押贷款或倚靠父母提供首付，也仍无力购买新房；受高企的住房价格影响，租赁房的租金也十分的高昂，且租赁房市场规模在一定程度上受到了限制。

（三）波兰的新住房政策概述

波兰在 20 世纪 90 年代初向市场经济转轨之后，各个经济部门的运行方式和发挥的作用都发生了显著的变化，政治体制、经济体制和社会结构都进行了全新的洗牌，这也就要求政府部门对住房政策进行全新的认识与政策选择。在 20 世纪 90 年代初，波兰经济正经历着严重的经济危机，对于住房问题的争论主要集中于住房性质的定位上，即住房是商品，还是社会公共物品。在一系列争论之后，波兰政府为解决住房问题制定了全新的制度与法律框架，但此新型住房政策的形成过程却较为漫长。

1990 年，波兰政府就开始着手建立解决住房问题的制度和法律框架，为有效发挥住房市场的作用奠定了必要的基础。1995～1997 年，波兰政府又数次对住房政策的主要法律原则进行了补充和修正，以改善住房建造的发展条件和加强对现有住宅市场的管理。

在新型住房政策的指导下，波兰的住房问题基本按照市场机制来解决，但是政府也承担着一部分的保障职能。

第一，取消国家对房屋建造过程、融资形式和房屋用途的垄断；将制定和实施住房政策的自主权下放给地方政府；逐渐以地方财政和私人资本取代中央政府预算直接补贴住房建造。

第二，取消国家对住房合作社的垄断地位通过多种渠道获得住房创造条件；

第三，撤销对分离住房所有权的地区限制；确认住房可以作为投资品，否决了居民住房公用区域的管理规则；

第四，开始进行租金改革，市政当局有权根据本地区实际情况决定房租水平。

新住房政策对波兰的住房制度的主要影响表现在以下几方面：（1）明晰住房所有权关系，发挥抵押信贷和住房市场的作用；（2）住宅建造成本和建筑地基价格按市场原则定价，住房建造成本开始上涨；（3）改变房屋建造和住房融资体系，引入银行信贷的新原则和新机制，促使银行贷款按市场化利率发放，并探索住房建造的融资新形式和新途径；（4）按照市场化法则实行更加高效的住宅管理制度，限制国家对住房部门的直接财政补贴，从此国家直接补贴全面退出，代之以住房补贴；（5）建造更多有效可行的公共租房，收取较为低廉的租金，节省了租金价格成本。

经济转型之后的波兰，在住房领域中央政府完全退出，而在公共财政投入不足的情况下，地方政府和其他社会组织就发挥着十分重要的作用。国家住宅基金、住房储蓄银行和社会住房协会的建立，对新型住房政策的有效运行提供了重要基础；同时，地方政府还出台了地区性房屋租金管制政策、住房补贴政策、住房有限贷款和个人所得税方面的税收减免等一系列配套政策和措施。

（四）波兰政府针对低收入家庭的住房保障政策

从1994年起，波兰政府开始建立低收入者住房保障体系。1994年7月，波兰议会通过《房屋租借和住房补贴法》，废除了中央政府决定租金价格的规定，引入并实施由地方政府进行“房租管制”，同时建立了住房费用补贴制度，为低收入者提供住房费用补贴。1995年，波兰议会通过了《各种形式支持住房建造法》[①]，并建立了社会租赁住房体系（Towarzystwa Budownictwa Społecznego，简称TBS体系）。2005年10月，波兰议会通过《社会个人购房

① 有些地方将其翻译为《支持住房建造法律汇编》。

法》，对社会个人购房贷款实行贴息计划。此外，还有为贫困家庭提供简易住房以及为无家可归者提供临时床位等多项住房保障制度。

1. 住房费用补贴制度。

《房屋租借和住房补贴法》明确规定了有关房屋出租、房客的权利和义务、定价标准、房租支付以及同意以住房费用补贴形式给予帮助的总体原则。按照波兰住房政策的相关原则，租户支付房租时，必须要包含房屋的维修费用；而地方政府在管制房租时规定，最高房屋租金不能超过房屋重置成本（在当前物价水平下建造一幢出租房的费用）的3%。考虑到住房支出的增长给房客带来的生活压力，波兰政府建立了住房费用补贴制度。

（1）乡镇[①]向符合《房屋出租和住房补贴法》规定条件的家庭支付住房补贴。住房费用补贴的申请人必须要具备三个条件：房屋的法定使用者、低收入者和小户型住宅，且申请人的资格条件每半年要复审一次。符合法定收入水平的家庭能否获得住房补贴取决于家庭成员的数量，而非房屋的居住和使用年限。

第一，房屋的法定使用者，包括拥有房屋产权的使用者以及合法租用房屋的使用者。

第二，低收入者的标准是：近三个月内，单身家庭人均月毛收入低于最低退休金的175%，两口至四口家庭人均月毛收入低于最低退休金的125%。

第三，享受补贴的住宅必须是小户型住宅，可享受补贴的最大户型面积不得超过资助面积的30%，超出者则无权享受该补贴。资助面积的标准是：单身家庭$35m^2$，家庭成员每增加1人，资助面积增加$5m^2$。因此，可享受补贴的最大户型面积是：单身家庭$45.5m^2$，两口家庭$52m^2$，三口家庭$58.8m^2$，四口家庭$84.5m^2$。

（2）应享受的住房费用补贴金额最多不能超过相关费用的70%。

应享受的住房费用补贴 = 住房费用 - 收入系数 × 家庭月毛收入

其中：住房费用，指物业管理费和租金、冷水、污水和垃圾处理费等费用，但不包括电、煤气、电话等费用，也不包括如还贷等的购房费用。收入系数，按家庭月毛收入和家庭人员数量的不同分类确定，具体标准如表5-3所示。

---

① 乡镇是波兰国内最基层的地方自治政府。

表 5-3 波兰住房费用补贴制度中收入系数的确定

家庭规模	人均月毛收入水平	收入系数
单身	≤最低退休金的 150%	15%
	>最低退休金的 150%	20%
2~4 人	≤最低退休金金额	12%
	>最低退休金金额	15%
5 人及其以上	≤最低退休金金额	10%
	>最低退休金金额	12%

（3）乡镇将住房补贴支付给房屋建设行政管理单位，而不是直接发给住户。

（4）支付住房补贴是乡镇的主要任务，但同时中央财政会安排预算对乡镇进行补贴。1994~2003 年期间，波兰政府对低收入者住房费用补贴由中央和地方财政共同承担；从 2004 年起，该补贴全部改为由地方财政负担，同时将原中央政府独享的个人和企业所得税划出一部分给地方政府以弥补地方财力。2004 年，政府对低收入者住房费用补贴支出 13.7 亿兹罗提（约合美元 $3.35 亿）[①]。2005 年，共有 76.4 万个家庭享受了住房费用补贴，平均每个家庭获得的补贴为每月 135 兹罗提（约合美元 $33/月）。

2. 社会租赁住房体系（Towarzystwa Budownictwa Społecznego，TBS 体系）。

社会租赁住房体系是指波兰政府为解决低收入者住房问题，通过向依据《各种形式支持住房建造法》成立的公共住房协会提供贷款支持而建造专门供低收入者和家庭租用的住宅。公共住房协会所建造的社会租赁住房只供租用，不出售，即廉租房。

（1）保障对象。保障对象为低收入者，其认定标准与申请住房费用补贴的标准相同。廉租房住户也必须得每半年申报一次收入情况，如收入不再属于低收入阶层，则应搬出廉租房，否则，公共住房协会可按市场租金水平收取租金。

（2）公共住房协会。公共住房协会是依据《各种形式支持住房建造法》

① 美元和兹罗提的汇率：1 美元 =4.09 兹罗提，下同。

成立的非盈利组织，可由社区政府成立，也可以是私人公司；需依法注册，并向波兰建设部提交公司章程，经批准注册后，才能独立运营；建立的形式多样，可以是有限责任公司、合股公司，也可以是法人形式的住房合作社；业务只涉及廉租房的建设和管理，不能从事盈利活动。

（3）廉租房的建房资金。根据《各种形式支持住房建造法》的有关条款的规定，1995 年，波兰建立了国家住宅建设基金，为出租房和合作社住房建造提供信贷保障。国家住宅建设基金的初始启动资金完全来自国家财政预算。廉租房的租金收入全部划入该基金，同时波兰中央财政预算每年也向该基金注入新资金，但预算资金注入额呈逐年减少趋势。前几年波兰政府对国家住宅建设基金预算资金注入额平均每年约 4 亿兹罗提，2006 年为 3 亿兹罗提。目前，国家住宅建设基金提供的信贷资金最高可占住房投资成本的 70% 左右。

（4）租金。廉租房的租金标准由公共住房协会自行确定，但不得超过《房屋租借和住房补贴法》中所规定的租金上限。廉租房的最高年租金不得高于同一地区商品房当年每平方米平均售价的 4%。如果廉租房住户承担了该住房 30% 的建造费，则该款项在其租住过程中不予退还，也不抵扣租金，只有当该租户搬出廉租房时，公共住房协会才向其退还该款项，并支付相应的利息费用；若有新租户搬进该住宅，则需补交公共住房协会退还给原租户的 30% 的建造费。

（5）申请。凡年满 18 岁的低收入者在无住房的情况下均可申请。原则上，符合条件的低收入者只能向居住地的公共住房协会提出申请，但若申请者居住地和工作地在不同地区，则可凭其工作单位出具的工作证明向其工作所在地的公共住房协会提出申请，使用期限到其在该地区的工作结束为止。若租户迁离该地区，则不能再租用该处廉租房。目前，波兰的廉租房供不应求，申请人需要排队等候，轮候期一般需要 2 年时间。但若租户愿意承担 30% 的房屋建造费，则可优先租住。

（6）住宅面积。波兰政府对廉租房的建造面积无具体限制，但设定了最小面积，规定单人使用的最小户型使用面积不得小于 $35m^2$。由于廉租房主要针对低收入者建造，所以一般面积不大，大多数为中小户型。在该体系建立之后的 11 年内，波兰廉租房的平均使用面积约 $50 \sim 52m^2$。

（7）基本设施。一般地，廉租房只配备厨房、卫生间、地板和中央供热等基本生活设施，无桌、椅、床及电话等其他生活设施。

（8）廉租房的建设情况。波兰政府在 1995 年制订 TBS 体系时原计划每年建造4万套社会租赁住房，但实际执行情况并不理想。2005年以前，平均每年的社会租赁住房的建造量为5000~7000套；2006年有所好转，但也只建造了7000套。

总体来说，公共住房协会在地方自治当局和产业界都赢得了广泛的认同，发挥了满足本地区各社会团体的住房需求的功能。但是从TBS体系的运行情况来看，还是出现了一系列有悖初衷的问题。第一，TBS体系建立的初衷是为了解决低收入者住房问题，但实际并未完全达到此目的。公共住房协会获准注册后即为独立运营的实体，政府无力对其运营情况进行干预。公共住房协会为保证每月能够顺利收到租金，在选择租户时会优先考虑租户的支付能力，因此，公共住房协会在确定住宅申请条件中，通常规定申请人必须具有一定收入，实际上排除了那些更加需要帮助的低收入者。第二，一些原本是低收入者的住户，租住了若干年后其家庭收入有所增加，按规定应迁出廉租房或按市场住房租金水平相应提高租金，但法律并没有对此做出相应的强制性规定。到目前为止，尚未出现一例因租户收入提高而取消其租住廉租房的情况，而租金提高幅度也很小，导致一些非低收入者长期租用廉租房。第三，由于社会租赁住房的建设费用的30%部分可以由租户承担，于是公共住房协会就倾向于要求租户来承担这部分费用。而能够支付得起这30%的建造费用的租户本身就具有一定的经济实力，公共住房协会通过了大量这种类型的申请人的申请，扭曲了TBS体系的初衷。

3. 社会个人购房贷款贴息计划。

2005年10月，波兰议会通过《社会个人购房法》，实行对社会个人购买中小户型商品房贷款时给予贴息支持的计划，旨在鼓励人们购买中小户型商品房。该计划从2007年2月开始实施。

（1）贴息的对象。该计划对享受资助对象无收入标准方面的规定，但要求以家庭为单位，单身人员无权享受，单亲家庭则可以享受；且必须是购买中小型商品住房的家庭。

（2）贴息的标准。波兰政府对中小户型住房贷款贴息的标准有两个：一是住房面积标准，二是住房售价标准，两者须同时满足。

第一，住房面积标准。公寓住宅（Apartment）：住宅使用面积必须在$75m^2$以下；购买$50m^2$以下的公寓，按实际住宅面积给予贴息；如超过$50m^2$，则最大按$50m^2$给予资助。独立住宅（House）：住宅使用面积必须在$140m^2$以下；购买$70m^2$以下的独立住宅，按实际面积给予贴息；如超过$70m^2$，则最大按 70m² 给予资助。

第二，住房售价标准。享受贴息资助的商品住宅最高售价不得高于同一地区官方公布的商品住宅平均售价的 130% ~150%。各地区一般每半年公布一次官方商品住宅销售均价。

（3）国家承担中小户型商品房的房贷利息的50%，贷款贴息最长年限为8年。贴息资金经中央政府预算安排，由财政部拨至国家经济银行，再由国家经济银行划拨给购房者申请贷款的商业银行，商业银行必须与国家经济银行签订合作协议，否则无权从事相关贷款业务。目前，波兰中央政府每年用于购房贴息支出金额约2.0万~2.2万兹罗提/套。

4. 无家可归者和贫困家庭住房保障制度。

2006 年 12 月 8 日，波兰议会通过了《关于建造社会住宅、保障住房和为无家可归者提供临时床位的金融资助法》，规定社区可以对无家可归者免费提供临时床位，对贫困家庭提供简易住所，象征性地收取低额租金。此类住所由社区购买或建造，也可由非住宅或旧房改造而成。国家承担购置、建造或改造费用的 20% ~30%，并直接支付给提供此类住所的社区。此前，波兰在多个地区进行实验，2 年内共建造 4000 多套此类住所，其中半数为新建房，政府承担了 35% 的费用。

（五）小结

波兰作为中东欧转型国家的代表，在经历了政治体制、经济体制和社会结构全方位的重构之后，开始由一个强大的中央政府治理模式转向地方自治模式。经济效益在住房建造和房产资源管理运营中越来越重要，市场机制在各种社会资源配置的过程中发挥着主要的角色，国家对住房建造和住房经济领域的直接干预越来越少。但是同大多前计划经济国家一样，波兰还是继承了一部分计划经济时期的制度遗产，如过去国家低水平、广覆盖、全能式的保障体系在中东欧国家中仍被普遍继承。在市场化住房为新兴财富阶层提供高消费标准和舒适度的住房的同时，波兰政府促进社会租赁住房协会建造廉租房，为那些低收入阶层提供社会住房保障。同时政府还采取多种保障政策，如房租管制、住房费用补贴、社会个人购房中小户型商品房的房贷利息补贴以及对无家可归者的救济措施等，多方位地承担起政府对住房保障的职责。但总体来看，住房问题的解决，仍然是依靠市场机制来进行调节。

同样作为经济转型国家的中国，并没有像波兰那样有着大量的计划经济时代留下的住房福利制度遗产，而且在高速的城市化进程中还伴随着大规模的人口流动，因此对于中国来说，要弥补市场的不足，为低收入人群解决好住房问题，比起波兰等中东欧转型国家来说，任务更为艰巨。

三、亚洲四小龙国家的住房保障制度——香港为例

韩国、新加坡、中国香港特别行政区和中国台湾，长期推行市场经济制度，在20世纪70年代到90年代之间经济高速发展，被合称为亚洲四小龙。四小龙地区都具有地少人多的特点，经济高速发展的同时，人口稠密而带来的住房问题也日益严重。这些国家和地区在发展住房市场的同时，政府都采取了一些非市场的手段，实施不同方式的住房保障政策。本章以香港为例，分析亚洲新兴发达国家（地区）的住房保障制度，探讨其主要经验，以供借鉴。

（一）香港的住房体系概况

香港目前约有700万人口，而土地面积仅为1104.32平方公里，是世界上人口最为稠密的地区之一，但同时也是世界上公认的住房问题解决得较好的地区之一。

目前，香港的住房体系是由市场住房和保障性住房组成的双轨供应体系，但又呈阶梯式结构：第一阶梯是公屋，即廉租房，目前共有约73万套，约占房地产总量的29%，超过200万人的市民选择租住公屋；第二阶梯是居屋，即内地的经济适用房，目前有超过30万个的居屋单位，约占房地产总量的16%，大约1/6的香港市民居住于其中；第三阶梯是完全开放的市场化商品住房，即私人住宅，能够满足市民日益增长的自置居所的需要，在房地产总量中约占55%的份额。

香港的保障性住房，又称公共房屋，主要包括三种类型：一是公共出租房屋，又称“公屋”，租金低廉，亦即廉租房，只有每月总收入不超过规定限额的家庭才有资格申请入住，且限额标准每年都会根据通胀率和社会经济情况进行调整；二是供出售的房屋，又称“居屋”，相当于内地的经济适用房，主要出售给目前正租住在或欲申请租住公屋的，但收入水平又高于公屋的申请规定限额标准，却又无力购买私人住宅的人士；三是临时房屋区，为自然灾害的受害者而设[①]。此外还有平房区和木房区，但还是以“公屋”和“居屋”为最主要的公共房屋类型。因此，在分析住房供给体系分布的时候，只提及了

---

① 也包括由于住房经久失修、非法建筑等原因而遭清拆，但又未符合申请出租公屋的资格的无家可归者。

“公屋”和“居屋”。

当前，香港商品住房的平均售价已经达到258万港元/平方尺，约合24万港元/平方米；私人物业的房租水平在过去一年内大幅上涨，如两房住宅的单位月租一年内上涨了22%，达到22017港元，成为仅次于东京和莫斯科的全球私人住宅租金第三贵的城市；而与此相比，公屋的租金包括管理、维修保养等费用，月租由220港元到3370港元不等，平均月租为1320港元，约为同地区市场价的1/4。[①]

购买高档私人住宅的，主要是以律师、会计师、医生、经理人员等为代表的高收入人群；中等收入人群购买或承租商品住房[②]；中下收入人群可以申请购买有政府资助的居屋；低收入人群则租住公屋。半个多世纪以来，无数个香港家庭都在力求实现“阶梯上升”——小时候住在公屋，大学毕业参加工作之后购买居屋，经过一番打拼与努力，再购买商品房。

（二）香港公共住房制度概述

1. 公共住房制度的发展历程。

（1）初期的公共房屋计划。20世纪五六十年代，随着第二次世界大战的结束，大量难民回流，加上大量内地移民的涌入，香港人口剧增，从1945年的60万激增到1950年的200多万和1961年的300多万人，住房严重短缺。而港英政府一贯认为香港是一个自由竞争的社会，因此基本上不会干预房地产市场，采取所谓“积极不干预政策”。由于缺少住房，有30多万的市民不得不居住在条件极差的寮屋中。由于房屋结构基本由铁皮和木材搭建而成，极容易发生火灾。1953年圣诞夜，九龙石硖尾地区发生了特大火灾，导致12000多户共计58000人无家可归。为了紧急安置灾民，1954年港英政府成立徙置事务署，兴建徙置房，由此开始了公共房屋计划。在政府大规模兴建徙置房的同时，廉租屋的建设也逐渐起步。1954年4月，香港屋宇建设委员会成立，负责建造为中等收入家庭提供居所的公共租住房屋（公屋），1961年，政府又制定了“低成本建屋计划”，开始为低收入家庭大批量地提供廉租房，这也标志着香港政府正式开始承担起为贫困者提供住房的责任。

在建设徙置房的时候，由于住房严重不足，政府的关注点在于住房的数量

① 以上房屋价格、房租价格水平均是2010年的市场调查结果数据。

② 据业内人士估算，目前约11%的居民在商品房市场租房，主要有三种人：一是公司承租并提供给员工居住，二是个人租房，三是换楼客短期租房，他们在房价高的时候出售自己的原有住房，在房价跌下的时候再买新的住房，此期间则租房住。

而不是质量；再加上香港政府为了迅速恢复战后的香港经济，优先考虑将资金投向工业发展项目，而非建造高质量的徙置房，于是这一阶段的住房建筑标准极低，徙置房的人均使用面积仅2.2平方米，且配套设施相当简陋。但总体说来，公共房屋计划所发挥的作用是相当重大的：大规模的徙置房和廉租房的建设，为社会上无力居住在私人楼宇里的低收入群体提供了廉价居所；同时也有效地遏制了寮屋的扩散，提高了城市土地的使用效率。

（2）十年建屋计划。20世纪70年代，随着经济的高速发展，居民收入水平不断提高，早期兴建的徙置房和廉租房拥挤的居住空间及简陋的设施越来越不能满足居民的需求。1972年港英政府开始推行“十年建屋计划”，要求在之后的十年时间内，为香港地区居民建设居住条件好、设备齐全的住房，并规定住房的人均使用面积不得低于3.3平方米。1972～1982年间，香港地区总共兴建了22万多个住宅单位，其中包括18万多个的公屋单位和2.3万个的居屋单位。1982年，港英政府将“十年建屋计划”顺延5年，截至计划完成时，港英政府总计建成可供150万人租住的公共房屋。在“十年建屋计划”实施的同时，政府开始了“新市镇计划”，把公共住房的建设集中在新市镇，缓解了市中心的拥挤状况和在基础设施、交通运输方面的压力，有力地推动了香港地区的城市化进程。

（3）居者有其屋计划和私人机构参建居屋计划。20世纪70年代后期，随着经济的快速发展，居民收入整体水平进一步提高，但同时也出现了明显的收入分化。为了鼓励收入水平提高的租户退出公屋，同时满足部分低收入居民自购住房的需要，香港政府于1973年4月成立了香港房屋委员会和房屋署，分别于1976年和1978年推出“居者有其屋计划”和“私人机构参建居屋计划”。“居者有其屋计划”是由政府免费拨地，由房屋委员会建设住房，并以低于市场价30%～45%的优惠价格出售，销售对象限定在公屋住户和住私人楼宇而总收入不超过特定限额的家庭。“私人机构参建居屋计划”由政府采用招标的方式把土地批租给开发商，开发商按照政府规定的标准建设房屋，并以低于市场价值的约定价格出售房屋。这两项计划的实施，使得香港社会中低收入阶层能够以较低的价格购置住房，同时也为政府提供了稳定的资金来源，推动了私人住房市场和金融业的发展。截至1996年，房屋委员会已售出约20万个居屋单位，其中约6.6万个居屋是按照“私人机构参建计划”提供的。

（4）市区重建计划和长远房屋策略（Long Term Housing Strategies，LTHS）。20世纪80年代，港英政府调整了城市发展模式和方向，在“回到港口”的城市发展总思路下，政府开始推行“市区重建计划”，以改善香港旧区的住房和环境设施。港英政府于1978年开始实行"长远房屋策略"，公共住房政策的重点从公屋转向居屋和资助市民自置居所。为了进一步促进中低收入者自购住房，充分运用私人机构的资源以满足社会住房需求，港英政府进一步规划公共住房发展的政策，采纳了"私营部门优先"策略来解决未来房屋需求问题①，避免政府与私人机构在住房供应上的直接竞争。此后，港英政府又推出"自置居所贷款计划"，并实行"双倍租金"政策和"富户政策"与之相配合。经过多年的发展，香港地区逐渐形成了市场住房和保障性住房供应相结合的双轨制住房供应体系。

（5）夹心层住房计划（The Sandwich Class Housing Scheme，SCHS）。到了20世纪90年代，香港房价不断上涨，一些中高收入家庭由于收入超过公屋或居屋的申请标准，但又无力在住房市场上购买私人物业，被称为"夹心层"。为此，香港政府于1993年推出了"夹心层住房计划"，由政府以优惠条件批地给房屋协会，委托其在1997年以前兴建1万套住宅，并以略高于居屋但又低于市场价的价格出售给"夹心层"家庭。同时，政府拨出总额为20亿港元的款项用于"夹心层住房贷款"计划，由房屋协会低息贷款给约4000个家庭，以资助他们在市场上购买住房。

夹心层家庭的申请标准是：每月家庭收入介于2.2万～4.4万港元之间，家庭总资产不超过100万港元，且没有自有住房，也没有享受政府任何形式的住房资助的家庭。夹心层住房贷款的使用规定：只可通过该笔贷款购买不超过300万港元、楼龄少于10年的房屋；贷款年息2%，最高贷款额度为50万港元或房屋净售价的20%，两者的较低者；申请贷款之后的第4年开始还贷；贷款最长期限为10年。夹心层家庭可以申请"夹心层住房计划"或"夹心层住房贷款计划"，但只能享受其中的一种形式。"夹心层住房计划"的实施，使得香港公共住房制度的覆盖范围从中低收入者向中高收入阶层延伸。

（6）后危机时代的重新定位。1997年7月，香港特别行政区政府面对市场房价的持续上涨，承诺增加土地供应量，增加住宅兴建量，并进一步推进市民自置居所。但1997年下半年，东南亚金融危机波及香港，香港住宅需求大幅下降，加之土地供应量和住宅兴建量的增加，导致房价急剧下跌，房地产市场严重失衡。为此，香港特区政府冻结土地供应并减缓居屋出售。2002年11

---

① 1987年，根据香港防务科的研究未来房屋需求包括新建家庭和未解决住房问题家庭的需求、对"居者有其屋"单位的需求以及全面发展旧型公屋直建的需求。

月，香港特区政府发表房屋政策声明，重新定位房屋政策及施政方针：政府今后将集中资源，为有需要家庭提供租住公屋，并退出作为发展商的角色，停止兴建和出售政府资助的各种居屋，将干预市场的程度减至最低点。2004 年 7 月 14 日，房屋委员会终止置业资助贷款计划，这意味着此后市民购买住房与否完全以个人的意愿和负担能力为依据，政府不再从中起推动作用，而是完全集中于提供租住公屋。

2. 香港公共住房制度的相关内容与基本经验。

经过近 70 年的政策调整，香港最终形成了现行的较为完善的住房保障制度，并有专门的管理机构、稳定的资金来源和公平的分配制度。

（1）覆盖不同收入阶层、相互衔接完整的住房供应体系。如前所述，香港当前所实行的住房供应体系是由市场住房和保障性住房相结合的双轨制住房供应体系，为社会不同收入阶层解决了住房问题，做到了覆盖不同收入阶层，相互衔接完整，政府主导公共住房保障，市场调节商品住房，如图 5 – 5 和表 5 – 4 所示。到 2010 年止，香港共有约 73 万套公屋住房，超过 200 万人租住其中，约占香港总人口的近 1/3；居屋单位则有超过 30 万个，约 1/6 的香港市民居住于其中。公共房屋居民的人均居住面积由最初的 2 平米增加到现在的 12 平米；设施条件由最初的厕所和厨房公用，到现在拥有独立厨卫设施；新建的公共房屋所配备的生活、社区及康乐设施都较齐备。

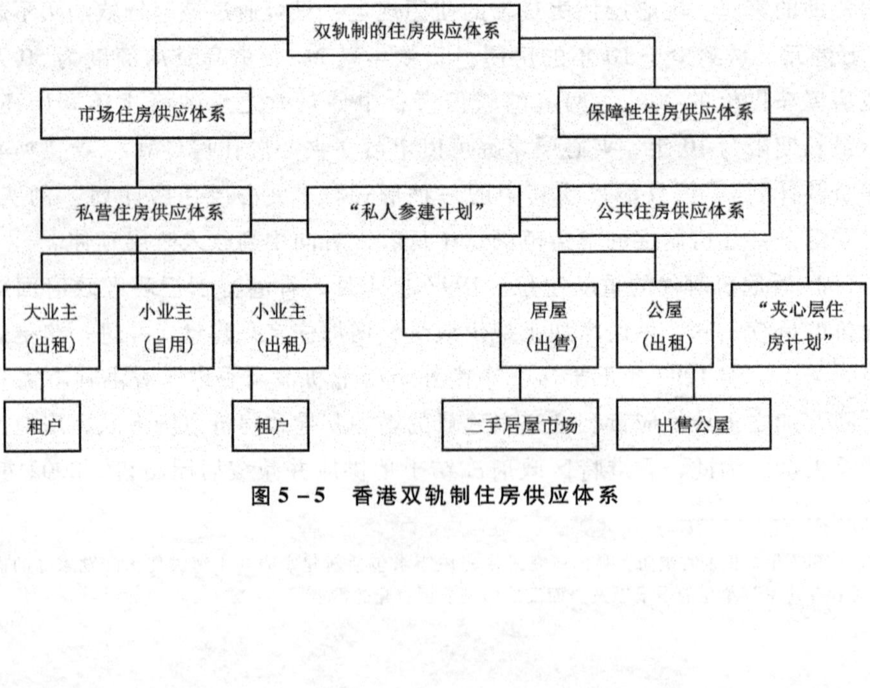

图 5 – 5　香港双轨制住房供应体系

表 5－4　　香港各收入阶层的住房层次划分

家庭收入等级	家庭月收入	居住的住房类型	住房供给来源
高收入	高于 6 万港元	永久私人住房	私营住房供应体系
中高收入	2.6 万～6 万港元	夹心层住房	保障性住房供应体系（香港房屋协会）
中低收入	1.1 万～2.6 万港元	居屋	公共住房供应体系（香港房屋委员会）
低收入	低于 1.1 万港元	公屋（符合公屋租住条件）	公共住房供应体系（香港房屋委员会）
		公共或私人临时房屋（不符合公屋租住条件）	公共或私营住房供应体系

（2）专管机构负责公共房屋体系的整体运行。香港公共住房制度得以成功的重要因素之一是设有专门的管理机构来负责公共房屋体系的整体运行，包括发展规划、开发建设和运营管理等各个环节。目前香港负责公共房屋制度建设和管理的机构主要有两个：房屋委员会和房屋协会。

香港房屋协会是香港地区最早从事公屋发展的民间社会福利团体，于1984 年创办。其宗旨是要集中社会力量，为低下收入阶层市民提供、建造、营运其经济基础许可的房屋。1951 年，根据香港地区政府颁布的法律，房屋协会成为独立的非营利机构，主要负责策划和兴建一些特定类别的公共房屋，特别是介于政府和私人住房市场之间的公共房屋，如承担“夹心层住房计划”，以住户可以承担的租金或价格，把房屋出租或出售给特定类别的家庭。房屋协会由监事会和执行委员会组成，其成员都是义务参与房屋协会的工作。

香港房屋委员会是一个法定机构，于 1973 年 4 月依据《房屋条例》成立，是香港地区公共住房管理体系的核心，主要负责推行香港公共租屋和居屋计划，策划和兴建公共房屋，把公共房屋出租或出售给低收入家庭。此外，房屋委员会还负责管理公共住房、中转房屋及临时收容中心，而且拥有和经营部分分层工厂大厦，以及附属商业设施和非住宅设施。房屋委员会下设不同的常务小组委员会，分别负责处理策划、建筑、投标、商业楼宇、财务及资助房屋等事务。

（3）公共住房的开发建设及运营管理有稳定的资金来源。香港公共住房体系的资金来源主要有两个途径：一是政府通过划拨资本、低息贷款和免费拨地提供资助；二是房屋委员会通过出租公屋及其附属商业楼宇、出售居屋获得维护及兴建公共房屋所需的资金。

根据房屋委员会与香港政府在1988年达成的财政安排和1994年达成的补充协议，香港政府对房屋委员会1988年以前所投资的135亿港元，成为无息永久资本；“居者有其屋计划”基金转拨的28亿港元结余以及政府于1988年和1993年注资的100亿港元，转为有息借贷资本，房屋委员会须分14年以5%的年息逐季度地向政府偿还；此后，政府不再向房屋委员会进一步注资。土地方面，1973年房屋委员会成立后，政府以免费拨地的形式提供资助。1988年，房屋委员会改组，由政府资助部门转变为自负盈亏的财政独立机构，但政府仍免费拨地。公屋和居屋非住宅部分的土地价值，被作为政府对房屋委员会非住宅楼宇的股本投资，房屋委员会须与政府平均分配所获的净运营盈余，作为对政府该项投资的回报。此外，政府每年都会在财政预算里面安排一部分开支，如2010至2011年度，特区政府在推行公屋政策方面的开支预算为104亿港元，约占公共开支总额的4.3%。

在房屋委员会停止出售居屋以前，公屋租金收入是房屋委员会仅次于出售居屋收入的第二大收入来源。但由于房屋委员会长期奉行低租金的政策，出租公屋一直处于赤字运行状态。房屋委员会通过出售居屋及出租公共房屋附属的商业设施来筹集兴建公屋的庞大资本开支和补贴公屋营运的巨额赤字。但自2003年房委会停止各项出售居屋计划之后，其财务状况受到了重大的不利影响，2003~2004年度房委会综合账目赤字达5.89亿港元。为此，房委会决定通过分拆其辖下的商场和停车场等设施，成立领汇房地产投资信托基金，并于2005年11月在香港联交所上市，弥补了房委会因停售居屋而出现的预算赤字。

（4）公平的分配制度。为了使真正有需要的居民获得公共住房，香港政府建立了公共住房分配制度，按家庭收入、家庭结构等条件轮候排队分配公共住房；不同收入和家庭结构的居民参与不同的住房发展计划；在申请、入住、租赁、购买等方面均有严格的层级化和序列化制度，保证公共住房分配的公平性。

① 租住公屋的相关制度。

第一，身份的限制。申请人必须年满18岁，有香港居留权，且仍继续在港居住。以前只有由父母与子女构成的家庭可以申请，现在单身人士和二人家庭也可以申请。

第二，家庭收入和财产的限制。申请者必须申报个人财产资料，包括土地、房产、车辆、投资、银行活定期存款及可动用的现金等。按规定，申请人与家庭成员不得拥有私人住宅物业，不得签订协议购买住宅，不得持有一间拥有住宅的公司一半的股权。申请人家庭每月总收入及目前的总资产净值必须在一定限额之内。特区房屋委员会在每个财政年度开始前都会对有关标准根据当时的家庭收入情况进行修订。2010～2011 年度，收入和资产限额较上年度分别平均上升 1.2% 和 2.5%。以四人住户为例，家庭月收入限额由 1.58 万港元调高至 1.60 万港元，而家庭资产限额由 37.5 万港元调高至 38.4 万港元。60 岁以上长者户的资产限额为一般家庭的两倍。据统计，香港一个四口之家月收入的平均数约为 2.4 万港元。

第三，轮候排队与入住。只有通过了全面经济状况审查，证实达到所规定的条件的申请人才有资格排队等候入住公屋。政府设有公屋轮候册，严格按照登记的先后次序及申请人选择的地区，依次办理审查和分配手续，不会考虑申请人所提出的如健康或现住所状况欠佳等理由而作优先配屋安排。轮候情况公开透明，申请人可以通过电脑网络查询。目前，在租住公屋轮候册上等待入住公屋的家庭还有超过 10 万个，他们的平均轮候时间约为 1.9 年。单身的年轻人轮候时间长一些，有家庭又有老人的会比较快。凡合资格的 60 岁以上长者，无论单身、合租，还是同家人一起申请，在公屋编配上都享有优先权，房屋署会把即将落成的公屋单位或正在翻新的公屋单位提前编配给他们。目前，长者平均轮候时间为 1.2 年。

第四，加收租金与回收。为维护公屋资源的合理分配，香港政府规定公屋租户住满 10 年后，每两年须申报住户收入和资产。如果住户收入超过限额两倍，则须缴付 1.5 倍租金，另加差饷税；超过收入限额 3 倍且资产超标或不申报收入者，则须在一年内迁出其公屋单位。在过去的十年间，约有 18.5 万个公屋租户因“脱贫”迁出，香港政府成功收回约 3.4 万个公屋。

② 居屋的分配制度。

对于按“居者有其屋计划”计划出售的居屋，政府给予了较大的补贴，为使补贴真正落实到中低收入家庭，防止投机牟利，政府采取了两项控制措施：一是严格审查购房资格，如家庭收入、家庭人数等，且不同面积住房实行不同价格；二是房屋在交易时实施一定限制，如住户购得房屋在 10 年之内不得转售，确实需要转售的居屋只能由房屋委员会回购。10 年后居屋可以进入市场自由交易，但须向政府补交一定数额的地价。

总而言之，香港作为市场发展高度成熟的经济体，奉行“积极的不干预主义”，但对于居民住房并未完全推行市场化，公共房屋制度的实行成功地解决了香港近一半的市民的住房问题，堪称全球典范。

四、主要启示与经验借鉴

纵观各个国家和地区的住房制度安排及其发展历程，住房制度和住房保障模式是该国社会住房问题的必然反映，主要与各国城市的“人地”关系、福利制度和社会传统、政府施政理念、国家经济实力以及政府财政保障能力等有关。无论是自由主义社会国家，还是经济转型国家，或者是具有亚洲特色的四小龙，它们的住房保障制度都各有特色，利弊共存。这其中所表现出来的成败得失与经验教训，对于我国住房制度的改革和建设来说，都具有重要的借鉴意义。

（一）明确政策目标和政府责任

尽管各个国家和地区所实行的住房政策各不相同，但是各国政府都会根据该国住房发展的阶段明确住房保障政策的目标和内容，并将制定和执行住房政策视为政府应当承担的重要职责。

设定政策目标是制度住房保障政策的第一步。从各国的经验来看，住房保障政策实施得较为成功的，在住房发展的每个阶段，政府对其政策目标都有清晰的定位。因此，我国在不断地建设与完善住房保障制度的进程中，首先要明确政策目标和政府定位。

我国住房保障制度改革的总体目标应该是要适应社会主义市场经济的要求，建立新的城镇住房保障制度，为中低收入者提供满足基本需求的住房供应分配机制和体系，加快住宅建设，提高居民的居住水平和居住质量。此目标的实现依赖于诸多制约因素的发展和完善，故而要分步实施，循序渐进。

由于住房所具有的特殊属性以及住房市场所存在的固有缺陷，以低收入者为主体的特殊阶层难以倚赖市场机制来解决自身的住房问题，因此政府必须介入此民生问题。政府作为一国经济的宏观调控者和管理者，担负着促进社会全面发展和保障全体居民基本权利实现的职责，因此是构建住房保障体系和制度的责任主体。因此，我国在大力促进住房市场化发展的同时，各级政府也应义不容辞地承担起住房保障的重任，关注民生，满足低收入人群的急切需求。

另外，从英国和波兰的实践经验来看，中央政府对住房保障工作越来越趋向于原则性的方针政策制定与总体思路指导，具体的保障制度安排与实践，则由各地方政府根据各地区的实际情况而分别执行。这对于我国来说，也是很有借鉴意义。我国由于地域广阔，各省市地区之间的土地、人口、经济、文化、社会传统都不尽相同，不可采取“一刀切”的做法，更适宜由地方政府自主确定住房保障的具体内容。

（二）立法先行

一套规范、严谨可行的住房法律体系，能够保证住房政策的贯彻和实施。从各个成功经验看来，这些国家和地区的政府都十分重视住房的立法，严格地执行，并对各种法律条文进行不断的修正更新，使得住房法律体系日臻完善。在立法先行的保障之下，政府依据相关法律规定成立专门的管理机构来实现法律规定的各项保障措施；同时也会依据法律体系来引导和规范其他经济主体的行为，鼓励其服务于住房保障的整体目标，从而确保住房保障制度落到实处。如英国政府先后制定了一系列法律，包括《住房法》、《住宅与建筑法》、《住房协会法》、《住宅与规划法》、《地方政府和住房法》等，为20世纪80年代之后的住房制度改革提供了法律保障。又如波兰在低收入家庭住房保障制度方面，共有四个法案和一个修正案，分别为《住房建设支持法》（1995年10月26日通过）、《关于建造社会住宅、保障住房和为无家可归者提供临时床位的金融资助法》（2006年12月8日通过）、《住房费用补贴法》（2001年6月12日通过）、《对购买自用住宅的家庭实行财政资助法》（2006年9月8日通过）和《对购买自用住宅的家庭实行财政资助法修正案》（2007年6月15日通过）。由此可见，虽然波兰建立住房保障制度的时间并不长，但其各项法规制度却比较完善。

相比之下，我国的住房保障法制化建设比较滞后，至今尚未出台任何有关于住房保障的法律法规，有关住房保障制度基本上是由国务院或国务院相关部门以通知或办法的形式发布。这导致在实际操作中，对政府及有关部门特别是地方政府的住房保障责任缺乏足够的约束力，住房保障政策的实施总是无法落实到位，各种违规现象不绝。因此，为建立健全我国低收入家庭住房保障制度，应加快法制化建设进程，建立和完善住房法律体系，细化住房保障各项规定，将住房保障制度提升到法律的高度，通过法律效力，规范经济主体行为，使各方权责法制化，从而保证住房保障制度持续、稳定的发展。

（三）住房市场化的大趋势下住房保障并进

从国际经验来看，住房市场化改革是大势所趋，各国政府都是在鼓励居民自置居所；但同时，政府又会采取各种不同的政策来保障尚无法依赖市场来解决自身住房问题的那部分弱势群体。在住房保障运作方式上，大都走向以政府维护住房市场机制为基础的轨道。政府作为构建基本住房保障体制的主体，并不意味着政府要完全取代市场机制，更不是破坏市场机制。西方主要发达国家在进行住房保障体制的设计时，政府一般是以双重身份干预住房市场：其一，以监管者的身份代表全社会管理和监督住宅市场，从而成为影响住宅市场的外在因素；其二，以直接参与者的身份，作为住宅市场的内在因素直接参与交易，影响住宅市场的供求关系、供求价格和资金循环，调解市场内部的诸种关系以及市场内外之间的关系。近些年来，许多西方国家对原有住房保障体制进行了较大改革，目的主要是通过减少对市场机制本身作用的过多影响以消除市场信息扭曲的现象。如英国实行了公共住房私有化改革，改革房租补贴政策等；波兰政府对住房的补贴由直接补贴转为间接的住房费用补贴；香港政府只集中提供租住公屋，停止兴建和出售政府资助的各种居屋，将干预市场的程度减至最低点。这些实践经验都表明，市场机制仍然是供应与配置住房资源中必须充分考虑的最有效率的经济调节方式，政府对住房市场的干预应当只是在市场机制无法发挥作用或无法充分发挥作用的情况下引导市场、培育市场和矫正市场，是对市场机制的补充、修正和配套。

但另一方面，住房市场化不等于把所有人的住房需求都推向市场，应根据市场状况和相关情况调整住房保障的覆盖面，把住房保障与住房市场结合起来。对于市场化住房供应体系，政策应尽量减少直接干预，所应负责的内容包括：通盘土地开发规划；制定相关规定，规范企业准入、建筑标准、房屋质量、配套设施、销售程序、企业纳税和住房金融等；进行有必要的监管，完善市场秩序。除此之外的如商品房定价、房屋开发规格和个性化设计等方面的决策，应由开发商根据市场需求状况自主做出，政府不应干预。而对于解决低收入群体住房问题的保障性住房供应体系，政府应明确对特定人群承当的责任，并通过制定总体目标和规划，设立专门的职能机构，低价或无偿划拨土地并安排有预算保证的公共开支，来落实政府的责任。

（四）建立专业化的住房保障管理运营体系

住房保障涉及方方面面的问题，需要各个部门的通力合作，相互协调和配合。因此，必须有一个专门的管理机构，负责协调各方资源，统一各方行动，使住房保障政策的目标和执行结果相吻合。

香港公共住房计划之所以能够持续大规模发展，很大程度上正是得益于其设有专门的公共住房决策、管理和执行机构，并形成了一套完善有效的公共住房运营体系和管理机制。又如英国将原隶属于地方政府的房管机构，改建为非盈利性的住房协会，负责购回、改建和管理公共住房。再如波兰，也有专门的公共住房协会，在保障性住房的建设、营运和管理中发挥着重要的作用。

客观地说，我国内地要想在短时间内建立完善的公共住房管理体系确实是有很大困难。但是，香港的经验恰恰说明了完善的公共住房管理体系并不是在公共住房制度起步之初就建立完备的，而是在发展过程中不断调整完善的，而这个完善过程对于公共住房政策的可持续意义重大。

（五）拓宽保障方式，完善多渠道、多层次的住房保障体系

从国外的住房保障发展经验来看，没有任何一个国家或地区是用单一的、一成不变的方法来解决低收入阶层的住房问题的。任何一个国家或地区的居民收入水平和住房支付能力都是千差万别的，单一的住房保障政策无法体现公平和效率的原则，因此必须建立多层次的住房保障体系，让不同收入水平的居民享受不同程度的保障。

如英国的住房保障就经历了从大规模发展公共住房到推动住房私有化的过程，从而形成了自有住房、租赁住房、购买公房和租赁公房相结合的多层次的住房供应体系。

又如波兰在解决住房保障问题方面，也呈现出明显的多渠道、多层次特征：对于购买小户型住房的居民，提供贷款贴息支持；对于符合条件的低收入者，通过社会租赁住房体系提供低租金住房；对于无家可归者提供临时床位；对于贫困家庭，提供收取象征性租金的简易住房。同时，对于各个层次的住房保障对象，相应的政策规定均非常详细。通过这种立体式、多层次的住房保障体系，使得各个层次的低收入者居有其所，得到相应的住房保障。

再如香港当前的住房供应体系，也是体现了市场住房和保障性住房相结合的双轨制供应模式，不同收入阶层的居民通过不同的渠道来解决住房问题，形成一个“从公屋到居屋再到商品房”的阶梯式的住房格局。同时利用购房贷款补贴对“夹心层”居民购房给予资助保障。

我国是一个经济欠发达的人口大国，需要住房保障的低收入者人数众多，但政府的财力和保障能力有限。如果单纯依靠政府建房的模式，对于众多保障对象而言无疑是杯水车薪。因此，应积极探索多种保障方式，除了健全廉租住房保障制度和经济适用住房制度以外，还可以利用财政贴息贷款等方式，多渠道多层次解决低收入家庭住房困难问题。

同时，为保证不同收入水平的居民能够公平地享受住房保障，必须要建立严格的收入划分标准和住房保障申请审批制度，详细规定享受廉租住房、经济适用住房以及贴息贷款的条件，实现对各层次住房保障对象的精细化管理。另外还要加快进度建立个人财产申报机制，使得申请住房保障的个人收入状况更为真实透明，从而更好地实现住房保障管理部门与申请人之间的信息对称，提高保障效率。这对于促进住房保障的有效实施，推动税收制度的完善和促进政府官员的清正廉洁都具有重要的意义。

（六）完善住房保障配套措施

1. 资金保障。

从中央和地方政府事权划分的角度而言，住房保障事务应属于地方政府的事权范围，应由地方财政予以保障。但从住房保障对于维护社会稳定等社会效应而言，该项事务应属于中央和地方政府的共同事权，中央应当予以适当支持。

英国中央财政预算中的住房保障资金，大约占预算支出总额的6%左右；香港特区政府在推行公屋政策方面的开支约占公共开支总额的4.3%。从这些国家和地区的情况看，中央财政对地方政府均给予了不同程度、不同方式的支持，对地方做好住房保障工作起到了重要作用。因此，我国必须要发挥好中央和地方的两个积极性，共同做好住房保障工作。

另一方面，地方政府除了将土地出让收益中的一部分用于住房保障建设以外，还应当充分利用好保障性住房的运营所得资金，为进一步的管理和开发提供有力的资金保障。

2. 金融政策。

当前，住房和金融已经密不可分选择，金融在住房发展中的地位和作用已经得到了各国的共识，没有一个完善的住房金融体系便很难有住房的高速发展和良性发展。因此，金融政策尤其是住房贷款政策，已经成为各国干预住房市场的必要手段。政府可以通过加强住房金融体系的建设，合理的利用各种金融工具，间接地干预和调控住房市场。英国、波兰和香港，在住房政策的实践中，都合理地利用了住房抵押贷款的优惠政策。因此，我国应该积极地借鉴这方面的成功经验，建立以政府担保和商业性保险相结合的住房金融保险体系，成立国家贷款担保机构，专门为低收入者提供抵押贷款担保。而银行在缩紧房贷的时候，应当适度地向低收入者放宽要求，为他们提供更多的支持。

第三节 城镇住房保障制度的目标定位与框架设计

根据前文对政府作用边界的界定以及国际经验的借鉴，本节对我国城镇住房保障制度的政策目标进行总体定位，并就城镇住房保障制度的总体框架进行探索性设计。

一、目标定位

政府住房保障制度的一般目标，至少应该要涵盖以下几个方面：第一，要满足基本人权目标，即满足每一位居民都能享有最基本的居住权；第二，要实现保障性住房的总供需达到平衡，满足中低收入居民的居住需求；第三，促进分配的社会公平，但又不能搞平均主义，而是应当实现最弱势群体的受益最大，即对社会上处于最劣势的居民以优先保障；第四，促进社会稳定，提高居民的居住水平和居住质量，这是老百姓能够安居乐业、社会繁荣稳定的物质基础。

因此，我国住房保障制度改革的总体目标应该是要适应社会主义市场经济的要求，建立健全新型城镇住房保障制度，通过各种有效的途径和方式，为中低收入者提供满足基本需求的住房供应分配机制和体系，加快住宅建设，提高居民的居住水平和居住质量。

二、框架设计

总体来说，住房保障制度的框架包括四大块内容：第一，明确中央与地方的权责划分，即明确责任主体及资金保障方式；第二，识别保障对象，即明确谁受益；第三，构建多层次多途径的保障模式，即明确该如何建设保障住房；第四，设立专业的管理机构，即明确住房保障体系的管理与运营机制。换言之，也就是要回答好“谁投钱、如何建、怎么管、谁受益”[①] 这4个问题。

根据前文所述内容，探索性地勾勒住房保障制度建设的大致框架，如图5－6所示。

---

① 杨乐渝，全国房地产经理人联盟秘书长，于2011年2月28日，在其个人微博中就第一财经记者问及住房保障问题时的回答。

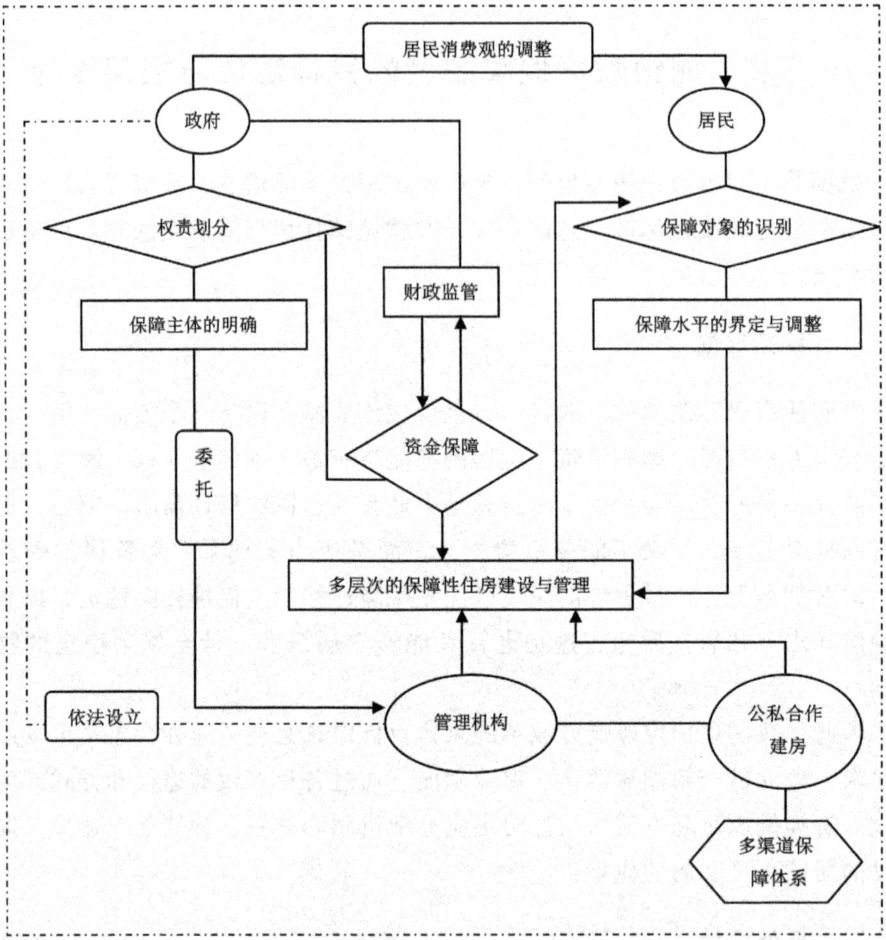

图 5－6　我国城镇住房保障制度框架设计

（1）虚线表示法制建设。整体制度框架设计都需要在有专门的法律的保障下进行，即必须要出台一部专门的《住宅法》或《住房保障法》。

（2）权责划分。充分调动中央和地方政府的两个积极性，依据事责与财权的对等关系，明确住房保障的具体责任主体。

（3）识别保障对象。严格依据相关规定，秉承公平的原则，明确保障对象，并确定相应的保障水平。限定标准要根据宏观经济的变化与居民收入的变动进行动态调整。

（4）依法设立专门的管理机构。由住房保障的责任主体委托其进行住房保障体系的建设、运营与管理，提供多层次的保障性住房给最需要的中低收入居民。

(5) 拓宽保障渠道。可以考虑公私合作建房，与住房保障管理机构共同提供保障性住房，提高效率，同时也可以减轻财政的压力。

(6) 扩大地方财政收入，夯实财政资金保障基础。同时要加强财政预算监管，提高财政资金的使用效率。

(7) 对居民消费观的调整。政府应积极引导居民理性地调整住房消费观，要做到住房保障的目标是为了实现“住有所居”，“居者有其屋”并不等于“居者皆有产权屋”。在个人或家庭收入允许的情况下，应当鼓励其通过住房市场来解决其自置居所的要求；但如果已经严重地受到收入预算约束，那么就应该理性地考虑租房，待财富积累到一定程度之后，再将自己的诉求付诸于市场。这样才是住房改革的根本模式。政府的财力有限，不可能将保障性住房覆盖到大部分的居民。更多的住房需求仍然是需要市场去解决的，政府无法代劳，也不能越界。

第六章 财政收支制度的完善与城镇住房保障制度建设

第一节 城镇住房保障的提供主体：明确财权与事权的划分

一、明确保障性住房的投入和责任问题

自1948年《世界人权宣言》第28条把居住权利列为基本人权以来，人人都应享有合适的居住设施的观点不仅已经得到国际社会的普遍认可，而且很多国家的政府都在努力维护居民尤其是中低收入家庭的基本权利。为了做好我国住房保障工作，必须把解决城市中低收入家庭住房困难作为政府公共服务的一项重要职责，财政必须为政府这一责任的实现提供相应的资金。其原因如下：一是维护居民基本权利是一项广泛的社会功能，理应由社会的集中代表——政府来担当，而不能由市场来完成，财政应为政府这一责任的完成提供资金。二是住房本身所需资金较多，低收入家庭购买能力较低，且受土地资源供应限制以及市场机制的影响，在商品房价格过高的情况下，使得许多城市中低收入者难以通过市场机制来解决自身的居住问题。这就必然要求政府以特有的权威和能力来实施住房保障，而财政必须为其提供资金保障。

从国外住房保障的实践看，政府财政在住房保障中都承担着重要责任，一个完善的住房保障制度的背后必须有公共财政的支持，唯此才能保证住房保障制度的实施，保障中低收入群体的基本人权。因此，应扩大住房保障资金在财

政预算中的比例，为住房保障制度的建设提供充分的资金保障。

二、按照财权与事权统一的原则，合理划分中央与地方财权

大多学者都认为，由于住房保障具有强烈的地域性特征，所涉及的住宅是不具有空间流动性的不动产，因此它属于区域性的准公共产品，应该由地方政府承担主要的提供责任。但是，在前文我们已经论述过，住房具有一定的外部性，住房保障的成败关系着社稷能否安定；换言之，住房保障对于促进社会公平和社会和谐具有重要的作用。因此，促进全社会的公平、安定、和谐、繁荣是中央政府致力于实现的目标，因此从这个意义上来说，中央政府也必须要承担起一定的责任。这样，就可以通过立法途径在法律上明确各级政府在保障公民居住权利方面的责任和义务。

以前中央和地方在保障性住房的责任方面是不清晰的，特别是在投入方面的责任。在界定双方的投入责任时候，至少应该考虑两大因素：其一，财权事权不均等。自从实行分税制改革以来，地方收入占财政总收入的比重由1993年的78%下降到了2000年的47.8%，继续下降到2009年的47.6%，于2010年小幅回升到48.9%。但是财权上收并没有相应减少事权，地方财政支出占总支出的比重由1993年的71.7%到2000年的65.3%，进而提高到2009年的80%，并于2010年达到82.2%。[①] 其二，行政权力不均等。中央可以依靠行政手段加强对地方官员的惩罚，把责任推向地方。但是在分税制造成的地方财权不足的前提下，单靠单方卸责是难以完成保障性住房建设的。因此，要明确中央和地方的投入责任，形成对中央和地方的双面约束。特别是要明确规定中央每年要从财政支出中安排多少比例（而不仅仅是一个绝对数额）的资金用于解决低收入无房户的住房问题，以便对中央政府形成约束。

财政支付能力是保证住房保障制度运行可持续性的基本因素，很大程度上决定了政策运行的效果。通过明确中央和地方政府在住房保障中承担的责任，合理划分中央与地方的财权，充实地方财政收入，改变对官员的政绩考核机制，减少地方财力过多依赖土地出让金等收入的状况，可以从源头上减少地方政府对房地产业扶持的动力。

为了调动各级地方政府加强住房保障制度的积极性，应将住房保障建设情况纳入对地方政府的考核之中。以往，对下级政府的考核主要是GDP与财政

① 数据来源：财政部，http://www.mof.gov.cn/.

收入等指标。随着社会经济的发展，改善民生问题显得特别重要，尤其是解决中低收入群体的问题成为建设和谐社会的重要内容，因此住房保障建设必须要纳入对地方政府的考核指标中，以充分发挥地方政府做好住房保障工作的积极性与主动性。

三、建立健全中央对地方的住房保障转移支付体系

针对目前住房保障制度建设、实施中存在的覆盖面窄、保障程度低及各地区之间保障水平差异较大等问题，应适当加大中央财政对落后地区住房保障的专项转移支付力度，将住房保障支出正式纳入预算体系并建立住房保障专项资金。

合理地确定中央与地方政府在住房保障中的责任，实行中央对地方的规范转移支付。为增加政府对住房保障的支持力度，应尽快建立中央对地方住房保障资金转移支付机制。在转移支付数额的确定中，应充分考虑影响地方财政收支的人均 GDP 和人均财政收入、教育卫生与市政建设等因素，用因素法替代基数法，通过因素法测算出各地区的标准收入能力和标准支出要求，建立地方各级政府的标准预算，来确定中央对地方以及地方各级政府间的转移支付，使社会成员所享有的政府服务包括住房保障水平能够大体一致，实现公共服务均等化目标。

第二节 加大城镇住房保障建设投入：财政支出导向调整

一、明确政府职能，转变财政支出导向

住房与教育、医疗同样与居民生活密切相关，是人们安居乐业和社会稳定的关键所在，向中低收入的居住弱势群体提供保障性住房是政府无可回避的责任。

公共财政支出的具体安排和使用，必须体现“一视同仁”的要求。它要求政府必须着眼于所有的市场活动主体的利益，即根据社会利益和公共需要来安排支出，而不是只考虑某一经济成分、阶层、集团和个人的利益。反之，如果政府的支出只着眼于某些经济成分、阶层、集团和个人的利益，则这类支出

就不是“公共”支出。它使得某些私人和企业不经过市场努力就获得了收益，干扰、打乱了原有的市场秩序和运行轨迹，其实质是政府以非市场方式直接介入和干预了市场活动。这就使得人们联想到财政用于住房保障建设的支出，是典型的对部分群体所提供的，这是否就违背了“一视同仁”的基本要求。事实上，他们并不对立，政府之所以这么做，并不是着眼于增大他们个体的市场收益，而是要通过对他们的补助，为市场总体的正常运转提供服务，从而仍然是对整个市场的“一视同仁”服务。因此，城镇住房保障建设投入是一项正当的公共财政支出项目。

国际货币基金组织根据政府的职能，将公共支出分为十四大类，“住房及社区设施事务和服务支出”是其中之一①。从中央政府公共支出来看，主要侧重于财政的收入再分配职能，用于社会保险、社会福利和健康卫生的支出占相当比例。在欧美国家的中央财政支出中，用于住房及社区环境的支出所占比例较低，美国、英国、加拿大三国中央财政支出中住房及社区环境支出所占比例分别为2.88%、24%和1.57%；在亚洲国家，中央财政用于住房支出的比例较高，如日本、印度尼西亚、新加坡的住房及社区环境支出比例高达13.76%、13.56%和12.10%。地方政府的公共支出侧重于资源配置职能，比如教育、住房和社区环境、文化娱乐、公用事业等社会服务。1991年美国地方的经常性支出中环境和住房支出占11.1%②；20世纪90年代，英国住房及社区环境支出占地方财政的比重不断提高，由1991年的18.89%增至1993年的20.66%，1995年达到21.16%；1997年加拿大地方政府用于住房供给的公共支出所占比例为5.4%③。

目前我国中央和地方财政之间的关系表现为分权度较高但不均等④，中央政府几乎承担全部国防支出，但大部分其他支出，包括教育、公共医疗卫生和社会福利支出在内，主要由地方政府承担。2014年，我国中央和地方财政收入的比重为45.9：54.1，而中央和地方财政支出的比重为14.9：85.1，地方财政预算内收支赤字达到53338.91亿元，如表6-1所示。可以看出，地方政

① 孙开等著. 公共产品供给与公共支出研究. 大连：东北财经大学出版社，2006.

② 齐志宏. 多级政府间事权划分与财政支出只能结构的国际比较分析. 中央财经大学学报，2001(11).

③ 马拴友. 财政支出职能结构的国际比较. 中央财经大学学报，1999(11).

④ 世界经济合作与发展组织. 中国公共支出面临的挑战：通往更有效和和平之路. 北京：清华大学出版社，2006.

府承担的支出责任与其所能利用的财政资源之间存在着巨大的缺口，这一方面使地方政府财政负担沉重，严重制约了地方政府在社会保障方面的财政支付能力，也是目前保障性住房支出严重不足的原因之一；另一方面，这使地方政府在很大程度上要依赖预算外和制度外资金解决收支缺口问题，而由于贫富差距带来的预算外收入的差距，加剧了地区间财政收入来源和支付能力的差距。

表 6-1　　2009 年我国中央和地方财政预算内收支情况比较

	全国（亿元）	金额（亿元）		比例（%）	
		中央财政	地方财政	中央财政	地方财政
财政收入总额	140370.03	64493.45	75876.58	45.9	54.1
财政支出总额	151785.56	22570.07	129215.49	14.9	85.1
收支平衡情况	-11415.53	41923.38	-53338.91	—	—
社会保障和就业	15968.85	699.91	15268.94	4	96
保障性住房支出	5043.72	405.41	4638.31	8	92

数据来源：2015 中国统计年鉴。

为保证政府在住房领域社会保障责任的有效落实，应做出强制性、法制化的规定，将住房保障支出列入中央和地方两级政府预算内财政支出项目，增加财政投入力度，保证稳定的资金来源。

地方政府和中央政府用于住房保障的财政支出应各有侧重，分别发挥资源配置和收入再分配作用。地方政府的财政支出主要用于向本地城镇户籍人口提供住房保障，满足中低收入城镇居住弱势群体的住房需求。中央政府的财政支出主要用于两方面，一方面，向中西部欠发达地区给予财政转移支付，主要用于廉租房建设，使基本住房保障能够得到均衡发展，避免因地区间经济发展水平的差异而造成的住房保障水平的过大差异。另一方面为进入城镇务工的农村户籍人口提供住房租金补贴后临时性低租金保障住房（以非成套的集体宿舍形式为主的公共租赁房），填补目前住房保障制度的空白，扩展住房保障覆盖面。

二、提高住房保障支出比例和保障性住房占住房总量的比例

（一）提高公共财政支出中用于住房保障的比例

“十二五”期间，我国住房保障体系建设大幅推进，对加快解决城镇中低

收入家庭住房困难，进一步增进人民福祉，促进经济社会和谐稳定发展发挥了重要中国。保障性住房建设规模持续增加，保障覆盖率显著提高。2011—2014年，全国已累计开工建设各类保障性安居工程超过3200万套，基本建成2000多万套，集中解决了城镇部分中低收入住房困难家庭以及部分国有工矿、国有林区、垦区等职工的住房问题。保障性安居工程结构显著改善，主要体现在：一是在廉租房应保尽保的基础上，公共租赁住房新开工量增速较快；二是棚户区改造力度显著加大。但我国城镇住房保障覆盖面仍然远远低于西方发达国家；支付能力较低的中低收入家庭以及新就业职工、进城务工人员的住房问题日益突出。我国住房保障财政投入占当年财政支出的比例远低于世界各国的平均投入。因此各级政府必须要提高公共财政支出中用于住房保障的比例，以保证安居工程的顺利推进。这就要求在房地产规划中需要提高保障性住房在住宅总量中的比例和投入水平。

（二）提高保障性住房占住房总量的比例：度的把握

我国目前城镇住房保障的覆盖率较低，必须予以扩大；但是，应该要将保障性住房占住房总量的比例提高到怎样的程度才合理呢？它与完全市场化的商品房时间应该保持着怎样一个适合的量比关系？

有部分学者认为，城镇政策保障住房在城镇人群中的覆盖面达到5%～10%是不行的，30%是可以接受的，60%是较为理想的。

也有部分学者认为，如果政策保障住房覆盖面超过60%，将是我国住房制度改革的一次彻底倒退；如果覆盖面达到30%，中国肯定没有任何一个城市的地方财力能够承受；因此，我国政策保障住房的覆盖面现阶段可行的只能是3%～5%。

其实，保障性住房的覆盖面需要依据当地居民收入分布的实际情况来斟酌，各地可以不完全一致。建设住房保障制度是为了让低收入家庭都能够实现最基本的居住条件，因此，保障性住房的覆盖面至少应该与地方的低收入居民家庭比例相持平。

可以肯定两点：第一，超过60%的覆盖面是绝对的政府行政干预过度，是再一次将住房问题“行政化解决”，又将退回到计划经济年代的福利住房状态；而且如果一个地方的保障性住房覆盖面在“应保尽保”的政府作用原则下达到了60%的话，就说明该地区过于贫困，这从另一个角度也反映出该地区的地方财政是根本无力承担如此高额的建设资金，60%一说也就无从谈起。第二，3%～5%的覆盖面是较低的水平，应该予以提高。因为在2008年的时候，我国住房保障覆盖面已经是4.2%，但城镇居民的住房问题依然十分严峻。如果这个比例是合理的，那么市场机制的调节作用就应该能够较好地解决掉这个问题；但事实证明，老百姓面对住房，只是无尽的惆怅，一脸的愁云；换言之，保障住房的覆盖面肯定不能5%。从国际经验来看，在住房供需矛盾较为尖锐的时期，政府提供保障性住房的比例以30%为宜；在住房紧张状况得以缓解之后，再将该比例适度下调，主要是通过提高市场提供的住房比例来实现，即实现政府作用机制的退出。

（三）确定保障性住房占住房总量的比例的依据

各地保障性住房占住房总量比例取决于各种因素，不能搞“一刀切”。

第一，房价收入比。不同的城市和地区，房价收入比不同。房价收入比高的地区，居民住房承受能力更弱，需要保障的比例更高。

第二，财政状况。财政状况良好的地区更有能力进行住房保障，通过财政转移和吸引社会资金，加大对住房保障的力度。

第三，人口结构。有的城市如成都居民住房状况良好，人口流动缓慢，住房保障压力较小。而另一些城市，如深圳外来流动人口和新增户籍人口较多，住房保障压力较大。

第四，单位集资建房比例。在中西部地区，单位集资建房仍然存在，尽管财政能力不强、经济滞后，但是却在一定程度上满足居民的住房需求，其住房保障压力较小。

总之，各地要根据本地的房价收入比、财政状况、人口结构以及单位集资建房比例等因素综合考虑确定本地区的住房保障比例。住房保障在总量中的比例稳定和保障性住房分配规则稳定非常重要，比例稳定和规则稳定能给购买者一定得信心，有利于居民形成稳定的预期。譬如中国香港规定公务申请人必须在香港住满七年并且没有私人住宅物业，在通过包括家庭收入和家庭资产的全面经济状况审查后，便可获得一套公共房屋。如果每年住房保障比例不稳定，购房者可能推迟购房或者恐慌入市，反而加剧了市场波动的幅度。

三、各类保障性住房的比例

当前，中央政府层面根据各省、地区所报上来的保障性住房建设计划，首先进行总体规划，规定全国各类保障性住房的套数总量，避免地方政府过度偏重于某类投资少见效快的保障性住房，造成保障性住房需求结构和供给结构脱节；而后将其分配下达给各个省份和直辖市执行其所制定的建设计划。

廉租住房、经济适用房、限价房、公共租赁住房各自所占比例，取决于各地区居民收入分层情况以及住房支付能力。低收入群体规模较大的地区，应该加大廉租住房、经济适用住房的建设规模。中等收入群体规模较大的地区，限价房和公共租赁住房的投资力度应该加大。尤其是对于地方财力相对较为雄厚的东部沿海发达地区，外来务工人员较多，城市流动性人口比例较大，就可以增大公共租赁住房的投资力度，以将这部分弱势群体纳入保障范围。

总体思路应该是：要遵循因地制宜的原则，先确定廉租住房和公共租赁房对中低收入户籍居民的供给、再适度扩大经济适用房和限价房的比例、再扩大公共租赁房的保障范围，覆盖到非当地户籍的住房弱势居民。

具体而言，对于各地的理想的各类保障性住房的比例，要考虑以下因素：

首先，各类保障性住房比例有赖于对居民收入情况和住房情况的了解。我国各地区居民收入分层情况、住房支付能力以及住房现状是进行保障性住房投资的基础工作。必须做好这些基础性工作，才能科学确定各类保障性住房的比例和规模。否则不明确保障性对象收入情况和住房需求，而盲目进行保障性住房建设，很有可能会造成公共资源的浪费。

其次，各类保障性住房比例还可以根据实际需求来确定。依据“按照标准、提前登记、按需建设、保证供应”的原则组织建设与供应，凡符合条件的住房困难户，都可以到房管部门进行预先登记，并提出面积大小、大致方位等住房需求，房管部门依据这些需求合理布局、组织建设，尽可能满足保障对象的住房要求，这样也能确定各类保障性住房的比例。

再次，各类保障性住房比例应该考虑未来居民收入变化的趋势。不同的保障性住房针对不同的收入群体，也意味着不同的住房质量。随着城市收入分配结构的变化，当年过多建设低标准的保障性住房可能会被拆除，产生过多的建筑垃圾。

最后，保障性住房之间要形成无缝对接，以利于居民增加选择机会。如将廉租住房申请标准上延，经济适用住房申请标准下延，居民既可以选择廉租住房，也可以选择经济适用住房；既有利于扩大居民的选择范围，也有利于缩小各类保障性住房之间的价格和质量差距。

四、扩大廉租房制度的财政支出

（一）建立科学高效的廉租房财政供给体系

在适度规模原则的指导下，首先需要确定廉租房的房屋供给。这就涉及可以申请租住廉租房人口的收入标准确定问题。成思危（1999）将城镇居民职工的收入划分为高、中上、中、中低和低五个阶层。其中，高收入阶层是指收入为当地职工平均收入的400%以上；中上收入阶层是收入为当地职工平均收入的200%以上；中收入阶层是收入为当地职工平均收入的80%～200%；中低收入阶层是收入为当地职工平均收入的50%～80%；低收入阶层：收入为当地职工平均收入的50%以下。并认为，高收入阶层主要会购买高档住房，中上、中等和中低阶层大多会购买或租用中档住房，而低收入阶层则多半会租用低档住房[①]。由于缺乏职工实际收入和收入分布的数据，难以定量地将供应结构与需求结构进行匹配，如果按线性关系简化处理，则可认为高、中、低三档的住房需求分别占20%、60%和20%。但我们认为保障性住房财政支出体系中，低收入阶层、中低收入阶层均可纳入廉租房的保障对象范围之内。只是在廉租房的建设中可以针对这两个阶层建设不同标准的廉租房，当然，在租金方面也会有一定的差异。

此外，在廉租房的供给过程中，财政投入不足是一个亟待解决的问题。根据我国《廉租房保障办法》中关于廉租房建设主要资金的来源，共有财政预算安排、住房公积金部分资金、土地出让净收益、政府廉租房住房租金收入和社会捐赠及其他方式等五种，但是分类来看，住房公积金在提取了风险准备金和管理费用后基本上没有很多的剩余；廉租房本身的公益性质决定了其租金收入不会很多；社会捐赠和其他收入更因为其不确定性和很小的收入规模等特性不能作为廉租房的主要资金来源渠道。剩下的就只有财政预算安排和地方政府土地净收益两项。为了更大范围的扩大廉租房的保障范围，就必须在这两项资金上多安排用于廉租房建设的财政支出。

在合理支出原则的指导下，需要确定廉租房的建设标准，严格执行廉租房面积控制标准。2003年12月，建设部、财政部、民政部、国土资源部、国家税务总局共同发布了《城镇最低收入家庭廉租住房管理办法》，明确了廉租房的基本保障原则，规定城镇最低收入家庭人均廉租房面积标准原则上不超过当地人均住房面积的60%。我们认为，可以在此基础上有所变化，对中低收入阶层的廉租房可以在60%的基础上往上有所浮动，但是对超出标准的住房面积可以收取较高的租金。而对于低收入阶层，可以在60%的标准之下修建廉租房，在租金上给予更加优惠的补贴。

---

① 成思危．中国城镇住房制度改革：目标模式与实施难点．北京：民主与建设出版社，1999.

在有效性原则的指导下，考虑从多种渠道增加廉租房的供给。也就是说，不光是由政府新修廉租房，还可以通过收购、改建以及自有住房租赁、社会捐赠等方式多渠道增加廉租房房源，鼓励房地产开发企业开发建设中小户型住房面向社会出租，如果开发商按总面积的一定比例建设廉租房，政府可以在土地、税费等方面给予一定的优惠。此处可以参照国外的廉租房供给模式，设立一个专门负责廉租房建设和管理的机构（如美国的地方政府住房局、新加坡的建房发展局等），统一进行国内各个地区廉租房的建设和管理，对于廉租房的建房标准、建房地段以及配套设施的建设都制定一个相对比较统一和完善的制度。在资金投入的划分上，可以实行中央和地方政府按比例出资，中央主要在政府预算中安排资金，而地方政府的资金可以来源于土地净收益，我国现行的规定是不低于土地净收益的10%，但是在一些发达地区该比例可以有所上调。

（二）优化廉租房在消费方面的财政支出结构

根据合理支出原则，廉租房制度的财政支出政策在消费者市场上的设计可以从廉租房申请人群的资格审核开展。各地区根据本地区的经济发展情况，标准有微小的差异，但总体而言，有以下一些共同点：要求家庭成员拥有本地户口；对家庭收入有硬性规定；对家庭现居住条件有规定。从这里就可以看出，对家庭成员至少一人拥有本地户口这一规定就已经不符合我国现在的国情：我国现在处于一个经济飞速发展的时代，伴随而来的是人口的大量流动，而一些为该地区GDP做出贡献的人员却不能享受到与之对应的福利，这显然是有悖财政支出原则的。究其原因，我们分析其中有地方政府不正确的政绩观的因素，因为一般租用廉租房的居民，在其收入水平、学历水平和社会地位各方面都处于社会的底层，地方政府在建设廉租房的过程中，不光要花费本地区财政资金，还会考虑到建设过多的廉租房吸引来的都是廉价劳动力者，不利用现在提倡的转变生产方式这一大政方针，而且过多的体力劳动者集中居住，在一定程度上来说也更容易带来负的社会效益。要解决这一问题，单靠财政手段是无能为力的，而更需要各地的当政者转变思想，切实的从提高人们生活水平的角度着眼，而非仅仅考虑本地GDP和其他一些只对官员升职有用的考核指标入手。

此外，对于廉租住房保障对象的家庭收入标准、住房困难标准和保障面积标准可以实行动态管理，由政府每年向社会公布一次。并随着经济发展和财政实力的增强，逐步扩大廉租住房制度覆盖范围。

信息的不对称是廉租房申请人资格审核的一个重要阻碍，要想从根本上解决这个问题，还有待我国其他制度（诸如个人财产、信用信息库制度）的健全，但这不意味着当前我们对此就毫无办法，可以通过组织专门的人对申请廉租房的人群进行抽样走访，再对走访的结果进行系统、科学的分析，对不同地区、不同申请层次的人群，测试其申请的诚实度，并据此设计一个可以简单反映个人收入和财产情况的表格，给申请人填写，比照分析结果不断完善该表格，使其成为可以有效获取真实信息的一种途径。

则政支出需要提高其绩效。廉租房制度在其补贴形式上可以有更进一步的发展：逐步实施以租赁住房补贴为主的货币直补住房保障方式，把补贴资金直接发到各个需要的个人和家庭手中，这也和现在世界其他国家在这点上的改革相一致。各级政府可以结合当地的实施状况，用市场化的办法，重点保障低收入家庭，实施租赁住房补贴和购房补贴两项货币直补，以政府补贴形式，直接补助到困难户，由他们从市场上自主购买、租赁住房，变“暗补”为“明补”，变“补砖头”为“补人头”。充分利用市场的高效性，使政府财政支出也提高其绩效。而且，这个做法还有一个“机会效益”，那就是可以避免形成“贫民窟”。如果政府直接修建廉租房，可以预想，地方政府为了本地的财政效益，不可能拿出太好的土地进行廉租房建设，那么廉租房地点一般就会是一些“城乡结合部”之类交通、购物以及其他配套设施不那么完备的地区，再加上很多低收入者聚集在此，就总体的社会效益来说，很难界定是获利还是损失。而如果以货币补贴的形式进行，就能够最大限度地避免此种负社会效益，从这个角度看，也是提高财政支出绩效的一种方式。

廉租房退出机制的完善也是提高财政支出绩效的一个重要方面，目前我国在廉租房退出机制上还有很大的改善空间。主管部门要建立健全住房保障对象档案，并对其实施动态管理。承租廉租住房应当依法签订租赁合同，合同期满要求续租的经重新审查，凡符合条件者准予续签续租。当住房保障对象收入水平超过当年最低收入标准时，应当让其按期腾退已承租的廉租住房或停发租金补贴。同时，建立起一套相应的廉租住房规章制度，如申请审核制度、住房轮候制度、收入申报制度等，规范廉租住房的准入退出机制。

（三）利用金融政策提高廉租房财政支出绩效

财政支出的有效性原则在这里的运用是，政府应该充分发挥财政支出的乘数效应，利用政府的高信用度，引导社会资金更多地投入到廉租房制度中来，上海金融与法律研究院研究员认为，在保障房建设过程中，也不妨引入类似

“建设—运营—转让”的“BOT模式”等，出售部分的建设和运营权，由民间资本来进行先期的投入，允许民间资本运行期间获得相应的回报，等到运行一定期限后，再转让给政府来营运。如此一来，既解决了政府在资金上的燃眉之急，又可以更加有效地提供多元化的保障性住房，满足多层次需求。

此外，我们认为不仅在保障房建设中可以利用金融政策，在给予租房补贴时也可以和第三方的金融机构进行一些合作和互助。对那些经过资格审核（主要是对其信誉、健康状况等）的廉租房租户提供类似信用卡的“租房贷款”业务，由政府作为担保，在其实无力支付本月租金的情况下，由第三方金融机构根据其对该租户的评级先行提供房租贷款，利息由政府补贴。具体的操作可以按照如下程序进行：提出房租贷款申请——金融机构审核其贷款资格——发放贷款。在进行资格审核时，必须要求申请人是在金融机构有相关信息的廉租房租住者，而且经过审核确实属于无力支付租金的人群；而这些人群因为同时也会享有城市最低生活保障，因此，其贷款抵押可以是该居民所获得的低保，如果在核查到申请人有能力归还租金而没有归还时，金融机构有权向廉租房管理中心申请、由其向居委会要求直接在该申请人享有的低保中划拨部分资金用于还贷；而金融机构在审核时也可以依照已经掌握的关于该申请人的“信用等级”如健康状况、工作的积极性等方面决定对其贷款的额度和优先性；至于贷款利息则由财政资金支付，也就是说可以获得无息贷款。这样，一方面，可以利用金融机构的社会资金投入到廉租房制度中，提高资金利用率；另一方面，通过第三方提供贷款而非政府给予的无偿补贴，可以提高低收入居民的工作积极性，避免其产生一切依靠政府补助的惰性心理。

五、创建保障性住房的绩效考核体系

（一）绩效考核的必要性

由于地方政府对土地财政的依赖性，而且地方政府官员的升迁与保障性住房建设没有多大的关系，地方政府的确没有积极性进行保障性住房建设。我国即使规定了地方政府的住房保障行政一把手总负责制，但是客观上缺乏一种标准和衡量尺度。如何对地方政府的保障性住房建设进行评价，如何对地方政府之间的保障性住房建设进行比较，如何把保障性住房和官员升迁结合起来，这些都需要构建住房保障建设的绩效评估体系，以便作为官员的升迁尺度，激励各地保障性住房计划的制定和实施。

因此，应该建立起中央政府对省级政府的保障性住房建设评估体系，以及省级政府部门对县市的保障性住房建设评估体系，形成层层考核的体系。即将出台的相关法律法规或者规划中，即使没有设计出对保障性住房具体的指标体系，也应该说明保障性住房考核的办法以及考核的主体，形成对地方政府建设保障性住房的制度性约束。否则，保障性住房建设很容易陷入有始无终的困境。绩效评估体系应该由中央政府委托，由第三方牵头进行，由第三方进行评价，避免以往政府部门对政府部门的绩效评估体系的模式，在条件不成熟的前提下，也可由上级部门实施对下级部门进行评价。保障房建设的绩效评估体系，属于后期的对工作评价的工作。通过有关部门的巡查、考评、约谈和问责制度，对稳定房价、推进保障性住房建设工作不力从而影响社会发展和稳定的地方政府，要严厉追究责任；对保障性住房建设成效显著的地方政府和地方官员提出表彰，必要时加以升迁；以此达到督促地方政府建设保障性住房的目的。

（二）绩效考核的内容

对绩效考核不仅要考核各种保障性住房规模、资金投入量等绝对指标，而且也要考察保障性住房覆盖率、供给结构合理性等相对指标。不仅要从政府角度来考察中央政府的各种规章制度的落实情况，而且要设计群众满意度等客观指标，从受体的角度考核群众对地方政府的保障性住房建设的工作的评价考核。对于保障房建设计划，每两到三年考核一次。在保障性住房建设的评价指标体系的基础上，如果条件成熟或者许可，还可以加上对房地产业整体发展的评价指标，包括制度建设情况、房价上涨率、住宅空置率，等等，以便较为全面反映房地产行业的发展状态。

第三节　城镇住房保障的资金保证：扩大地方政府财政收入

市场化解决不了住房问题，这是西方国家探索了几百年得出的结论。住房作为准公共产品，具有人权保障的属性，政府必须介入住房市场，满足社会公众的基本住房需求。我国应借鉴其他国家的有益做法，通过一系列的财税政策，进一步完善我国的住房保障体系。

一、加强土地财政收益管理

加强土地财政收益管理，对于依法组织土地出让金收入，合理安排土地出让金支出，加强财政监督检查，维护国家利益，防止国有资产流失，充分发挥土地资产效益，促进经济社会发展有着重要的意义。

（一）强化征收管理力度，不断提高征管水平

一是认真贯彻执行国家土地宏观调控政策，严格执行土地出让金首付款比例和交款时限，促进房地产市场的稳定健康发展。二是对逾期缴纳土地出让金的单位，严格依据土地出让合同的约定征收违约金。三是严格按有关规定出让土地，达不到出让条件的土地坚决不予出让。四是杜绝通过“过度户”收缴土地出让金行为，确保土地出让金及时足额上缴国库。

（二）规范资金使用范围，切实提高资金使用效益

一是有关部门领导和人员要不断加强法律法规的学习，带头执行上级关于土地出让金使用的相关规定，发现问题及时纠正，杜绝挤占挪用土地出让金问题的发生。二是财政部门要加强土地出让金收支的预测工作，逐步提高土地出让资金预算编制的科学性、准确性和完整性，对超收的土地出让资金要及时安排支出项目，逐步实行有关部门提供相关资料，资金直接拨付最终使用单位，避免资金的沉淀、闲置。对现有专项计提比率及时进行清理，对不符合实际情况的要及时进行调整。三是土地收储部门要通过出租、临时使用等方式，对储备土地加以利用，增加国有资产收益；要切实增强财政资金使用效益意识，在具备支付条件的情况下，申请财政拨付资金，使有限的财政资金发挥出更大的资金效益。

（三）加强部门间的协作配合，实行土地出让信息共享

国土资源管理部门与财政部门要加强协作，互通情况，建立国有土地出让、储备及收支信息共享平台。国土资源管理部门将年度土地供应计划、年度土地储备计划以及签订的国有土地出让合同中有关土地出让总价款、约定的缴款时间等相关资料及时抄送财政部门，财政部门及时将土地出让收支情况反馈给国土资源管理部门，实现土地出让收支信息共享，不断提高国有土地出让工作管理水平。

（四）建立健全规章制度，使土地出让收支管理步入制度化、规范化轨道

一是建立和完善土地征收管理各项制度，规范土地收购补偿工作。二是改变一次性收取土地出让金制度，将土地出让金按使用年限计算收取年租，这样

可以大大降低开发商建房的成本，从而减轻消费者的一次性购房支出。三是建立健全土地出让资金管理制度，确保土地出让资金规范使用。四是制定和完善土地出让管理实施细则，规范工业用地招拍挂出让程序。五是建立违约处罚制度，对不按时缴纳土地出让金的开发单位应进行处罚，必要时，应停止开发，收回已出让的土地，切实提高履约率。六是要建立问责制，对不按规定征收和使用土地出让资金的，要追究有关领导和直接责任人的责任，切实维护国有土地收益安全完整。

二、完善住房保障资金筹集方式

由于住房的生产周期长、价值量大等特征，决定了政府对住房保障的资金投入具有持续性和巨额性的特点。因此，在当前我国财力并不宽裕的情况下，为了促进和提高财政资金对住房保障的投入效率，我们必须根据不同地区的经济发展水平和不同居民的收入情况，通过不断拓宽财政资金来源、加大财政补贴力度以及设计可持续发展的住房补贴形式等方式，以“效率第一，兼顾公平”为原则，形成合理的政府住房保障投入结构。

（一）加大财政补贴力度

住房市场中存在着垄断、信息不对称、投机、不完全竞争等市场缺陷和市场失灵问题，导致了广大中低收入阶层的住房难题。为了弥补市场经济的缺陷和不足，对市场经济中弱者和低收入者提供帮助和救济，政府必须加大财政补贴投入，提高他们的购买力，完善住房市场的合理性并突显社会公平。

（二）设立国债专项资金

住房保障的财政补贴是政府解决贫困人口的住房问题的主要举措，但资金来源不稳定却是制约其发展的一大障碍。现阶段，政府虽然提出了财政拨款、住房公积金增值资金、社会捐赠等多渠道、多形式的资金筹措机制，但在住房保障实践中，大部分资金仍主要来源于住房公积金增值收益。为了弥补住房保障投入的资金缺口，可在国家增发财政债券中安排专项资金支持住房补贴政策的实施。符合国家规定的中低收入家庭均可享受国债专项资金的补贴。用国债专项资金支持住房保障的方式主要采取现金补贴和贷款贴息两种方式，现金补贴主要是针对租房需求者，而贷款贴息既可针对中低收入家庭的购房贷款实行利息补贴，也可以对建造中低价商品房和廉租房的开发商实行利息优惠。

（三）设计可持续性发展的住房补贴形式

政府通常会选择采用诸如减免个人所得税、限制住房价格、直接参与住房供给等措施刺激中低收入家庭住房市场启动。但随着市场的发展与成熟，可持续性发展的住房补贴形式更受到青睐。所谓可持续性发展的住房补贴形式是指补贴资金有循环回流途径，补贴形式在刺激供需的同时能与整个住房市场、住房金融市场相互协调、相互促进。借鉴国外经验，值得推荐的补贴形式有政府或企业贴息贷款帮助中等收入家庭支付购房首付款，以使其满足商业银行个人住房抵押贷款的首付款要求；以优惠的补贴政策引导私营企业参与建造公共住房，面向中低收入家庭出租经营，并在一定年限后，优先出售给承租家庭。

（四）完善我国中低收入居民住房保障的税收政策

长期以来，我国部分地方政府缺乏健全和完善住房保障制度的积极性，这主要是由我国现行税收制度的缺陷造成的，大量的土地使用出让金和繁杂的房地产税费可以使地方政府获得很大的收益，甚至在一些财政收入较少的地方，这些税费还是财政收入最主要的来源。在这种情况下，追求经济效益的目标与公共住房保障之间的矛盾，就使得地方政府在提供非盈利性住宅方面缺乏动力。所以，我们有必要对现行税收制度进行改革，利用财税政策的杠杆作用，提高地方政府在解决中低收入家庭住房问题中的作用。

首先，选择适当时机，由中央统一规定相应新税收或税费基金收入。其次，改变现在一次性收取土地出让金制度，将土地出让金按使用年限计算收取年租，这样可以大大降低开发商建房的成本，从而减轻消费者的购房支出。再次，对中低收入居民购房减免个人所得税。

（五）向社会发行廉租房福利彩票募集资金

中国福利彩票的发行宗旨就是：扶老、助残、救孤、救困。目前我国福利彩票品种丰富多样，募集的社会资金数额巨大。廉租房工程是属于国家福利保障项目，其一部分建设资金可以由民政部门负责管理，利用发行专门的廉租房福利彩票来筹集，并专款专用。通过发行廉租房福利彩票筹资可以充分吸收社会闲散资金，并且不会对民间投资产生“挤出效应”，加上其融资不必像借款那样要还本付息，因此发行福利彩票方式筹资应该是比较理想的融资方式。

（六）推进房产税收制度改革

有学者建议开征房产保有税，认为此举在一定程度上可缓和我国房地产住房市场供需矛盾，从而打击炒房投机行为。但是，专门开征一项新税种，并不符合简化税制的原则。因此，建议对原有税制体系中的房产税进行改革，加强其对多套住房保有者的征管力度，从而起到住房市场调控的作用。如上海和重庆率先实行的房产税改革做法，就值得各地借鉴。重庆对于房价达到当地均价

2倍至3倍的房产，按房产价值的0.5%征税；对于房价达到当地均价3倍至4倍的房产，按房产价值的1%征税；4倍以上，按1.2%的税率征税。上海对本市居民家庭在本市新购且属于该居民家庭第二套及以上的住房（包括新购的二手存量住房和新建商品住房）以及非本市居民家庭在本市新购的住房，以0.6%的税率征税。两地的具体做法有较大的差异，但鉴于各个城市的具体情况不同，求同存异的做法是合理的。

从全国范围来看，虽然还不具备全面推行的成熟条件，但是不少城市已经具备了改革条件，因此可以在未来五年内逐步扩大改革试点，一方面对住房市场强化宏观调控，另一方面可以为地方财政补充财力。通过对大户型住房征税并拿出其中一部分税收来支援廉租房建设，可以达到调节社会收入公平分配的目的。这部分税额资金稳定而且巨大，可以考虑把它作为廉租房新的融资渠道。不过，在具体的征税过程中对于税种的税率，征收方式，计税标准等的设计，必须要注意到其可能对房地产市场造成的影响。

（七）发行廉租房建设担保债券或长期借款

通过政府内外债募集资金，在国内债券市场上，政府可依靠本身名义或委托国家开发银行根据国家信贷基金制度以公开招标方式向社会发行专门的廉租房建设担保债券筹集资金。在国际上可以一方面向世界银行争取长期优惠利率贷款，因为我国廉租房建设项目贷款非常符合世行贷款政策与方向，如果世行同意借款，不但可以得到其相关技术援助，还可以保障廉租房建设资金专款专用。另一方面，随着金融资产证券化，金融市场国际化趋势，也可以适当考虑利用票据发行便利方式或住宅抵押证券在国外资本市场上融资。

债务投融资虽然可以迅速筹集到所需资金，但必须要考虑到债务的负担与限度，尤其是外债的借用，还要充分考虑我国外债规模、使用效率与汇率等问题。为此要设置偿债基金，强化债务使用管理，建立债务风险监控体系和建立债务宏观管理机构。

总之，由于廉租房是属于社会保障性住房，其资金成本不宜过高。我国未来廉租房建设资金应该是以财政融资为主，同时善用金融渠道，并利用优惠的措施吸引民间资本来筹集。同时，在廉租房建设过程中也要注意资金的节约与有效使用这样才能达到开源节流的目的，真正保证廉租房建设资金的稳定与充裕，确保我国廉租房制度的顺利实施。

第四节 规范地方财政预算编制与管理

按照公共财政预算的本质目标要求衡量，当前地方财政预算改革并不完善，尤其是编制粗放、执行乏力、变更随意和资金使用低效现象相当突出，严重地制约着财政预算改革向纵深推进。要建立以编制部门预算为核心，编制、执行和监督相分离的规范化、科学化、绩效化预算运行机制仍有若干问题亟待研究完善。我们可以从以下几个方面进行努力。

一、归并完善法律和体制，维护财政预算的权威性

一是要针对预算法与其他部门法规在预算支出安排规定中相抵触的情况，有必要对其他部门法规进行修改，甚至终止关于财政预算的部门法规，今后预算安排的法律依据只能来自于宪法和预算法，其他法律不再作硬性规定，从法律程序上改变当前政出多门、无所适从的现状。二是要理顺财税管理体制，健全地方政府职能。随着强县扩权为实质的“省直管县”改革的强力推进，也要相应遵循“一级政府、一级财政、一级预算”的原则，完善行政体制，尤其要制定符合实际的县级财政管理制度及财力分配比例，最大限度地调动地方政府当家理财、增收节支的积极性。同时健全地方政府职能，实现财税关系的统一协调，既有效降低行政成本，也有利于税收征管监督。

二、要狠抓基础工作，增强“零基预算”的切实性

零基预算是指不考虑过去年度的收支水平，一切从“零”开始，根据当年经济、社会和各项事业的发展变化趋势，结合国家宏观政策趋向，按照“量入为出，收支平衡”的原则来安排收支预算的一种科学合理、与时俱进的预算编制办法。一是建立完备、系统的预算政策库。严格遵循政策法规，财政要把各部门各方面与预算安排相关的政策法规整编汇集成政策库，清理过时和不适合的政策规定。政策库要及时更新，实行动态管理，确保政策库维护更新的连续性。二是建立详细的基本数据库。在建立好政策库、掌握好相关政策标准后，必须进一步掌握各单位人员、资产、业务需要及事业发展等基本数据，夯实零基预算基础。三是要进行分类分档，合理测算预算标准定额。坚持量力而行、量体裁衣地预算分配，确保预算编制科学严谨。对一些没有明确的政策

规定或规定比较粗略的公用支出、少数人员支出进行分类分档，并出台相应的标准和定额。四是强化推行国库单一账户制度改革和管理，分配到部门或项目上的预算运行账户都得单一，严禁串户、混户。可先探索中央和省的大型专项资金分配直拨到户的办法，切实解决地方预算运行混乱、截留挪用甚至贪污严重的被动局面。

三、要改进编制方式，强化部门预算的规范性

在时间要求上预算编制、上报、下达的时间均要提前，以保证在年度开始前预算就已确定好，这样有利于提高预算的执行时效性。彻底摒弃简单估算总额增长的行政决定式的预算做法，财政部门要建立收入基础资料库，逐年将收入统计数据及相关经济指标、重点税源生产经营和纳税情况等整编入库。在对历史资料充分论证分析的基础上，依据现时发展客观情况，结合推理统计等方法进行合理预算。要大力推进部门预算精细化，不论预算内外财力，都要精编细化到所有项目，从分配环节控制财政资金的流量和流向，既有利防止“形象工程”、“政绩工程”，又有效遏制预算分配和执行中的“暗箱操作”。对建设项目性财政支出预算要加大绩效预算改革力度，不管当年或3~5年甚至更长的，从预算一开始就制定出预期目标效果，随同预算方案下达，达不到效果的就扣减指标，甚至下年或下期立项时削减或取消。从而有效地促进政府依法行政、依法理财，增强预算的完整性、科学性和有效性。

四、强化执法效力，遏制预算执行的随意性

强化预算的执行力不是某一项制度孤军奋战能够奏效的，而应从多方面加强努力，形成一个系统工程。一是明确预算调整在预算执行中的特殊性。预算调整绝不应该成为预算执行过程中的普遍现象。如果调整过于频繁，对预算及预算法的权威会构成很大的威胁。预算审批通过以后，除非发生关系国民经济发展和国防安全的特别重要的事由，一般情况下不允许调整。二是严格预算调整的审批程序。预算调整方案应当在本级人大常委会全体会议召开一个月前提交预算委员会进行初步审查，形成初步决议。审批通过的预算调整方案还需由本级政府行政首长签署公文予以公布方为有效。如果国家发生紧急情况，应规定紧急情况下批准预算调整的特别程序。县、乡两级政府处于基层，不需要应付国家宏观经济调控以及国防安全的特殊情况，如果发生重大自然灾害而无法通过本级预算自求平衡时，可以通过上级转移支付途径予以解决。三是完善机

制，规范程序，强化硬约束。应将预算总会计职责独立出去，成立总预算执行机构，负责管理财政预算内、外资金账户，办理预算内、外资金拨款，编制财政预算内、外总决算，管理部门和单位的人员工资银行代发等工作。还应紧密结合国库集中收付中心改革机制，切实推进预算专门机构改革的有益探索。公共特殊所需动用或追加预算的情况，也必须坚持按程序讨论通过了再办理，遏制预算执行随意性的动因和后路。

五、着重强化事前或环节监督，增强预算运行的安全性

一方面，中央和省对地方的财政预算监督，尤其是下拨资金探索对口疏理或“一竿子插到底”的检查监督为最好，一年放下了多少钱、放在哪，就问责到哪、问责多少。本级财政要加大事前或环节上的审查监督力度。通过细化到部门和项目的部门预算以及综合预算、零基预算的推进规范，让人大代表审查预算能清楚地知道哪个部门有多少人、干多少事、花多少钱，钱怎么花、花在哪里、绩效如何？另一方面，人大可考虑建立重要财经情况报告备案制度和重大支出行为的审查批准制度，结合对预算执行的检查，加强对国民经济和社会发展计划执行情况的监督，从根本上减少预算变更，增强预算约束力。人大财经工委要提前介入财政预算草案编制，及时了解政府在制定预算收支计划中的主要情况和各部门意见和建议；督促部门编写预算草案报告，细化预算收支总表和编制说明书等资料，并按规定时间提交预算、决算和预算调整草案。财经工委也要与预算部门实行计算机联网，确保渠道畅通共享，为整个预算平衡运行随时瞭望，保驾护航。

第七章
城镇住房保障制度建设的协调机制与政策建议

第一节 居民住房消费观的调整

在住房保障制度及运行机制的过程中，要重视观念的转变和更新，首先要通过正确引导城镇居民树立正确的住房消费观念，特别是以下的一些住房观念。

一、建立住房梯度消费观念

房子属于大宗消费品，购房不必一步到位，住房消费完全可以分阶段进行，“梯度消费”符合经济学的一般原理。从经济学来看，梯度消费就是人们在消费过程中的分层次消费和分阶段消费。在同一时期人们的收入水平不尽相同，整个社会的收入水平呈现金字塔型或橄榄形；同一个人在不同的时期的收入水平也不尽相同。与此相对应，社会上也有不同价格和档次的消费品，以迎合不同收入水平的消费者不同时期的不同需要。消费者的各种消费行为在相对应的消费层面上进行时，才能获得最大化的消费者效用水平。

同时，政府也在加大住房保障力度，通过公共租赁住房、经济适用住房等形式，构建“可租可售”的保障体系。消费者可以根据自身的经济条件，理性选择申请住房保障，或通过市场租房、购买小户型、改善型住房，逐步改善居住条件。从政策引导和房地产市场表现看，随着多层次住房供应体系的日渐完善，梯度消费，理性购房有望成为今后房地产市场的主流趋势。

根据马斯洛的需求层次理论，一般来说，人们只有在满足低层次的需求以后，才会追求更高层次需求的满足，与此相类似，住房消费需求也是随着社会经济的不断发展而逐步完善的。按照消费者住房有效需求的不同，可把消费者对住房的需求划分为空间数量、功能质量、环境质量、服务质量和品味等五个层次。

一方面，随着经济社会的不断进步和人们收入水平的不断提高，人们对于居住的需求应该沿着这五个层次由低到高演进；另一方面，由于收在收入水平等的差异，在城市居民中，既存在着住房特困户、困难户，迫切需要扩大住房面积，也存在着一些先富起来的人对别墅、公寓等高档住宅的需求。

我国是一个发展中国家，因此，在个人商品房住宅消费上，大多数人是难以做到一步到位的。也正是由于这个原因，梯度消费成为未来几年人们改善住房条件的一种理想选择。

因此，应该鼓励消费者从传统的住房消费观念转向梯度消费理念，鼓励居民解决住房问题时采取“先租后买，先买旧后买新，先买小后买大，先买普通的后买高档的，从‘安置型’到‘适用型’再到‘舒适型’，逐步改善，逐步到位”的住房梯度消费观念，求得效益的最大化。

为此，一方面，要加强舆论宣传，另一方面，要为居民住房梯度消费观念的树立和贯彻提供以下条件：

（1）为促进住房市场的健康发展，正确引导居民住房消费，需要进一步优化、调整房地产市场供给结构，降低高档住宅比例，大力发展普通低价商品房。加大面向中低收入家庭的住房供应，健全住房保障制度，妥善解决中低收入家庭的住房问题。相关的政府部门要通过加强宏观调控，制定科学的供地计划，调整住房开发用地结构。

（2）可以通过搞活住宅二手市场来增加有效需求，可以分层次、有步骤地改善人民的生产、生活条件，带动一手市场的消费，消化留存于一手市场里大量积压的商品房，从而盘活沉淀在积压商品房上的资金，促进住房建设，以带动整个国民经济的增长。同时，城镇居民也可以通过一、二级市场的活跃，使自己获得合适满意的住房，逐步改善家居条件；又可通过在二手市场出售旧房，以筹集购买新房的资金。

同时，还需要完善市场交易信息系统，建立多渠道的市场信息发布平台；完善法规，降低税费，简化程序，大力拓展住房消费服务领域对于活跃市场的促进作用等。

二、住房保障所保障的是居民的基本居住需求

尽管我国各地房价、居民收入水平有所不同，住房保障面存在着较大差异，但从整体上来说，广大城镇居民的收入水平还比较低，中低收入居民家庭是城镇居民家庭的主体，占有很大的比例，因此，需要政府提供范围较广的保障性住房建设。特别是，我国经济正处于工业化加速、经济起飞时期，人口城市化进程加快，住房供求关系短期内还不能从根本上缓解，新进城镇人口也将对住房保障产生巨大的新的需求，这使得我国的住房保障制度必须是一种覆盖面较宽广的保障制度。

同时，基于我国当前的财税体制以及财税收支水平及其结构的现状，财政对建立我国住房保障制度的支持能力非常能限。尽管随着财税体制改革的顺利进行，财政保持了较高的增长幅度，但与同等发展水平国家相比，我国财政收入占 GDP 的比重还维持在较低水平，住房保障只能是较低水平的基本保障。基本保障体现了住房保障制度的可持续性要求，同时又使每一个保障对象都能满足基本的生活需求和发展机会，也保证了覆盖面广的要求。过高的住房保障水平不符合当前财政的承受能力，也容易使我们陷入西方福利国家曾经出现或正在出现的福利制的困境。

所以，我们国家构建住房保障制度的目的，不是为了满足居民改善居住水平的需要，而是为解决中低住房困难，满足其基本的住房需要。逐步改善居住水平主要应该靠市场来解决，政府的住房保障承担的是有限责任。

三、租赁也都是住房消费的合理形式

住房作为商品，其使用价值是作为人类最基本的生存需要的使用权；其价值则体现财产属性。因此，城镇居民最基本的住房需求即是拥有住房的使用权，而不一定要完全实现使用权和财产权的完全拥有。因此，解决城镇居民的最基本住房需求的首要目标是保证城镇居民拥有适当的住房使用权。

西方国家的经验告诉我们，租房和买房一样，也是住房消费的合理形式。市场经济发达国家的住房租赁率一般在三分之一以上，其中最有代表性的是美国。美国居民生活水平很高，住房消费的市场化程度也很高，美国政府也一直在鼓励居民拥有自己的住宅，但租赁住房的比例一直在三分之一以上。美国1940 年租赁住房的比例为 56.6%，随着二战后经济的发展、基尼系数的逐步降低和社会财富的平均化，住房租赁率从 1940 年到 1960 年降低了 18.5%。从

1960年以来，租赁率40多年来稳定在33%～38%，即略高于三分之一。在美国，住房自有率和租赁率之间的结构相对比较稳定合理，促进了住房经济的繁荣。

英国租赁住房的比例略低于美国，2001年为30%；日本1993年为38.5%，澳大利亚为28%；法国1999年的居民住房租赁率高达45%。[①] 所以，即使是在市场经济比较发达、收入水平较高的国家，一般也有三分之一以上的居民是通过租赁住房实现自己的住房消费。联合国提出的“人人享有适当的住房”，是保证每个家庭都有可居之所，而非一定要拥有产权。

因此，对于居民的住房消费，我们应引导其消费观念，提倡“居者有其屋”，而不是“居者买其屋”。为促进住房租赁市场的发展，政府应加强对房屋出租市场的宏观管理，主要是利用税收、补贴等手段来调节租购平衡，并保障住户及房主的合法权益。

第二节　住房保障适用水平的动态调整

中国城镇住房保障制度的改革和完善包括多方面的内容，住房保障水平的研究和确定是其重要内容之一。住房保障水平指的是住房保障的程度，通常以保障型住房的建筑质量标准、户均面积标准、住房保障人口占总人口的比重等指标来衡量。住房保障水平这一指标反映的是一个国家或地区对于居民住房保障程度的高低，它是相对于国民经济发展程度而言的，因此是一个相对性范畴。在相同条件下，住房保障水平越高，人们居住的保障程度越大。

一个国家需要提供多大规模的住房保障水平，受到很多因素的影响，既有住房保障需要层面的因素，也有住房保障供给能力层面的因素，还有供需双方交叉的因素。政府住房保障体系运作的核心问题就是在供需平衡的基础上，实现住房保障的适度水平。

社会经济在不断发展，社会阶层结构和财富分配结构也在不断地变化。为保持城镇住房保障制度的高效运行，有必要建立健全住房保障政策的动态调整机制，以便随着时间的推移和空间的变化，尤其是随着社会阶层结构和财富分配结构的变化，对住房保障体系和保障政策进行适时的动态调整。动态调整机

---

① 刘美霞．自有和租赁住房消费结构研究．城市开发，2004（5）．

制包括以下两个方面的内容。

一是住房保障收入线、保障标准和住房货币补贴发放条件的动态调整。这方面需动态调整有两方面的原因，①随着经济的发展，作为住房保障运行主体的政府的财力会不断增长，政府保障的能力会逐渐增强，有能力更好地保障居民地住房需求；②作为客体的中低收入者的收入水平也在提高，收入水平提高导致自身负担的住房费用增加，政府补贴相应减少。因此，随着时间的推移和社会经济的发展，需要对上述内容进行动态调整。

二是住房保障政策目标群体进入和退出的动态调整。只有形成动态调整机制，才能使住房保障政策更加有效地发挥作用。为此，应该统一认识，加强住房保障制度模式的研究，及时制定适合经济实力增强和中低收入者收入变动的制度模式，强化对房补申请户实行的定期复核制度和适时退出制度。

在住房保障体系中，住房保障水平占有很重要的地位：第一，住房保障水平直接反映住房保障程度的高低和资金要求的大小，保障水平越高，保障程度就越高，资金需求量就越大；第二，住房保障水平的高低，直接关系着企业的生存发展和社会稳定，住房保障水平过高，政府和企业在经济上很难以承受，保障水平过低，一些人的基本居住需求难以保证，社会就会动荡。

因此，住房保障体制的改革和完善应该首先明确一个适度的保障水平。在住房保障制度的发展演变过程中，有不少西方国家由于住房保障支出占国内生产总值的比重不断增长，导致预算赤字大幅度上升政府被迫巧立名目，增加税收，致使群众不满，社会不安定。同时由于住房福利过多，增加了生产成本，相应就减弱了产品的市场竞争能力，制约了经济的发展。所以，中国住房保障体系的改革与完善不能忽视住房保障水平的研究和确立。住房保障水平具有刚性特征，基线一旦确立，就易升不易降。倘若起点过高，就会处于骑虎难下的境地，使住房保障成为不堪承受的重负。

第三节　城镇住房保障的退出机制设想

保障性住房的退出机制即指在低收入家庭入住保障性住房若干年后，当其不再具备居住保障性住房的条件时，如何才能顺利的实行退出机制，使其退出保障性住房，拥有其自已的房产。

当前，我国城镇住房保障的退出机制不完善，已成为推进住房保障制度的一大瓶颈。退出机制不完善，住房保障就是一个无底洞。一方面我们的政府负担越来越重；另一方面，不该享受的人不合理地享受了社会资源。让不符合条件的人退出经济适用住房、廉租住房，难就难在对低收入者的收入变化难以监测，银行不准许查询个人账户，社会收入隐性化；即使查明真相，让他从经济适用住房、廉租住房里搬出来，也不容易。针对上述情况，有必要建立和完善经济适用住房、廉租住房退出机制。

一、退出机制的缺失导致保障性住房难以有效供给

保障性住房是解决低收入家庭住房的重要手段，尽管多年来，我国加大了保障性住房的建设开发和供给力度，但是，随着我国就业压力不断加大所导致的困难群体相对增加，使得保障性住房的有效供给矛盾日益突出。

据有关部门统计，近年来，我国经济适用房投资占房地产投资比重呈逐年下降趋势，目前，这一比重仅为2.21%左右。尤其是建筑面积90平方米以下套房（含经济适用住房）面积所占比重仅为开发建设套房总数的30%左右，远远低于国家要求的70%以上的标准。[①] 可见，保障性住房总量不足问题仍然是造成低收入群体住房困难的主要矛盾。同时，由于我国缺乏保障性住房的科学退出机制，导致保障性住房供给结构失衡，从而进一步加剧了保障性住房的供需矛盾。

目前，我国城镇居民一旦购买到经济适用房或享受到实物配租形式的廉租房，便将终身拥有，形成福利固化。据有关部门调查，1998 年第一批购买经济适用房的年轻人现已有相当一部分人群进入了中高收入阶层，其中有些人已购买了商品房，他们在享受了国家优惠政策的同时，又通过将经济适用房出卖或出租获得了额外的收益。另据有关部门调查，1998 年以来，约有 16% 的经济适用房卖给了中高收入者。[②] 其后果，一方面出现了一人多房的现象，形成了一部分人的既得利益，影响了保障性住房的有效流动，限制了这一稀缺性资源效益最大化的配置；另一方面造成了保障性住房资源未能真正供给于最需要的低收入家庭，降低了保障制度的成效，严重违背了住房保障性政策的初衷。

有关部委调查显示，目前在全国城镇的低保家庭中，各级政府已通过各种

---

① 李欣欣．完善保障性住房进出机制促进房源合理配置和流动．镇江新闻网，2009－12－07．http：//www.jsw.com.cn/house/2009－12/07/content_ 1914318.htm.

② 李灿．探析我国廉租房退出机制的完善——给予廉租房退出流转难的分析和解决．华中师范大学研究生学报，2009（16）．

方式缓解住房困难的仅占7%左右；在全国已开展廉租住房的城市，其覆盖面仅在1%左右（个别大城市除外）；全国人均建筑面积10平方米以下的低收入住房困难家庭还有近1000万户。因此，建立和完善保障性住房的进入及退出机制势在必行。

二、无法科学有效地实施退出机制的原因

当前，无法科学有效地实施城镇住房保障的退出机制，主要由以下几个原因：

第一，个人收入无法准确核实，低收入者收入状况无法监测。个人或者家庭收入的高低是衡量是否享有保障性住房权利的根本依据。而在我国，至今尚未形成完整的个人收入衡量体系，除了工资单上所写的数额之外，其他的灰色收入等都无法衡量，因此，必然会导致社会的不公平，像有些相对的高收入者同样也享有了保障性住房，像在上海这样寸土寸金的地方，享有一套经济适用房对一个家庭来说也是一笔不小的财富，如果最终无法有效的供应给最需要的低收入家庭，就无法使政府的保障性住房政策实现效率最大化。

第二，缺乏相关法律制度，廉租房退出机制的惩罚措施力度不够。虽然我国有关于保障性住房的相关政策，但是在退出机制上，并未形成切实有效的法律条文。法律是最具约束力的，只有出台了相关的法律条文，才可以有效地贯彻落实科学的保障性住房退出机制。这也是导致了保障性住房无法形成退出的重要原因之一。对于那些已经不符合条件却依然享受保障性住房的家庭来说，政府缺乏相应的强制手段，就很难执行。

第三，没有政府的后续保障措施，购房压力过大。保障性住房对于低收入家庭来说确实是解决了他们的燃眉之急，使得他们能够有一个足够的空间容纳居住，但是，当他们不再符合享受的条件时，按照相应的退出机制就需要自己从房地产市场上独立购置房产，这对于他们来说也是一个不小的压力，就拿上海来说，现今中等收入水平的家庭，要购置一套90平方米的房子，需要花去他们整整12年的所有收入，而不仅仅是积蓄。因此，即便保障性住房质量上的保障有所欠缺，条件也不十分优越，依然没有人愿意从中搬出来。比如在《廉租房保障办法》中明确：对不符合廉租住房保障条件的，应“退出廉租房，逾期未退回的，可以按照合同约定，采取调整租金等方式处理。”《办法》中仅仅写明了调整租金，却并未明确强制要求其退出廉租房，因此反而助长了这些家庭不退出的风气。

三、建立和完善保障性住房的退出机制

第一，应建立和健全经济适用住房、廉租住房保障对象的家庭档案、台账申请、审批台账、退出机制。对于享有保障性住房的家庭，各地区应建立相关机构部门，定时定期对这些家庭进行收入核查，以此做出相应的调整，保证每个低收入家庭享有其应有的优惠政策。同时，督促不再属于保障范围的家庭及时做出调整，购置自己的商品房，以便于政府收回保障性住房，给予其他更需要的家庭。坚持对所有享受经济适用住房、廉租住房的家庭，每年都务必审核入住情况，这是保障性住房政策中的重要内容。另外，由于经济适用住房、廉租住房政策并非终身制，虽然这一些政策的执行趋势，要不断调整准入门槛，但同时也要注意，即使是已享受经济适用住房、廉租住房的家庭，一旦不再符合资格条件（标准），也应按机制有序退出。

第二，应加大住房保障政策的宣传力度。住房保障政策现只局限于管理部门、政府部门掌握，许多低收入的住房困难户群众不甚了解。错误的以为获得经济适用住房和廉租住房将一成不变，所以对主管部门的监管、复核产生误解或抵触情绪，对经济收入和住房变化情况隐而不报，对保障性住房的保障性质没有完全理解，所以或多或少给住房保障政策退出机制的建立带来障碍。只有把住房保障政策宣传到家喻户晓、人人皆知，使低收入住房困难家庭自觉理解政策、自觉执行政策，使经济适用住房和廉租住房真正成为保障住房困难户的保障措施。那么，退出机制就自然而然顺利形成。

第三，制定相关的保障性住房法律政策，使其有法可依。有法可依是有法必依和执法必严的前提条件。只有制定了相关的法律政策，相关执法部门才能够具有相应的权利保证保障性住房退出机制的实施，同时加大监管力度，防止经济适用房等流入中高收入家庭，造成保障性住房资源的浪费。但是在指定了相关法律的同时必须严格做到贯彻落实，需要一定的监督部门进行监督，避免滥用权力。

第四，加大政府对保障性住房退出机制的惩罚措施力度。由于我国现在未形成相应的保障性住房退出机制，因此，政府很难回购这类房产。为了完善退出机制，政府应该加大对其的惩罚措施力度。例如，在政府提供保障性住房初期与低收入家庭签订相关合同或约定，当不再享有保障性住房的权利时给予一定的过渡期，然后必须将房产回售给政府，否则就会影响到该个人今后的信用记录。又如，采取传统的罚款措施。但罚款的数量是关键，罚款过轻效果甚

微，而过重又会导致社会的不满，同时给予了这些收入不高的家庭过大的压力。再如，针对廉租房，可以适当逐步提高廉租房租金价格。对于那些刚刚步入中等收入家庭的行列的居民家庭来说，立刻自行租赁商品房也是一个不小的压力，因此，政府应该予以一定的谅解和宽容，可以实行相应的逐步提高廉租房租金价格的措施。例如，在不享有保障性住房而尚未搬出前，在1~3个月内，提高50%租金价格，在3~6个月内提高到100%~150%的租金价格，这样依次类推逐步提高直到接近甚至高于市场上平均租赁价格，必然会使得这样的家庭最终自愿退出保障性住房的行列，租赁或购置商品房。

由此可见，如何完善我国保障性住房政策，这不仅仅涉及到其中的准入机制，退出机制也尤为重要，只有完善了保障性住房的退出机制，才能真正实现保障性住房其应有的功能和效果，使保障性住房逐渐趋于供需平衡，解决我国当前的一大民生问题。

总之，打破保障性住房的“终身制”，实行动态跟踪管理，用弹性手段建立和完善保障性住房管理体系，将使更多真正有困难的家庭居有定所，更大程度地实现社会公平。

第四节 加强住房保障建设的法制保证与约束

住房是人类生存的必要条件，因而住房具有商品性，但同时又不同于一般的商品，而具有社会保障属性。住房问题不仅涉及到社会成员的基本生活、安居乐业，也关系到整个社会的稳定和进步。在任何一个社会，不管其社会经济发展到什么阶段，都会存在社会的部分低收入家庭无法完全依靠市场来解决住房问题，因而政府提供住房保障是绝大多数国家在经济发展和城市化进程中不可回避的现实问题。而各级政府要加强保障性住房的建设，必须要通过相应的法律制度予以保证和约束。①

一、我国住房保障的相关立法尚不健全

从我国与住房相关的法律建设来看，在国家法律方面，1994年我国颁布了《中华人民共和国城市房地产管理法》，主要目的是加强对城市房地产的管

① 王晓瑜，郭松海，张宗坪．住房社会保障理论与实务．北京：中国经济出版社，2006．

理，维护房地产市场秩序，保障房地产权利人的合法权益，促进房地产业的健康发展，而并没有涉及住房保障的相关内容。1994 年以来，我国先后出台了《城镇经济适用住房建设管理办法》（1994）、《城镇廉租住房管理办法》（1999）、《住房公积金管理条例》（1999）、《城镇最低收入家庭廉租住房管理办法》（2003）、《经济适用房管理办法》（2004）等规章。

但总体上，我国住房保障相关的立法仍不健全，没有建立统一的、适用范围大的法律制度体系：保障法规立法层次低，缺乏较高的法律效力和必要的法律责任制度，没有制定和颁布专门调整住房保障关系的基本法律；有关住房保障的制度被分散规定在不同的法律规范文件中。因而，住房保障的法规实施机制较为薄弱，运行、监督机制不健全。

二、住房保障需要相应的法律支撑

从世界各国住房保障实践的经验来看，住房的立法历来受到各国政府的高度重视，各国普遍制定了规范、严谨可行的住房法律体系，从而保证了住房产业政策和住房保障政策的贯彻和实施。西方国家涉及住房问题的法律较多，各国基本上都已经形成了相互补充的比较完整的住房保障法律体系，有关住房保障的法律既包括在宪法、民法等一般性综合性法律中的诸多有关住房保障的法律条文，也包括综合性的住房保障法律中的诸多有关住房保障的法律条文，同时，几乎所有国家都颁布了有关住房保障的专门性法律。①

如美国在 20 世纪 30 年代，为了解决住房问题，颁布实施了《住房法》，主要是解决中低收入家庭的住房问题，1965 年和 1968 年两次修改补充《住房法》，同时，又颁布实施了《住房贷款法》、《住房再贷款法》等法规，从而逐步完善了住房法律体系。日本在 20 世纪 50 年代和 20 世纪 60 年代先后制定实施了《住宅金融公库法》（1950）、《公营住宅法》（1951）、《日本住宅公团法》（1955）、《城市住房计划法》（1966）等等，此后又陆续制定了一系列相关法规，逐步建立健全住房保障的法律体系，这类法律共颁布 40 多部。新加坡在 20 世纪 60 年代公布并实施了《新加坡建屋与发展法令》，明确了政府发展住房的目标、方针、政策，确立了专门法定机构行使政府组屋建设、分配和管理的职能，同时政府还颁布了许多相关的条例，如《建屋局法》、《特别物产法》等，通过立法确定了解决住房问题的大政方针，为“居者有其屋”的

---

① 褚超孚．城镇住房保障模式研究．北京：经济科学出版社，2005．

目标的实现提供了法律基石。香港地区制定了一套相当健全的住房法律体系，主要法规有《房屋条例》、《建筑条例》、《业主与租客条例》等，同时还制定了可操作性相当强的实施细则，从而保证了政府实现长远的住房政策目标。

三、制定住房保障国家大法，完善住房保障法律体系

纵观我国住房保障法律建设的现实和世界各国的住房保障实践，当务之急是应制定一部住房保障的国家大法（如《住房法》或《住房保障法》），用科学的法律制度规范来推进住房保障的全面健康发展，完善住房保障的法律体系。并且，应重点明确以下内容：

（1）提供建立住房保障体系的依据。应通过较高层次的法律对居民拥有适当住房的这一权利加以规定和保护，明确规定居住权是公民权利的重要组成部分。保障居民的基本居住条件是政府职能的基本体现，从而不仅为建立住房保障体系及相关政策措施的采用提供法律依据，也对居民享有有关住房保障待遇以及由此形成的其他财产权利与非财产权利给予法律保障和支持。

（2）明确住房保障体系的发展目标。随着我国社会经济发展和城市化进程的推进，城镇人口仍将不断集聚，住房保障需求也将相应增长。需要通过法律明确住房保障体系的发展目标，明确住房保障的供应对象和保障标准，为建立健全住房保障体系提供法律依据。

（3）明确各级政府在住房保障体系中的责任，以及实施住房保障的方式和措施。建立与各地经济发展水平以及各方面承受能力相适应的住房社会保障体系，帮助低收入家庭改善住房条件，这是政府职能的基本体现。应从法律角度详细规定住房保障资金的来源、专门管理机构的建立和权限的划分，以明确中央和地方以及专门机构之间的权责划分。此外，还需要明确住房保障的进入、退出和监管机制，保证住房保障体系的良性运转。

四、成立专门的保障性住房管理和实施机构

为确保住房保障发展目标的实现，建立专门的保障性住房管理机构是国际通行的做法。从其他国家公共住房的管理机构来看，主要包括决策协调机构、实施和管理机构、中介金融机构。其中决策协调机构主要负责制定住房政策和长期发展计划，运筹和协调物资、资金、劳动力分配等，如瑞典住房委员会、日本建设省住宅局、香港住房委员会、韩国国家住房政策审议委员会等都属于这一机构。除少数国家外，政府决策机构一般不直接参与住房建设，而是设立

住房执行机构来实施公共住房计划，如新加坡国家住房发展局、瑞典皇家住房局、日本住房公团等。而中介金融机构则主要面向中低收入阶层的住房融资业务，我国的住房公积金管理中心就属于这一类型。

与其他国家的公共住房管理机构相比较，我国目前还没有建立专门的保障性住房管理和实施机构，经济适用房和廉租房等保障性住房的分配和管理由不同的管理部门代管，管理力度十分有限，无法满足保障性住房建设和管理的需要。同时经济适用房的建设目前完全依赖房地产开发企业进行建设，其追求利润最大化的特点难以满足保障性住房建设的公益性的要求。

为满足保障性住房的建设要求、提高保障性住房的管理效率，应尽快建立独立的保障性住房建设和管理机构，代表政府行使管理职能并负责日常工作，以消除多头管理、职责不分的现象，将保障性住房的建设、分配和管理纳入规范化、制度化的轨道。

第八章
结　论

基于前文的论述，本章就本书开篇所提出的一系列问题做总结性回答，同时亦作为本书的最终结论。

一、各级财政的收支行为对住房市场的影响方向与程度

（一）地方财政支出结构、住房市场发展与地方经济的关系

当仅考虑财政支出中用于经济建设、教育、社会保障（含住房保障和医疗卫生）和行政管理费用支出的部分，以及房地产投资量，在中短期内对地方经济的影响，通过31个省、市和地区的相关年度数据所构成的面板数据的实证分析结果，我们得到这样的研究结论：（1）在中短期内，房地产投资、经济建设支出、教育支出和社会保障支出都对地方总量经济增长具有正相关效应。（2）每增加一单位的社会保障地方财政支出，能够带来0.057个单位的地方经济增长；而每增加一单位的房地产投资，却能够带动地方经济增长0.15个单位。（3）从人均GDP角度来看，地方财政的经济建设支出没有发挥相应的作用，而社会保障支出和教育支出等有关民生问题的支出，却依旧能够保持相应的正向效应。换言之，解决好民生问题，将财政支出的绩效落实到每位居民身上，更有利于地方的长久科学可持续发展。（4）行政管理费用支出无论从哪一个角度来看，都无法对地方经济增长产生显著的作用。因此，政府应该加大力度削减行政管理费用的支出，将有限的资金投向更有社会价值的领域去。（5）如果地方政府绩效考核继续以GDP为政绩指标的话，那么从理性人角度来看，财政支出资金必然地会流向经济建设方向去。因此，要真正关注民生的话，必须要否定GDP政绩指标，将“以经济建设为中心”的施政理念

转向"以民生为中心"，从而转变财政支出结构。

(二) 地方财政支出、地方经济发展与住房市场的关系

当仅考虑地方财政支出、地方经济发展状况与技术进步等因素对住房市场的影响，同样通过31个省、市和地区的相关年度数据所构成的面板数据的实证分析结果，我们得到这样的研究结论：(1) 地方财政支出和地方经济发展在当前都能显著地拉动地方的房地产投资，即对地方的住房市场有显著的正向作用。一方面，由于更多的财政资金用于大型基础设施建设，房地产拥有了更好的基础配套设施；另一方面，地方政府用于保障性住房建设的支出比例较低，保障性住房对商品住宅的冲击量在当前相当微弱，因而公共支出的挤出效应几乎得不到什么显著体现。(2) 每增加一单位的地方财政支出，能够带来0.495单位的房地产投资增量；而地方GDP每增长一个百分点，亦能带动当地房产投资额1.069个百分点的增长幅度。(3) 地方经济的发展水平及地方财政支出会在一定的时期后影响住房市场的发展，即存在一定的时滞性。

(三) 地方财政住房保障支出对住房市场供需的影响

从微观层面去看，不同收入阶层的居民家庭的需求价格弹性不同，总体的住房市场需求表现为折拗分段的市场分形。当财政增加实物住房建设支出时，更多地表现为对房产商的补贴，降低住房市场供给方的边际成本，从而直接地、有效地刺激和控制住房供给，在相对较短的时间里提供较多的住房；当增加住房货币补贴支出时，或采取直接发放现金，扩大居民家庭的总收入，或采取房租补贴和房贷贴息的方式，相对地降低住房价格，从而通过替代效应和收入效应的双重作用扩大住房的总消费量，降低住房价格。在保障性住房安居工程的策略选择上，短期内，住房建设是最优策略；而从长期来看，住房补贴将优于住房建设，且房贷贴息和房租补贴政策优于货币直补。

(四) 地方财政收入对住房市场的影响

与住房密切相关的地方财政收入主要表现在"土地财政"收入方面。它对住房需求的影响既有扩张性的一面，也有压制性的一面。容易将整个社会的住房需求过度纳入市场化的轨道，不适当地放大了住房的市场化需求，不利于住房市场的健康发展。从供给角度看，土地财政会非常有节制地增加住房的供给，使得住房以市场化渠道销售为主，政府的限量供地与房地产开发商的"囤地"行为相互呼应，给住房的供给打上浓厚的政府图利色彩。从住房价格角度看，不论是从"费"的角度，还是从"税"的角度来看，土地财政都扭曲了住房市场的发展，虽然它不是房价上涨的决定因素，但的确在一定程度上成为住房价格不断上涨的“推手”。总体来说，土地财政实质上是地方政府的“越位”行为。

二、住房问题的深层次原因综述

（一）经济体制转型与住房市场失灵

在经济体制转轨与经济发展转型的动态过程中，我国国民经济整体表现为经济运行非均衡的状态。国民经济发展的不平衡性逐步加大，在收入分配方面，居民收入差距进一步拉大，贫富差距日益严重，社会阶层的分化进程也在进一步加快；在商品配置方面，最终消费品将首先出现买方市场的特征，而要素市场、供给调节方面则将出现市场反馈不全面和低效率的局面。在经济体制转轨的时期，我国住房实行货币化分配的市场化改革，宣告延续了近半个世纪的福利分房制度寿终正寝。此后的房改十二年间取得了较大的改革成就，但囿于市场经济体制的不完善以及住房商品和住房市场的自身特殊性，使得住房配置过程中市场机制失灵，住房问题再次凸显。

住房市场具有不完全竞争性，供需的非均衡性（供给结构不均衡、供给缺乏弹性、需求结构复杂、需求不稳定），住房市场中投机与投资并存等特殊性；住房不但具有商品的一般属性，还具有不同于一般商品的级差性、兼具消费品与投资品的功能、复杂的产权以及社会保障性等特殊属性。因此，住房市场无法依靠市场机制自身的运作来实现帕累托最优。把住房问题完全交给市场来解决，是不科学的。政府必须要采取相应的公共政策，包括土地规划、土地出让管理、税收、金融等调控措施，对住房市场的运行加以调控干预。

（二）地方政府土地财政的成因

从表面上看，“土地财政”的形成，是因为地方政府的行为不理性，违法违规，但从深层次分析，地方政府依赖“土地财政”有其体制和制度的原因，是在一定约束条件下目标最大化的无奈选择。（1）地方政府财权与事权的不对等是土地财政形成的现实原因。分税制改革导致地方政府税收收入严重缩减，但是由于支出事权的层层下移，地方财政的财政资金缺口亦在逐年拉大。尽管有中央和上级财政的转移支付，但是各地方政府为了维持当地经济的增势，就必须要依赖本级的财政收入来保证当地的各项经济建设，并提高自身的综合竞争力。（2）由于土地财政在扩充地方财力方面具有低成本、高收益的特点是土地财政形成的刺激因素。在现行体制下，地方政府不能发行地方公债，没有举债权，没有税收立法权，缺乏其他收入来源，土地出让金和其他与土地相关的税费便成为其增加收入的重要途径。随着“财权上移”和“事权下放”，地方政府越来越依靠“土地财政”解决其财政资金的不足。(3) 现行行政管理体制也刺激了地方政府对土地的粗放利用。长期以来，GDP 指标是考核地方政府绩效最重要的经济指标。地方政府缺乏科学发展观的短期行为，导致了对土地资源进行过度开发、不合理开发和破坏性开发。(4) 我国土地市场管理不规范，为地方政府实现“土地财政”提供了可能。而土地主体代表的身份又成为地方政府追求政绩的制度保障。

（三）地方财政支出的利益博弈

尽管中央政府对住房保障的建设积极性很高，态度也相当明确，但地方政府才是政策执行的实体单位。地方政府由于发展住房市场能够带来更多的地方经济增长，用于大型基础设施建设的财政支出一方面能促进住房市场发展，一方面也比起保障性住房更能推动地方经济的增长，因此，在 GDP 政绩考核指标的压力下，地方政府受到种种利益牵绊，不一定会切实有力地推进住房保障建设，尽管按照中央的意愿上报了保障性住房的建设计划，到后期的执行过程中，也可能会出现变相，而改变财政支出用途，优先于其他类别的经济建设，压制住房保障建设。一方面，中央政府缺乏有效的激励机制，地方政府又仍局限于 GDP 政绩考核指标和城市竞争力这种“虚得有力”的升迁制度，无法将政府执政理念彻底转变到切实关注民生问题上来；另一方面，中央政府出台的问责制，在一定程度上存在“鞭打快牛”的棘轮效应。

（四）财政预算管理制度缺陷与城镇住房市场的关系

地方政府仍有未将土地出让收入全额纳入预算进行管理的现象存在，而对于预算的执行也存在很大的随意性，擅自减征、免征、缓征土地出让收入，或擅自截留、占用、挪用土地出让收入，涵养地方小金库；在住房保障建设支出方面，支出预算安排得相对较少，地方政府在对这块项目的资金安排上缺乏透明度和支持力度，后期的预算执行过程又频现随意调整预算、变相扣留资金拨付等，压制住房保障建设，而优先其他工程项目的建设。加之监管流于形式化，地方政府更是充分利用这个预算管理的制度缺陷，大肆发展土地财政，助长地方住房市场的发展，从而实现地方经济与房市的共同繁荣。

三、政府对于住房问题的作用边界

政府在干预住房市场的时候，一是以管理监督者的身份管理、监督和调控住房市场，作为影响住房市场的外部因素而存在；二是以参与者的身份直接为中低收入居民家庭提供保障性住房，并影响住房市场的供求关系、供求价格和资金循环，从而作为影响住房市场的内部因素而存在。

第一，扩大居民收入，提高居民对住房的消费能力，即扩大收入预算约束，尽量使得住房问题可以通过市场机制来解决；同时理顺住房货币化分配机制，科学合理地界定住房支出占居民家庭总收入的比例，保证居民能够正常合理地进行其他日常生活消费。

第二，监督、调控住房价格，规范租赁市场与交易市场的秩序；同时要注意各种住房存量组成比例，牢记我国住房分配制度的总方向是实现市场化，严格控制政府出资建设的住房（经济适用房和廉租房）在全部住房存量中的比例。

第三，对居民对住房消费结构进行干预，引导房产开发商在新建住房中增加普通商品房（尤其是中小户型）投入量；或者直接参与供给经济适用房和廉租房，落实保障性住房的提供。

总的来说，政府作为构建和实施住房保障制度的主体，对住房市场的作用和介入是依据市场的根本要求才产生的，必须要在建立在维护市场机制的基础之上，不应危害市场机制的正常发挥作用。

四、各级财政收支的调整

（一）中央与地方政府间的支出权责划分

由于住房保障具有强烈的地域性特征，所涉及的住宅是不具有空间流动性的不动产，因此它属于区域性的准公共产品，应该由地方政府承担主要的提供责任。但住房保障对于促进社会公平和社会和谐具有重要的作用，而促进全社会的公平、安定、和谐、繁荣是中央政府致力于实现的目标，因此中央政府也必须要承担起一定的责任。

要明确中央和地方的投入责任，形成对中央和地方的双面约束。特别是要明确规定中央每年要从财政支出中安排多少比例（而不是一个绝对数额）的资金用于解决低收入无房户的住房问题，以便对中央政府形成约束。

通过明确中央和地方政府在住房保障中承担的责任，合理划分中央与地方的财权，充实地方财政收入，改变对官员的政绩考核机制，将住房保障建设情况纳入对地方政府的考核之中，一方面调动各级地方政府加强住房保障制度的积极性，另一方面可减少地方财力过多依赖土地出让金等收入的状况，从源头上减少地方政府对房地产业扶持的动力。

（二）财政支出方向的调整

地方政府的财政支出主要用于向本地城镇户籍人口提供住房保障，满足中低收入城镇居住弱势群体的住房需求。中央政府的财政支出主要用于两方面，一方面，向中西部欠发达地区给予财政转移支付，主要用于廉租房建设，使基本住房保障能够得到均衡发展，避免因地区间经济发展水平的差异而造成的住房保障水平的过大差异。另一方面为进入城镇务工的农村户籍人口提供住房租金补贴后临时性低租金保障住房（以非成套的集体宿舍形式为主的公共租赁房），填补目前住房保障制度的空白，扩展住房保障覆盖面。

（三）地方财政保障性住房的支出结构

保障性住房的覆盖面需要依据当地居民收入分布的实际情况来斟酌，各地可以不完全一致。保障性住房的覆盖面至少应该与地方的低收入居民家庭比例相持平。但要注意两点：第一，超过60%的覆盖面是绝对的政府行政干预过度；第二，3%～5%的覆盖面是较低的水平，应该予以提高。从国际经验来看，在住房供需矛盾较为尖锐的时期，政府提供保障性住房的比例以30%为宜；在住房紧张状况得以缓解之后，再将该比例适度下调，主要是通过提高市场提供的住房比例来实现，即实现政府作用机制的退出。

各类保障房的支出比例也不能一刀切，要遵循因地制宜的原则，先确定廉租住房和公共租赁房对中低收入户籍居民的供给、再适度扩大经济适用房和限价房的比例、再扩大公共租赁房的保障范围，覆盖到非当地户籍的住房弱势居民。总体来说，为了避免日后对住房市场造成过大的挤出，应优先发展廉租住房和公共租赁房的建设，以留存更多的空间交还给市场。

五、城镇住房保障的相关机制建设

（一）资金保证

首先，加强土地财政收益管理，依法组织土地出让金收入，合理安排土地出让金支出，加强财政监督检查，维护国家利益，防止国有资产流失，充分发挥土地资产效益。

其次，多渠道拓宽财政资金来源，以保证住房保障建设的顺利开展。（1）加大财政补贴力度；（2）设立国债专项资金；（3）设计可持续性发展的住房补贴形式；（4）完善我国中低收入居民住房保障的税收政策；（5）向社会发行廉租房福利彩票募集资金；（6）推进房产税改革，并用部分房产税收入补给廉租房建设资金；（7）发行廉租房建设担保债券或长期借款。

（二）调整居民住房消费观

第一，鼓励消费者从传统的住房的消费观念转向梯度消费理念，鼓励居民解决住房问题时采取“先租后买，先买旧后买新，先买小后买大，先买普通的后买高档的，从‘安置型可居’到‘适用型宜居’再到‘舒适型豪居’，逐步改善，逐步到位”的住房梯度消费观念。第二，明确住房保障所保障的是居民的基本居住需求，逐步改善居住水平主要应该靠市场来解决，政府的住房保障承担的是有限责任。第三，城镇居民最基本的住房需求即是拥有住房的使用权，而不一定要完全实现使用权和财产权的完全拥有。对于居民的住房消费，我们应引导其消费观念，提倡“居者有其屋”，而不是“居者买其屋”，租赁也都是住房消费的合理形式。

（三）保障水平的动态调整

动态调整机制包括两方面的内容：一是住房保障收入线、保障标准和住房货币补贴发放条件的动态调整。二是住房保障政策目标群体进入和退出的动态调整。只有形成动态调整机制，才能使住房保障政策更加有效地发挥作用。住房保障水平具有刚性特征，基线一旦确立，就易升不易降。倘若起点过高，就会处于骑虎难下的境地，使住房保障成为不堪承受的重负。

（四）退出机制设想

第一，应建立和健全经济适用住房、廉租住房保障对象的家庭档案、台账申请、审批台账、退出机制。要不断调整准入门槛，对于那些即使是已享受经济适用住房、廉租住房的家庭，一旦不再符合资格条件（标准），也应按机制有序退出。第二，应加大住房保障政策的宣传力度，使低收入住房困难家庭自觉理解政策、自觉执行政策。第三，制定相关的保障性住房法律政策，使其有法可依。同时加强相关的部门监督，避免滥用权力。第四，加大政府对保障性住房退出机制的惩罚措施力度。但又不可过于刻板，需客观地审视居民家庭的实际情况，在一定的宽容范围内，逐步提高惩罚性租金价格。

（五）加强住房保障建设的法制保证与约束

加快进程制定一部住房保障的国家大法（如《住房法》或《住房保障法》），用科学的法律制度规范来推进住房保障的全面健康发展，完善住房保障的法律体系。明确提供建立住房保障体系的依据、住房保障体系的发展目标、各级政府在住房保障体系中的责任，以及实施住房保障的方式和措施。同时，为满足保障性住房的建设要求、提高保障性住房的管理效率，应尽快建立独立的保障性住房建设和管理机构，代表政府行使管理职能并负责日常工作。

附录　我国房地产业开发经营涉及的相关税费一览表

一、房地产开发公司设立阶段的相关税费		四、取得房地产开发项目土地使用权的相关税费	
1	企业法人开业登记费	16	地价款（土地出让金）
2	企业法人变更登记费	17	资金占用费
3	企业法人年度检验费	18	滞纳金
4	补、换、领证照费	19	土地使用费
二、房地产开发项目立项和可行性研究阶段的相关税费		20	外商投资企业土地使用费
5	可行性研究费	21	防洪工程建设维护管理费
6	建设工程规划许可证执照费	22	土地闲置费
三、房地产开发项目规划设计和市政配套阶段的相关税费		23	土地权属调查、地籍测绘费
7	工程勘察（测量）费	24	城镇土地使用税*
8	工程设计费	25	地价评估费
9	建设工程规划许可证执照费	26	出让土地预订金
10	竣工档案保证金	27	征地管理费
11	临时用地费	28	土地补偿费
12	临时建设工程费	29	青苗及树木补偿费
13	建设工程勘察招标管理费	30	地上物补偿费
14	勘察设计监督管理费	31	劳动力安置费
15	古建园林工程设计费	32	超转人员安置费

续表

33	新菜田开发建设基金	56	绿化建设费
34	耕地占用税*	57	公园建设费
五、房地产开发项目拆迁安置阶段的相关税费		58	绿化补偿费
35	房屋拆迁补偿费	59	路灯维护费
36	搬家补助费	60	环卫设施费
37	提前搬家奖励费	61	生活服务设施配套建设费（小区配套费）
38	临时安置补助费（周转费）	62	电源建设集资费（用电权费）
39	清理费	63	外部供电工程贴费（电贴费）
40	停产停业综合补助费	64	建安工程费
41	对从城区位置较好的地区迁往位置较差的地区或远郊区县的居民的补助费	65	建设工程招投标管理费
42	一次性异地安置补助费	66	合同预算审查工本费
43	房屋拆迁管理费	67	质量管理监督费
44	房屋拆迁服务费	68	竣工图费
六、房地产开发项目开工、建设、竣工阶段相关税费		69	建材发展补充基金
45	三通一平费	70	实心黏土砖限制使用费
46	自来水厂建设费	71	工程监理费
47	污水处理厂建设费	72	工程标底编制管理费
48	供热厂建设费	73	机电设备委托招标服务费
49	煤气厂建设费	74	超计划用水加价
50	地下水资源养蓄基金	75	夜间施工噪声扰民补偿费
51	地下热水资源费	76	占道费
52	市政、公用设施建设费（大市政费）	77	固定资产投资方向调节税*
53	开发管理费	七、房地产开发项目经营阶段的相关税费	
54	城建综合开发项目管理费	78	营业税*
55	建筑行业管理费	79	城市维护建设税*

续表

80	教育费附加	95	向来京人员租赁房屋审核备案手续费
81	印花税*	96	来京人员租赁私房合同登记备案手续费
82	契税*	97	房屋租赁登记费
83	土地增值税*	98	房屋估价手续费
84	企业所得税*	99	房屋公证估价手续费
85	个人所得税*	100	房地产价格评估费
86	房产税*	101	房地产中介服务费
87	城市房地产税*	八、房地产开发项目物业管理阶段的相关税费	
88	房屋产权登记费	102	居住小区物业管理启动经费
89	房屋所有权证工本费	103	共用部位共用设施设备维修基金
90	房产共有权执照费	104	普通居住小区物业管理费
91	房屋他项权利执照费	105	高档住宅物业管理费
92	房屋买卖登记费	106	经济适用住房小区物业管理费
93	房屋买卖手续费	107	供暖费
94	房屋租赁审核备案手续费		

注：1. 以上目录以2008年北京市房产开发商在开发、经营等不同阶段所涉及的相关税费为例。具体费用项目可能会因不同地区而有所差异，仅供参考。

2. *表示该项内容为应缴税款，共计13个税。

参考文献

[1] Andreu Mas - Colell, Michael D. Whinston, Jerry R. Green. *Microeconomic theory*. New York: Oxford University Press, 1995.

[2] Balchin Paul. *Housing Policy in Europe*. London/NewYork: Routledge, 1996.

[3] Barlow J, Duncan S. *Success and Failure in Housing Provision: European Systems Compared*. Oxford: Pergamon, 1994.

[4] Birchall J. *Housing policy in the* 1990*s*. London: Routledge, 1992.

[5] Charles Frankenhoif. *The Economics of a Popular Housing Policy*. Land Economics, 1973 (49).

[6] Chihwa Kao, Min - Hsien Chiang, Bangtian Chen. *International R&D Spillovers: An Application of Estimation and Inference in Panel Cointegration*. Oxford Bulletin of Economics and Statistics, Volume 61, Issue S1, November 1999.

[7] Daniel, Landau. *Government Expenditure and Economics Growth: A Cross - Country Study*. Southern Economic Journal, 1983 (49).

[8] Dwight H. Perkings. *Rapid growth and changing economic structure: The expenditure side story and its implication for China*. China Economic Review, 2010.

[9] Edgar O. Olsen. *An Econometric Analysis of Rent Control*. Journal of Political Economy, 1972 (80).

[10] Esping - Anderson G. *The Three Worlds of Welfare Capitalism*. Cambridge: Policy Press, 1990.

[11] Goetz, Edward G. *Comment: Public Housing Demolition and the Benefits to Low - Income Families*. Journal of the American Planning Association, 2005, 71 (8).

[12] Grigson, W. S. *House Prices in Perspective: A Review of South East Evidence*. London and South East Regional Planning Conference, 1986.

[13] H. W. Singer. *Income and Rent: A Study of Family Expenditure*. The Review of Economic Studies, 1937 (4).

[14] Harry Vander Heijden. *Social Rented Housing in West Europe*. Urban Studies, 2002, 39 (2).

[15] Harsman B, Quigley J M. *Housing. Markets and Housing Institutions: An international comparison*. Boston: Kluwer Academic Publishers, 1991.

[16] Hays R A. *Ownership, control, and the future of housing policy*. London: Greenwood, 1993.

[17] Heasey B. *Housing Policy in the Developed Economy*. London: Creenwood, 1978.

[18] Hills, F. Hubert, H. Tomann. *Shifting subsidies from bricks and mortar to people: experiences in Britain and West Germany*. Housing Studies, 1990 (5).

[19] Holmans, A. *The 1980's National Housing Policy Review in Retrospect*. Housing Studies, 1991 (6).

[20] Joseph S. Desalvo. *Benefits and costs of New York City's middle-income housing program*. The Journal of Political Economy, 1975 (83).

[21] K. E. Hancock. *Can't pay, won't pay: or economic principles of affordability*. Urban Studies, 1993 (30).

[22] Kemeny J. *From Public Housing to the Social Market: Rental Policy Strategies in Comparative Perspective*. London: Routledge, 1995.

[23] Kleinman Mark. *Housing, Welfare, and the state in Europe: a comparative analysis of Britain, France and Germany*. Cheltenham: Edward, 1996.

[24] Maclennan. D. *Housing Economics*. Longman: Harlow, 1982.

[25] Malpass P., Murie A.. *Housing Policy*. Buckingham: Open University Press, 1994.

[26] Mulkh Raj, Peter Nientied. *Housing and Income in Third World Urban Development*. New Delhi: Oxford&IBH Publishing Co. Pvt. Ltd., 1990.

[27] Murray, Michale P.. *The Distribution of Tenant Benefit in Public Housing*. Econometrics, 1975 (43).

[28] Muth, Wetzler. *The effects of constraints on housing costs*. Journal of Ur-

ban Economics, Volume 3, Issue 1, January 1976.

[29] O'Sullivan Arthur. *Urban Economics*. 3rd. Chicago: Irwin, 1996.

[30] *Ober – Haus Real Estate Company*. Residential Market Report 2006.

[31] Ohls, James C. *Public Policy toward Low – Income Housing and Filtering in Housing Markets*. Journal of Urban Economics, 1975 (2).

[32] Peng, Wheaton. *Effects of restrictive land supply on housing in Hong Kong an econometric analysis*. Journal of Housing Reaserch, Volume5, 1994.

[33] Peter Nijkamp, Jacques Poot. *Meta – analysis of the Effect of Fiscal Policies on Long – run Growth*. European Journal of Political Economy, 2004 (20).

[34] Philippe Thalmann. *Identification Households Which Need Housing Assistance*. Urban Studies, 1999, 36 (11).

[35] Pollakowski, Wachter. *The Effects of Land – Use Constraints on Housing Prices*. Land Economics, University of Wisconsin Press, vol. 66 (3).

[36] Pozdena Randall Johnston. *The Modern Economics of Housing: a Guide to Theory and Policy*. New York: Quorum Books, 1988.

[37] Pryor E G.. *Housing in Hong Kong*. Hong Kong: Oxford Univ. Pr, 1983.

[38] Priemus, H. *Land Policy House Price and Housing Quality: Empirical Evidence from the Netherlands*. Housing, Theory and Society, 2003, 20 (3).

[39] *Residential Markets in Central European Capitals*, REAS, 2007.

[40] Ricardo Martin. *Fiscal variables and growth: A cross – sectional analysis*. Public Choice, 1990 (64).

[41] Robert J. Barro. *Government Spending in a Simple Model of Endogenous Growth*. Journal of Political Economy, 1990 (98).

[42] Scharpf, F. W.. *The European social model: coping with the challenges of diversity*. Journal of Common Market Studies, 2002, 40 (4).

[43] Shantayanan Devarajan, Vinaya Swaroop, Heng – fu Zou. *The composition of public expenditure and economic growth*. Journal of Monetary Economics, 1996 (37).

[44] Small, G. *An Aristotelian Construction of the Social Economy of Land*. Doctoral Dissertation, University of Technology, Sydney, 2000.

[45] Stephen E. Margolis. *Depreciation of housing: an empirical consideration*

of the filtering hypothesis. Reviews of Economics and Statistics, 1982 (64).

[46] Tsoukis, Alyousha. *Implications of inter – temporal optimization for house and land prices*. Applied Economics, 1999 (31).

[47] Vale Brenda. Prefabs. *A History of The UK Temporary Housing Programme*. London: E& FN Spon, 1995.

[48] http://business.sohu.com/73/62/article214746273.shtml.

[49] http://www.mytd.gov.cn/mo2.asp? NewsID =50.

[50] http://www.tranbbs.com/Techarticle/Techarticle_ 12439.shtml.

[51] 阿瑟·奥沙利文．城市经济学．北京：中信出版社，2003.

[52] 白宇飞．我国政府非税收入研究．北京：经济科学出版社，2008.

[53] 保建云，徐梅．经济转型、利益冲突与地方保护主义：基于政治经济学视角的理论解释与实证研究．北京：经济科学出版社，2010.

[54] 包宗华．怎样看待我国的住房价格．城市开发，2004 (1).

[55] 财政部国际司．财政新视角：外国财政管理与改革．北京：经济科学出版社，2003.

[56] 陈工，袁星侯．财政支出管理与绩效评价．北京：中国财政经济出版社，2007.

[57] 陈纪瑜，郭平，罗宏斌．财政学．长沙：湖南大学出版社，2003.

[58] 陈佳贵，李扬等．2011 年中国经济形势分析与预测．北京：社会科学文献出版社，2010.

[59] 陈杰．城市居民住房解决方案：理论与国际经验．上海：上海财经大学出版社，2009.

[60] 成思危．中国城镇住房制度改革：目标模式与实施难点．北京：民主与建设出版社，1999 年 10 月．

[61] 褚超孚．城镇住房保障模式研究．北京：经济科学出版社，2005.

[62] 戴双兴．地方财政对房地产业的过度依赖——基于 F 市的实证考察．经济地理，2009 (11).

[63] 邓宏乾．中国城市主体财源问题研究：房地产税与城市土地地租．北京：商务印书馆，2008.

[64] 杜文．发达国家住房保障制度建设的基本经验．经济体制改革，2005 (3).

[65] 范存会．经济学、公共财政与百姓生活．北京：中国经济出版

社，2009.

[66] 冯宗容．廉租房运作机制评析及创新.经济体制改革，2002（3）.

[67] 高波，毛丰付．房价与地价关系的实证检验：1999～2002.产业经济研究，2003（3）.

[68] 高铁梅等．计量经济分析方法与建模：Eviews 应用及实例.第二版.北京：清华大学出版社，2009.

[69] 高培勇，杨之刚，夏杰长．中国财政经济理论前沿：public finance.北京：社会科学文献出版社，2008.

[70] 国务院发展研究中心土地课题组．“土地财政”的缘由与风险.新青年·权衡，2006（3）.

[71] 和军．自然垄断产业规制改革理论研究：新制度经济学视角.北京：经济科学出版社，2008.

[72] 黄健柏，江飞涛，陈伟刚．对我国房价与地价相互关系的再检验.预测，2007（2）.

[73] 黄兴文，蒋立红．住房体制市场化改革——成就、问题、展望.北京：中国财政经济出版社，2009.

[74] 胡书东．经济发展中的中央与地方关系——中国财政制度变迁研究.上海：上海人民出版社，2001.

[75] 贾建光．关于住房补贴问题的探讨.沈阳电力高等专科学校学报，2004（7）.

[76] 贾康，吴方伟．关于我国住宅提供方式改革的构想.财政研究，2010（7）.

[77] 贾康，刘军民．中国住房制度改革问题研究：经济社会转轨中“居者有其屋”的求解.北京：经济科学出版社，2007.

[78] 贾康．地方财政问题研究.北京：经济科学出版社，2004.

[79] 孔志锋．中国特色的公共财政探索.北京：经济科学出版社，2003.

[80] 况伟大．房价与地价关系研究：模型及中国数据检验.财贸经济，2005（11）.

[81] 况伟大．中国住房市场存在泡沫吗.世界经济，2008（12）.

[82] 李灿．探析我国廉租房退出机制的完善——给予廉租房退出流转难的分析和解决.华中师范大学研究生学报，2009，16（2）.

[83] 李嘉图．政治经济学及赋税原理.北京：商务印书馆，1962.

[84] 李剑阁. 中国房改：现状与前景. 北京：中国发展出版社，2007.

[85] 李金华. 2005年度中央预算执行审计报告. 新华网，2006-6-28.

[86] 李英强. 农地非农化的增值利益分配. 规范土地征用行为研讨会，2006（5）.

[87] 梁皓璇. 完善公共财政预算管理的对策思考. 财经界，2009（6）.

[88] 梁云芳，高铁梅. 中国房地产价格波动区域差异的实证分析. 经济研究，2007（8）.

[89] 林光平. 计算计量经济学. 北京：清华大学出版社，2003.

[90] 刘玲玲. 公共财政学. 北京：中国发展出版社，2003.

[91] 刘美霞. 自有和租赁住房消费结构研究. 城市开发，2004（5）.

[92] 刘小川. 中国分级财政管理体制改革研究. 北京：中国财政经济出版社，2008.

[93] 刘英丽. GDP诱惑与失地农民. 新闻周刊，2004（1）.

[94] 楼继伟. 中国公共财政. 北京：人民出版社，2006.

[95] 龙驰. 住房政策中砖头补贴与人头补贴的经济学分析. 中国房地产金融，2004（7）.

[96] 卢新海. 地价与房价的关系及稳定地价的对策. 统计与决策，2006（1）.

[97] 吕炜. 完善体制阶段的和谐社会建设与公共财政安排. 大连：东北财经大学出版社，2008.

[98] 马国贤. 政府预算理论与绩效政策研究. 北京：中国财政经济出版社，2008.

[99] 马力. 政策性租赁房覆盖面基本划定. 新民报，2009-3-7.

[100] 马静. 财政分权与中国财政体制改革. 上海：上海三联书店，2009.

[101] 马拴友. 财政支出职能结构的国际比较. 中央财经大学学报，1999（11）.

[102] 毛中根，林哲. 土地储备制度与房地产开发——兼论地价与房价的关系. 上海经济研究，2005（8）.

[103] 倪鹏飞. 中国住房发展报告（2010~2011）. 北京社会科学文献出版社，2011.

[104] 平新乔，陈敏彦. 融资、地价与楼盘价格趋势. 北京大学中国经济研究中心讨论稿.

[105] 齐守印，王朝才. 非税收入规范化管理研究. 北京：经济科学出版社，2009.

[106] 齐志宏. 多级政府间事权划分与财政支出职能结构的国际比较分析. 中央财经大学学报，2001 (11).

[107] 邱冬阳，王牧. 廉租房——城镇住房低收入者救助的现实选择. 重庆建筑大学学报，2003 (12).

[108] 曲波. 房价、地价与土地供应的前因后果. 中国土地，2005 (5).

[109] 上海财经大学公共政策研究中心. 中国财政发展报告. 上海：上海财经大学出版社，2009.

[110] 史京文. 房地产价格上涨与土地的"招拍挂". 国土资源，2004 (12).

[111] 世界经济合作与发展组织. 中国公共支出面临的挑战：通往更有效和和平之路. 北京：清华大学出版社，2006.

[112] 孙开等著. 公共产品供给与公共支出研究. 大连：东北财经大学出版社，2006.

[113] 涂名. 房奴：中国房改真相. 广州：中山大学出版社，2007.

[114] 王安栋. 中国地方公共财政与城市发展. 北京：中国经济出版社，2005.

[115] 王岳龙，武鹏. 房价与地价关系的再检验——来自中国 28 个省的面板数据. 南开经济研究，2009 (4).

[116] 王晶. 城市财政管理. 北京：经济科学出版社，2002.

[117] 王军. 中国转型期公共财政. 北京：人民出版社，2006.

[118] 王晓瑜，郭松海，张宗坪. 住房社会保障理论与实务. 北京：中国经济出版社，2006.

[119] 王玉华. 中国财政支出结构调整与优化：基于公共财政的框架. 上海：上海三联书店，2009.

[120] 魏志国，李耀宗. 地价与房价，孰因孰果. 青海国土经略，2005 年第 3 期.

[121] 文政. 中央与地方事权划分. 北京：中国经济出版社，2008.

[122] 巫建国. 经济转型期公共财政. 北京：中国财政经济出版社，2000.

[123] 吴群，高慧琼. 供求关系对大都市商品住宅价格作用机理的分析——以南京市为例. 中国土地科学，2002 (2).

[124] 胥玲. 中国城市房价和地价的决定因素及相互关系. 财政研究，2009 (11).

[125] 徐曙娜. 公共支出过程中的信息不对称与制度约束. 北京：中国财政经济出版社，2005.

[126] 薛白，赤旭. 土地财政、寻租与经济增长. 财政研究，2010 (2).

[127] 严文奎，方荷生. 地方公共财政支出管理. 北京：中国社会科学出版社，2004.

[128] 杨灿明. 公共利益、国家与财政. 北京：中国财政经济出版社，2007.

[129] 杨建平，廖阳. 论现行廉租住房制度的不足及其对策. 中国房产，2003 (10).

[130] 杨志勇，杨之刚. 中国财政制度改革 30 年. 上海：格致出版社，2008.

[131] 姚先国，黄炜华. 地价与房价的关系. 中国土地，2001 (9).

[132] 于海燕，邹湘. 福利经济学主要代表人物的思想及其财政意义. 山东纺织经济，2005 (4).

[133] 岳晓武. 房价、地价与土地招拍挂，中国土地，2005 (1).

[134] 曾娟红，赵福军. 促进我国经济增长的最优财政支出结构研究. 中南财经政法大学学报，2005 (4).

[135] 张海星. 财政支出结构与经济增长实证分析. 投资研究. 2003 (6).

[136] 张娟锋，刘洪玉. 住宅价格与土地价格的城市差异及其决定因素. 统计研究，2010 (3).

[137] 张双长，李稻葵. "二次房改"的财政基础分析——基于土地财政与房地产价格关系的视角. 财政研究，2010 (7).

[138] 张晓松. 严重土地违法几乎都涉及地方政府. 新华网，2006 - 6 - 6.

[139] 张维迎. 博弈论与信息经济学. 上海：上海人民出版社，2004.

[140] 张馨. 比较财政学教程. 北京：中国人民大学出版社，2004.

[141] 张馨. 财政公共化改革：理论创新 · 制度变革 · 理念更新. 北京：中国财政经济出版社，2004.

[142] 张馨. 公共财政论纲. 北京：经济科学出版社，1999.

[143] 张馨. 财政学. 第 2 版. 北京：科学出版社，2010.

[144] 张馨. 论民生财政. 财政研究，2009 (1).

[145] 赵新国．市场经济与中国财政制度变迁．北京：中国财政经济出版社，2008.

[146] 郑光辉．房价与地价因果关系实例分析．中国土地，2004（11）.

[147] 中南财经政法大学，湖北财政与发展研究中心，中国地方财政研究中心．中国地方财政发展研究报告：房地产税与地方财政建设研究．北京：中国财政经济出版社，2007.

[148] 中国土地政策改革课题组．中国土地政策改革：一个整体性行动框架．改革，2006（12）.

[149] 朱道林，董玛力．地价和房价的经济学分析．中国土地，2005（7）.

[150] 朱秋霞．中国土地财政制度改革研究．上海：立信会计出版社，2007.

[151] 李欣欣．完善保障性住房进出机制促进房源合理配置和流动．镇江新闻网．2009－12－07. http：//www. jsw. com. cn/house/2009－12/07/content_ 1914318. htm.

[152] 董峻．建设新农村不能以农民失地为代价．农民日报，2006－7－14.

[153] 高培勇．从"放权让利"到"公共财政"——中国财税改革30年．光明日报，2008－10－14.

[154] 郭威．国家加强土地出让金收支管理，地方财政现危机．财经时报，2006－9－16.

[155] 刘正山．分税制与解决土地财政之道．21世纪经济报道，2006－9－4.

[156] 平新乔．财政蛋糕的三种不同做法．南方周末，2006－10－19.

[157] 伊芙．土地财政，问题在哪里？中国国土资源报，2006－8－30.

[158] 土地出让金改革的宏观经济效应．21世纪经济报道，2010－9－4.

[159] 张锦富，林亮．对1572宗建设用地验收，杭州追缴10亿元土地出让金．国土资源部，http：//gz. house. sina. com. cn，2006－6－13.

[160] 中国人民银行．中国金融稳定报告（2006）．中国人民银行网站.